Skandale und Tragödien der Königshäuser

Brenda Ralph Lewis

Skandale und Tragödien der Königshäuser

Europäische Monarchien vom Mittelalter bis heute

Weltbild

Titel der Originalausgabe
A Dark History: The Kings & Queens of Europe – From Medieval Tyrants to Mad Monarchs
Die vorliegende Ausgabe wurde zum ersten Mal 2009 unter dem Titel
Skandale und Tragödien der Königshäuser in Absprache mit Amber Books Ltd. veröffentlicht.
All Rights Reserved
Copyright © 2008 by Amber Books Ltd.

Deutsche Erstausgabe

Copyright © der deutschen Übersetzung by Verlagsgruppe Weltbild GmbH,
Steinerne Furt, 86167 Augsburg, 2009
Lektorat: James Bennett
Bildredaktion: Terry Forshaw, Kate Green
Design: Zoe Mellors
Koordination und Bearbeitung der deutschen Ausgabe:
Verlagsservice Dr. Helmut Neuberger & Karl Schaumann GmbH, Kirchheim-Heimstetten
Übertragung ins Deutsche: Bernhard Edlmann
Umschlaggestaltung: Uhlig, Augsburg / www.coverdesign.net
Umschlagmotive (oben von links nach rechts): 1. Elisabeth von Habsburg (1501–1526),
Bridgeman Nr. CZA 229151; 2. Stephan Bathory (1576–1586), © Hulton / GETTY
Nr. 56462689; 3. König Leopold II. von Belgien (1835–1909), Bridgeman Nr. RVI 128634;
4. Königin Juliana und Prinz Bernhard, © Bettmann / CORBIS Nr. U996519ACME;
5. Stéphanie von Monaco, © Cardinale Stephane / CORBIS SYGMAS Nr. 0000381133-038
Umschlagmotiv (groß): König Ludwig II. (1845–1886), Bridgeman Nr: XZL 151599

Gesamtherstellung: Wai Shun Printing Factory, Dongguan, Guangdong Province

Printed in China

ISBN 978-3-8289-0899-4

Einkaufen im Internet: *www.weltbild.de*

INHALT

EINFÜHRUNG

Geschichte hat immer ihre unschönen Seiten. Die Historie der europäischen Fürstenhäuser macht da keine Ausnahme. Im 15. und 16. Jahrhundert zum Beispiel waren die ungarische Gräfin Elisabeth Báthory und der französische Baron Gilles de Rais Serienmörder. De Rais hat sich auf diese Weise ein zweifelhaftes Fortleben in der volkstümlichen französischen Überlieferung gesichert: als »König Blaubart«, der die blutigen Leichen seiner sieben ermordeten Frauen in der Burg aufbewahrt. Im 19. Jahrhundert hat König Leopold II. von Belgien dafür gesorgt, dass die Bevölkerung des Kongo um 70 Prozent abnahm – durch brutale Ausbeutung und die Anwendung fürchterlicher Strafen in seiner Kolonie, dem »Kongo-Freistaat«.

Vlad III. Draculea, der im 15. Jahrhundert über die Walachei herrschte, eine Landschaft im heutigen Rumänien, ist ebenfalls ein fester Bestandteil der europäischen Horrorliteratur. Vermutlich diente er dem irischen Schriftsteller Bram Stoker als Vorbild für die Blut saugende Titelfigur seines Romans »Dracula«. Aber der reale Vlad Draculea ging noch weiter: Seine Spezialität war es, Feinde pfählen zu lassen – eine besonders grausame Hinrichtungart, bei der dem Opfer ein Pfahl langsam durch den Leib getrieben wurde.

Auch einige französische Könige muss man auf die Liste gekrönter Sünder setzen, allen voran Philipp IV. »der Schöne«. Aus Angst vor dem Einfluss des Templerordens – und aus Gier nach dessen Vermögen – verfolgte er die Tempelritter systematisch. Hunderte von ihnen starben oder wurden durch Folterungen zu Krüppeln.
Ebenso müssen zwei französische Könige aus der Neuzeit angeklagt werden, auch wenn sie sich menschlicher benahmen: Ludwig XIV. und Ludwig XV. Denn diese leisteten sich sexuelle Exzesse am laufenden Band. Lud-

»Die Familie Ludwigs XIV.«, Gemälde von Nicolas de Largillière (1711). Es zeigt einige der legitimen Nachkommen des Königs (Dritter von links) – aber natürlich nicht seine zahlreichen illegitimen Kinder. Der kleine Junge ist sein Enkel und späterer Nachfolger Ludwig XV. – Nachfolger auch in seinem Hang zu Orgien.

wig XV. hatte sein persönliches Bordell in der Nähe von Versailles, wo ihm eine ganze Schar junger Mädchen zu Willen war. Gewiss, im 16. und 17. Jahrhundert sah man es den Königen nach, wenn sie sich Mätressen hielten – sie brauchten ja einen Trost dafür, dass sie zu dynastischen Heiraten verdammt waren. Aber bei den beiden Genannten war es etwas viel des Trostes!

Nicht alle Kapitel dieses Buches handeln von Grausamkeit, Bösartigkeit oder Unmoral. Weil in vielen Königshäusern Inzucht üblich war, traten in manchen Herrscherfamilien gehäuft Behinderungen und Geisteskrankheiten auf.

Weil man sein Blut »rein« erhalten und dafür sorgen wollte, dass Macht und Reichtum in der Familie blieben, heirateten oft enge Verwandte untereinander. So kam immer wieder königlicher Nachwuchs mit derart schweren körperlichen und geistigen Behinderungen zur Welt, dass die jeweilige Dynastie die Wahrheit lieber verschwieg oder verschleierte. Besonders schwer mit Behinderungen dieser Art geschlagen waren die spanischen Habsburger und die bayerischen Wittelsbacher. Manche Angehörigen dieser Häuser hatten ihr Leben lang mit Leiden wie Angstpsychosen oder Halluzinationen zu tun, andere neigten zu Gewaltausbrüchen. Tragischerweise erkannten manche von ihnen, dass sie den Verstand verloren – aber gegen ihre Krankheit waren sie machtlos. Eine andere Geißel, die zwei europäische Fürstenhäuser ruinierte, war das Auftreten der Bluterkrankheit.

Natürlich kommen auch Skandale nicht zu kurz. König Ludwig I. von Bayern machte sich zum Narren, indem er sich blind in die Femme fatale Lola Montez verliebte – eine Affäre, die ihn den Thron kostete. Königin Christina von Schweden (manche bezweifeln, ob sie eine Frau war) schockierte Paris und Rom mit ihrem exzentrischen Lebenswandel. Die königliche Familie der Niederlande und die Fürsten von Monaco belieferten die Medien jahrelang bereitwillig mit schlüpfrigen Geschichten.

Dieses Buch ist nichts für zarte Gemüter. Um es zu schreiben, brauchte die Autorin einen robusten Magen, und vielleicht gilt für den Leser das Gleiche.

n lan de nře seigneur mil ...
v . lxx . templiers a pare ...
le moulin .... apres les ...

PHILIPP DER SCHÖNE VON FRANKREICH UND DIE TEMPLER

Großmeister Jacques de Molay hatte nichts mehr zu verlieren. Er musste vor einer Versammlung französischer Prälaten erscheinen, um sich zum wiederholten Mal zu einem ganzen Katalog von Schandtaten zu bekennen, die man seinem Orden der »Armen Ritterschaft Christi und des salomonischen Tempels zu Jerusalem« vorwarf.

Diese Anklagen – samt und sonders frei erfunden – waren das Werk seines Todfeindes, Philipps des Schönen von Frankreich. Danach hatte der Orden – besser bekannt als Templerorden – Christus und die Apostel geleugnet, sich der Blasphemie schuldig gemacht und Homosexualität und Sodomie betrieben.

Links: Von Philipp IV. zu Unrecht verurteilt, werden Templer vor den Augen des Königs auf dem Scheiterhaufen verbrannt.
Oben: Jacques de Molay wurde in den 1290er Jahren Großmeister des Templerordens.

Sieben Jahre zuvor waren die Vorwürfe zum ersten Mal erhoben worden, aber an diesem Tag, dem 18. März 1314, wusste de Molay, dass er den wahrscheinlich kurzen Rest seines Lebens in einem stinkenden Verlies verbringen würde.

ENTSCHLUSS IN LETZTER MINUTE

De Molay war rund 70 Jahre alt – zu jenen Zeiten ein extrem hohes Alter. Er fühlte sich tief beschämt, denn unter den Qualen der Folter und im Angesicht des Scheiterhaufens hatte er bereits einige der ihm vorgeworfenen

Verbrechen gestanden. Jetzt erwartete man von ihm, dass er seine »Schuld« noch einmal bekannte – auf einer Tribüne vor der Kathedrale Nôtre-Dame in Paris, unter den Augen einer riesigen Menge. Doch er hatte jetzt wieder Mut gefasst und war entschlossen, sein Geständnis zu widerrufen. Die Konsequenzen waren ihm bewusst.

»Es ist nur recht und billig«, begann er, »dass ich in einem solchen Moment, in dem ich meinem Tod entgegensehe, den Schleier der Täuschung zerreiße und die Wahrheit spreche. Vor dem Himmel und euch allen: Ich gebe zu, ich habe mich eines großen Unrechts schuldig gemacht. Aber das Unrecht besteht darin, dass ich mich, zu meiner Schande, dazu hergegeben habe, die widerlichen Vorwürfe gegen meinen Orden zu bestätigen. Ich erkläre hiermit, was ich erklären muss: Der Orden ist unschuldig. Ich lehne es ab, auf die ursprüngliche Lüge noch eine weitere aufzupropfen, nur aus Sorge um mein elendes Leben.«

Diese Worte aus dem Mund des Großmeisters lösten Unruhe aus. Zumal er Schützenhilfe von einem anderen prominenten Templer erhielt: von Guy de Charnay, dem Präzeptor der Normandie.

Bevor de Molay noch ein weiteres Wort sagen konnte, ergriff man die beiden und warf sie wieder ins Gefängnis. Zwei andere Templer, Hugues de Peyraud und Geoffroi de Gonneville, waren weniger mutig oder vielleicht auch nicht so verzweifelt. Jedenfalls distanzierten sie sich von ihrem Großmeister und ihrem Präzeptor. Damit aber versetzten sie ihrem Orden den Todesstoß: Der Templerorden stand vor seiner endgültigen Vernichtung. De Molay und de Charnay wurden auf dem Scheiterhaufen verbrannt. Nichts blieb von ihnen übrig als Asche und verkohlte Knochenreste – Sinnbild der Tragödie, die zwischen 1307 und 1314 über den Templerorden hereinbrach. Die Rache König Philipps war perfekt.

EIN ORDEN ZUM SCHUTZ DER PILGER

Der Templerorden war eine der ersten unter den zahlreichen militärischen und religiösen Vereinigungen, die nach dem triumphalen Sieg der christlichen Waffen im Ersten Kreuzzug (1096–1099) entstanden waren, um die Herrschaft im Heiligen Land zu sichern. Die Streitkräfte der Muslime hatten eine entscheidende Niederlage erlitten, und in Tripolis, Antiochia, Edessa entstanden Reiche

DIE RACHE PHILIPPS DES SCHÖNEN

Lange hatte König Philipp darauf gewartet: auf eine Möglichkeit, den Templerorden ein für alle Mal zu vernichten. Seine Motive waren Gier nach dem Reichtum der Templer, Angst vor ihrem Einfluss und wohl auch Neid. Die Methode: Anklagen der übelsten Sorte. Nach einer sieben Jahre währenden Kampagne voller Lügen, erfundener »Beweise« und falscher Zeugen wollte Philipp seinen prominentesten Gefangenen de Molay nicht davonkommen lassen – hatte er doch die Falschheit des Königs offenbart. Der Großmeister des Ordens wurde wenige Stunden nach dem Widerruf seines Geständnisses zusammen mit de Charnay auf die Île des

Javiaux gebracht, eine Insel in der Seine zwischen den königlichen Gärten und dem Kloster Saint-Augustin. Dort wurden sie an Pfähle gefesselt und verbrannt. Augenzeugen berichteten, de Molay und de Charnay hätten die Todesqualen mit Würde und Tapferkeit ertragen. Für die Anwesenden wurden die beiden sofort zu Märtyrern. Einige durchsuchten die Asche nach Knochenresten, die sie als Reliquien verehren konnten.

Philipp IV., genannt der Schöne, wurde 1285 König von Frankreich. Nicht nur den Templerorden bekämpfte er, sondern auch Papst Bonifatius VIII. Mit Clemens V. konnte er 1305 einem ihm genehmen Papst zur Wahl verhelfen.

der Kreuzfahrer – ebenso in Jerusalem, das am 15. Juli 1099 nach einer langen, blutigen Belagerung fiel. Man musste nun die neuen Eroberungen sichern; zu diesem Zweck bildeten sich bald nach dem Ende des Kreuzzugs weltliche und geistliche Rittervereinigungen, etwa die »Ritter vom Heiligen Grab«, die diese wichtigste Wallfahrtsstätte in Jerusalem schützen sollten, ferner der »Ritterliche Orden St. Johannis vom Spital zu Jerusalem«, besser bekannt als Johanniterorden – er kümmerte sich vor allem um die Krankenpflege –, und eben der Templerorden. Wie die Johanniter rekrutierten sich auch die Templer vorwiegend aus der französischen Ritterschaft. Sie eskortierten christliche Pilger, die die lange, strapaziöse Reise ins Heilige Land auf sich nahmen, und boten ihnen bewaffneten Schutz.

Jerusalem war für die Christen ein Ziel ihrer Sehnsucht, und Wallfahrten dorthin waren anspruchsvolle Expeditionen – auch schon bevor die Stadt 638 an die Muslime fiel. Aber ins Heilige Land zu reisen oder sich dort auch nur aufzuhalten, konnte eine gefährliche Sache sein. Oft genug wurden unbewaffnete Pilger überfallen, ausgeraubt, umgebracht, gefangen genommen oder auch als

Dieses Historiengemälde des französischen Malers François-Marius Granet zeigt die Aufnahme eines Ritters in den Templerorden. Granet, ein Maler des 19. Jahrhunderts, war, wie so viele seiner Zeitgenossen, vom Templerorden fasziniert.

Sklaven verkauft. Die Täter waren versierte Banditen: Sie schlugen blitzschnell zu und verschwanden dann in den Weiten der Wüste. Die ersten Tempelritter, die freiwillig den Schutz der Wallfahrer gegen diese gnadenlosen Feinde übernahmen, waren nur neun an der Zahl – aber sie waren bestens für ihre Aufgabe gerüstet.

EDLE RITTER
Alle Templer waren edler Abstammung, standen in Verbindung mit mächtigen Geschlechtern, und alle kamen aus dem nordöstlichen Frankreich, aus der Champagne oder Burgund. Ihr Oberhaupt, Hugo von Payens, war in der Nähe von Troyes geboren und sehr wahrscheinlich ein Cousin und Lehensmann des Grafen Hugo I. von Champagne. Der wiederum gehörte zu den mächtigsten und angesehensten Herren in Frankreich – er war, zumindest auf dem Papier, nicht dem König unterstellt –

Dieses Gemälde zeigt die Amtseinführung von Jacques de Molay als Großmeister des Templerordens. Wir wissen kaum etwas über das Leben dieses Mannes bis zu diesem Zeitpunkt; doch durch sein Martyrium wurde er der berühmteste unter den Ordensgroßmeistern der Templer.

und hatte sich mit Leib und Seele der Sache der Kreuzzüge verschrieben. So wurde er zum einflussreichsten Förderer des Hugo von Payens.

Doch die Templer legten keinen Wert auf weltlichen Ruhm und Einfluss. Sie wählten Armut, Keuschheit und Gehorsam und wollten als Bettelmönche ein reines, vorbildliches Leben führen. Ihr Ordensname, »Arme Ritterschaft Christi und des salomonischen Tempels zu Jerusalem«, sagt viel über sie aus.

DER ORDEN VERÄNDERT SICH

Doch nach und nach führten die Verhältnisse im Heiligen Land dazu, dass sich der Charakter der Vereinigung änderte. Die Templer blieben Krieger, und sie bildeten sogar eine Elitetruppe. Als Verkörperung der beiden großen Ideale des Mittelalters – Stärke im Glauben und Heldentum im Kampf – wurden sie bald zu Berühmtheiten und erschienen den Zeitgenossen als tapfere Streiter für Christus, die zweifellos Gott selbst auf ihrer Seite hatten. Sie übten auch auf die Reichen und Mächtigen eine beachtliche Anziehungskraft aus, und selbst der Papst stand hinter ihnen. Nur etwa ein Jahrzehnt nach der Ordensgründung traten dann einige ganz große Herren dem Orden bei: Fulko, Graf von Anjou und späterer Kreuzfahrerkönig von Jerusalem, sowie Theobald II., Graf von Champagne, schenkten dem Orden bei ihrem Eintritt beachtliche Summen. Fulko allein zahlte jährlich 30 Pfund Silber an die Kasse der Templer.

Auch andere Aristokraten und Kleriker sorgten dafür, dass sich die Einkünfte und das Vermögen des Ordens in einer Weise mehrten, mit der die Ordensgründer nie gerechnet und die sie auch nicht angestrebt hätten. Man wurde reich, erhielt Privilegien und spielte eine gewichtige Rolle in der Diplomatie und Politik. Eines Tages besaßen die Templer 900 Güter. Die meisten waren Schenkungen von Novizen aus angesehenen Familien, die als Templer keinen Privatbesitz mehr haben durften. Nun gründete der Orden Niederlas-

Ein Tempelritter in Aktion, Illustration aus einer Handschrift des 14. Jahrhunderts.

Philipp IV. in »königlicher« Pose auf dem von Löwen flankierten Thron. Er starb, als er auf der Jagd von einem Bären angegriffen wurde. Alle seine drei Söhne saßen später einmal auf dem französischen Thron – und starben nach kurzer Regierungszeit.

sungen in Deutschland, Frankreich, England, Italien und Zypern. Insgesamt nannte er dort 870 Burgen, Schulen und Häuser sein Eigen. Dazu kamen die Festungen im Heiligen Land: in Jaffa, Akkon, Sidon und anderswo.

> Die Muslime kämpften erfolgreich gegen die Kreuzfahrer im Heiligen Land, sodass das Kreuzzugfieber in Europa abebbte.

Die Templer erhielten aber nicht nur materielle Zuwendungen. Sie standen auch unter besonderem päpstlichem Schutz. Eine Bulle aus dem Jahr 1139 erklärte, dass sie keiner anderen weltlichen oder kirchlichen Rechtsprechung unterstünden als der päpstlichen, außerdem wurden sie von allen Steuern befreit. Nicht einmal der übliche Zehnte für die Kirche wurde ihnen abverlangt.

VERTRAUENSWÜRDIGE BANKER

Was das vielleicht erstaunlichste Privileg war: Rom nahm die Templer von dem allgemeinen Verbot aus, Geld gegen Zinsen zu verleihen – die »Wucherer« waren ja in der christlichen Welt jener Zeit verpönt. Das versetzte den Orden in die Lage, ein System von Banken und anderen Finanzinstituten aufzubauen, deren Domäne fast alles war, was man heute unter Bankdienstleistungen versteht: Konten, Safes, Kreditwesen, internationaler Zahlungsverkehr und Treuhänderschaften. Den bewaffneten Schutz der Geldtransporte konnte man gleich selbst übernehmen. Die Templer galten dabei als so vertrauenswürdig, dass auch europäische Herrscher, ja sogar reiche Muslime ihnen ihr nicht unbeträchtliches Vermögen zur Verwaltung anvertrauen.

Gleichwohl wäre es falsch, ein allzu glänzendes Bild von den Templern und von der Meinung zu malen, die die Öffentlichkeit über sie hegte. Wegen ihrer Sonderstellung und

PHILIPPE LE BEL

ihres Reichtums sah man sie bald schon als verzogene Hätschelkinder der Mächtigen an und verabscheute sie dementsprechend. Schon in den 1290er-Jahren, als de Molay Großmeister des Ordens wurde, warf man den Templern regelmäßig vor, sie liebten den Luxus, seien versessen auf Geld und Macht und beförderten die Sünde des Stolzes, wenn nicht der Arroganz. 1307 griff man Molay persönlich an, weil bei ihm nichts mehr von der Selbstverleugnung zu spüren sei, die zwei Jahrhunderte zuvor noch Hugo von Payens geübt hatte. In einer

Welt, in der die christliche Religiosität im Mittelpunkt stand und die große Ansprüche an christliche Tugenden stellte, waren das schwere Vorwürfe. Zudem wurden sie in einer Zeit erhoben, in der muslimische Heere so erfolgreich gegen die Kreuzfahrerherrschaft im Heiligen Land kämpften, dass die Kreuzzugsbegeisterung in Europa

Diese Zeichnung aus einer Handschrift zeigt die Hinrichtung der Tempelritter und den Tod Philipps IV., der Jacques de Molay um nicht einmal ein Jahr überlebte.

einen spürbaren Dämpfer erhielt. Bis 1303 hatten sie die Kreuzfahrer auf das kleine Inselchen Ruad vor der Mittelmeerküste zurückgeworfen. Zwar debattierte man in Europa da und dort über die Möglichkeit eines erneuten Kreuzzuges, aber auf wirkliches Interesse stieß diese Idee nicht mehr.

DER NIEDERGANG DER KREUZFAHRER

Diese blamable Niederlage schadete auch dem Ruf der militärischen Orden, die mehr als 200 Jahre lang eine tragende Rolle bei den Kreuzzügen gespielt hatten. Nicht nur, dass sie ihr Gesicht verloren. Denn mit ihren Erfolgen war auch ihr Nimbus dahin, die Vorstellung, dass Gott ihre Unternehmungen segne. In einer abergläubischen Zeit wie dem Mittelalter bedeutete das unweigerlich, dass man den Teufel am Werk wähnte und arg-

Zwei Tempelritter, Rücken an Rücken gefesselt, werden auf dem Scheiterhaufen verbrannt. Solche Szenen spielten sich in ganz Frankreich ab und hatten meist zahlreiche Zuschauer.

FOLTER ALS VERHÖRMETHODE

Die mittelalterliche Folter hatte viele raffinierte Methoden in ihrem Repertoire. Die Gefangenen wurden auf die Streckbank gespannt und ihre Gelenke so lange gedehnt, bis die Knochen sich herauslösten. Durch Daumen- oder Zehenschrauben oder den »Spanischen Stiefel« wurden Glieder gequetscht, oft bis zum Bruch der Knochen. Man spreizte dem Opfer den Mund so weit auf, dass der Kieferknochen brach, oder riss ihnen Fingernägel oder Zähne aus. Man steckte ihre Füße in eiserne Fesseln, bestrich die Sohlen mit Fett und stellte sie ins Feuer. Bei dem Priester Bernard de Vado fiel ein Teil der Fußknochen durch die verbrannte Haut. De Vado gestand, widerrief aber später sein Geständnis und überreichte den Untersuchungsrichtern zur Erinnerung seine verbrannten Fußknochen.

Die Foltermethode, den Delinquenten die Füße zu verbrennen, war bis in die Neuzeit üblich. Dieses Gemälde zeigt einen aztekischen Priester, der von spanischen Konquistadoren misshandelt wird.

Obwohl etliche Templer unter der Folter bis zum Tod ihre Unschuld beteuerten, blieb de Vados Beispiel die Ausnahme. Von den 138 in Paris festgenommenen Templern legten alle bis auf vier ein Geständnis ab. Vielleicht hatten sie das Beispiel ihres Großmeisters vor Augen, dem Arme, Beine und Hoden zerquetscht wurden, bevor er unterschrieb. Auch andere hochrangige Templer wie Guy de Charnay und Hugues de Peyraud brachen zusammen. De Peyraud war in einer besonders unangenehmen Situation: Einige Templer gaben an, er habe sie zu ihren Schandtaten verführt.

wöhnte, dieser habe sich schon klerikaler Kreise bemächtigt. So gab das Scheitern der Kreuzfahrer Philipp IV. die Vorwände an die Hand, die er brauchte, um seinen Schlag gegen die beiden angesehensten Institutionen der Kirche zu führen: gegen das Papsttum und die Templer.

DER ANFANG VOM ENDE

Das erste Ziel König Philipps war Papst Bonifatius VIII. Dieser hatte 1301 verkündet, Gott habe die Päpste über Könige und Reiche gesetzt. Das war für die zunehmend selbstbewussten europäischen Monarchen ein Schlag ins Gesicht. Im Gegenzug ließ Philipp den »schlimmen

Eine der vielen Foltermethoden war das »Pendel«, das hier unter Aufsicht des Inquisitors bei einem Gefangenen angewandt wird. Dabei wurde das Opfer an den hinter dem Rücken zusammengebundenen Händen in die Höhe gezogen.

> Die Templer, so behauptete Philipp, seien nicht nur der Blasphemie und der Homosexualität schuldig, sondern auch des Kannibalismus, des Kindsmords und Kindesmissbrauchs, sie betrieben Zauberei und Umgang mit dem Übernatürlichen.

Pöbel« auf ihn los: Am 7. September 1303 erschienen französische Truppen unter Wilhelm von Nogaret zusammen mit italienischen Verbündeten in der päpstlichen Sommerresidenz in Agnani und forderten Bonifatius zum Rücktritt auf. Als der Papst sich weigerte, soll Nogaret ihn geschlagen und mit dem Tod gedroht haben – wofür es allerdings keine wirklich zuverlässigen Quellen gibt. Bonifatius wurde nach drei Tagen wieder freigelassen, erholte sich aber nicht mehr von diesem Schock. Was auch immer Nogaret ihm angetan haben mochte – für einen alten Mann von 68 Jahren, der glaubte, seine Person sei sakrosankt, war es zu viel. Bonifatius starb im Monat darauf, am 11. Oktober 1303.

Das waren ideale Bedingungen, um auch gegen die Templer zuzuschlagen. Philipp erlegte sich keine falsche Zurückhaltung auf, als er am 13. September 1307 seine Anklagen lancierte: »Eine bittere Sache, eine beklagenswerte Sache, eine Sache, die zu betrachten scheußlich und von der zu hören schrecklich ist, ein verabscheuungswürdiges Verbrechen, ein grässliches Übel!« So beschrieb der König das »widerwärtige Tun« der Templer, die seiner Darstellung nach »unvernünftiges Getier an Bestialität« übertrafen und »sich im höchsten Grad widerwärtigem Geschrei aussetzten, die selbst unvernünftiges Getier in seiner Geilheit vermeidet und verabscheut«.

Dieses Dokument mit seinem allzu deutlichen Appell an mittelalterlichen Aberglauben und an die Furcht vor perversen sexuellen Praktiken sollte den Boden für die endgültige Formulierung der Anklagen im Sommer 1308 bereiten. Die Templer, so behauptete Philipp, seien nicht nur der Blasphemie und der Homosexualität schuldig, sondern auch des Kannibalismus, des Kindsmords und Kindesmissbrauchs, sie betrieben Zauberei und Umgang mit dem Übernatürlichen. Außerdem verehrten sie Baphomet, den Teufel in Gestalt eines einbalsamierten Kopfes oder eines Götzenbildes mit einem Ziegenbart und gespaltenen Hufen.

König Philipp der Schöne sieht zu, wie eine Gruppe von Templern zum Scheiterhaufen geführt wird.

Den folgenden Monat verbrachte der König damit, eine Massenverhaftung vorzubereiten. Am 13. Oktober 1307 wurden in ganz Frankreich rund 15 000 Templer, aber auch deren Knechte, Lehnsabhängige, Bauern und Schäfer, festgenommen und in die Verliese des Königs geworfen oder in Burgen eingesperrt. In der Folgezeit ließ man im ganzen Land Bettelmönche gegen die Templer predigen. Sie sollten den Volkszorn anheizen.

Der Anteil an Würdenträgern des Ordens unter den Festgenommenen war vergleichsweise gering, nur etwa jeder Zwanzigste zählte zu dieser Gruppe: insgesamt 138 Ritter, dazu etwa 500 Sergeanten und andere »Ordensbrüder«. Philipp IV. hatte jedoch die wichtigsten Führungspersönlichkeiten verhaften lassen, unter ihnen den Großmeister Jacques de Molay. Dieser hatte noch am Tag vor der Gefangennahme scheinbar in großen Ehren beim König gestanden: Beim Begräbnis von dessen Schwester hatte er als Leichenträger fungiert.

Philipp konfiszierte sofort den Besitz und die Liegenschaften der Templer, die er schon vorher hatte katalogisieren lassen. Die Akten des Ordens fielen ihm jedoch nicht in die Hände. Trotz intensiver Suche blieben sie verschwunden. Sie waren rechtzeitig verbrannt oder versteckt worden – oder 50 Ritter, die offensichtlich vorgewarnt und auf dem Seeweg von La Rochelle aus geflohen waren, hatten sie in Sicherheit gebracht.

Das Fehlen von Beweismitteln stellte jedoch für ein mittelalterliches Gericht kein wirkliches Problem dar. Die Strafverfolger verließen sich auf Geständnisse, die man aus den Angeklagten herauspresste, oder auf Zeugen, die willens waren, die dürren Worte der Klageschrift durch ihre Aussagen mit Detailfülle zu versehen. Nicht alle waren vertrauenswürdig, manche von ihnen verfolgten ihre eigenen Ziele. So erhielt König Philipp die ersten Hinweise auf die »Verfehlungen« der Templer 1305 von Esquin de Floryan, einem Kriminellen, der anscheinend in früheren Zeiten Mitglied des Ordens gewesen war und eindeutig Groll gegen seine ehemaligen Mitbrüder hegte. Dabei war Philipp bereits seine zweite Anlaufstelle: Schon zuvor hatte er bei König Jakob II. von Aragón versucht, die Templer anzuschwärzen, hatte aber dort keinen Erfolg gehabt. Ob jetzt der französische König nur einen Vorwand für seine wahren Absichten suchte oder ob er leichter zu beeinflussen war – jedenfalls kamen ihm die Verleumdungen sehr gelegen.

INTRIGEN ÜBER INTRIGEN

Der König ließ daraufhin weitere abtrünnige Templer ausfindig machen. Unter einer Reihe von Unzufriedenen erwiesen sich Etienne de Troyes und Jean de Folliaco als besonders nützlich: Beide gaben an, sie seien gezwungen worden, Christus und die Apostel zu verleugnen, und de Troyes behauptete gar, er habe das Kreuz anspeien, homosexuelle Handlungen ertragen und ein Götzenbild in Form eines abgeschlagenen Kopfes anbeten müssen. Zeugenaussagen dieser Art förderten die Vorverurteilung, wie sie bei derartigen Verfahren immer im Hintergrund steht. Auch Folter galt als zulässige Maßnahme, und die Inquisition, 1231 von Papst Gregor IX. als zentrale Institution in Rom etabliert, erhielt 1252 die Erlaubnis zu ihrer Anwendung, wenn durch psychischen Druck, Nahrungs- und Schlafentzug kein Geständnis erzwungen werden konnte.

Zu guter Letzt bekam die königliche Untersuchungskommission von den meisten der gefangenen Templer die erwünschten Geständnisse. Die als Gegenleistung versprochene Begnadigung blieb jedoch aus, und die Opfer schmachteten weiter in ihren eisigen, ungesunden Verliesen, ohne Stroh und ohne Decken.

»Die menschliche Zunge«, schrieb ein unbekannter Chronist, der auf Seiten der Templer stand, im Jahr 1308, »vermag nicht auszudrücken, welche Strafen, welchen Jammer, welches Elend, welchen Hohn, welch scheußliche Arten von Folter diese Unschuldigen erleiden mussten. Die Wahrheit tötet sie, aber die Lüge rettet ihr Leben.« Einige Templer mussten ihre Geständnisse zu Propagandazwecken vor einem Tribunal wiederholen. Andere verweigerten das, darunter Visitator Hugues de Peyraud und Großmeister Jacques de Molay. 1309 widerriefen beide ihre Geständnisse vor zwei Kardinälen, die Papst Clemens V. nach Paris geschickt hatte, um ihn über den Templerprozess zu unterrichten. Clemens war zunächst geneigt, gegen die Verfolgung der Templer zu protestieren, kam aber davon ab, als Philipp IV. drohte, dies könne auch für ihn tödlich enden.

> Für die Templer gab es keine Hoffnung auf ein faires Verfahren, denn Philipp tat alles, um das Urteil gegen sie vorwegzunehmen. Wer gestand und widerrief, endete als rückfälliger Häretiker auf dem Scheiterhaufen.

Dieses Vorgehen war durch und durch zynisch. Für die Templer gab es keine Hoffnung auf ein faires Verfahren, denn Philipp tat alles, um das Urteil gegen sie vorwegzunehmen. Wer gestand und später widerrief, endete als rückfälliger Häretiker auf dem Scheiterhaufen. Philipps Günstling, der Jurist Wilhelm von Nogaret, brachte Gerüchte gegen die Templer in Umlauf, während diese vor den Tribunalen Rede und Antwort stehen mussten. Der König konfrontierte das Gericht mit einer Flut von Zeugen, die dem Orden feindlich gesinnt waren, und ließ sich von Theologen der Pariser Universität bestätigen, dass er einen aufrechten Kampf für Christus und die Kirche gegen die »verdorbenen« Templer führe.

DER ENTSCHEIDUNGSSCHLAG

Im Jahr 1310 schließlich wollte der König den ewigen Kreislauf von Geständnis und Widerruf durchbrechen. Am 12. Mai wurden 54 Templer, alle »rückfällige Häretiker«, beim Pont St.-Antoine-des-Champs, etwas außerhalb von Paris, auf dem Scheiterhaufen verbrannt. Weitere 67 Männer ereilte Ende des Monats das gleiche Schicksal. Andere, die die gegen sie erhobenen Vorwürfe bestritten hatten, wurden lebenslänglich eingekerkert. Nur wer gestand und dabei blieb, hatte Chancen, freigelassen zu werden. Erst am 5. Juni 1311, nach mehr als

BLUTBAD IN DER BURG: GILLES DE LAVAL

Gilles de Laval, Herr von Rais (1404–1444), machte nach außen hin nicht den Eindruck eines Mörders, dessen Verbrechen das gesamte christliche Europa erschrecken sollten. Vielmehr galt er als tapferer Ritter und großzügiger Förderer der Literatur, Musik und Kunst. Er war bekannt für seine Frömmigkeit und seine Wohltätigkeit gegenüber Armen. Doch hinter dieser Maske verbarg sich eine extreme Form von Sadismus. Nach dem Tod seiner Eltern im Jahr 1415 wurde Gilles de Laval von seinem Großvater Jean de Craon aufgezogen. Unter dessen nachsichtiger Hand entwickelte er sich zu einem Gewalttäter, der vor nichts zurückschrak. Anscheinend hat niemand versucht, ihm Zügel anzulegen. Mit 16 Jahren entführte er eine reiche Erbin, die er dann heiratete. Mit der Zeit brachte er deren Vermögen genauso durch wie sein eigenes. Auch sein Verhalten im Kampf war alles andere als ritterlich, bevorzugte er doch Massaker und Plünderungen.

KINDEROPFER

Die zahlreichen Anzeichen einer Perversion wurden jahrelang übersehen oder nicht zur Kenntnis genommen, bis Gilles sich aus dem aktiven Militärdienst verabschiedete und sich auf Schloss Tiffauges bei Nantes im Westen Frankreichs zurückzog. Dort begann er sich mit okkulten Praktiken zu beschäftigen. Eine Hexe aus Florenz behauptete, er könne sein verlorenes Glück wiedergewinnen, wenn er einem Dämon namens Barron Kinder opfere. Bald kam es vor, dass Kinder, vor allem kleine Buben, die man zum Betteln nach Tiffauges geschickt hatte, nicht mehr nach Hause zurückkehrten. Nach und nach sickerten Horrorgeschichten aus Tiffauges durch. Man munkelte von sexuellen Orgien, von Folter, Sodomie und schwarzer Magie. Dank des guten Rufes, den Gilles de Laval genoss, wurden sie zuerst als pures Geschwätz abgetan. Niemand glaubte daran, dass der ehrenwerte Herr von Rais zu solchen Verbrechen fähig wäre – bis dieser ehrenwerte Herr einen großen Fehler machte.

Am 15. Mai 1440 hatte er eine Auseinandersetzung mit einem Kleriker, Jean de Ferron. Es ging um den Besitz eines Schlosses. In seiner Wut setzte de Laval seinen

Gilles de Laval, Herr von Rais, ist dabei, der langen Liste an von seiner Hand ermordeten Kindern ein weiteres Opfer hinzuzufügen.

Kontrahenten gefangen. Das erschien so ungewöhnlich für den angesehenen, ritterlichen Mann, dass Jean de Malestroit, der einflussreiche Bischof von Nantes, hellhörig wurde und Gilles de Laval überwachen ließ. Was er dabei aufdeckte, war erschreckend. Im September 1440 wurde der Baron festgenommen. Man drohte ihm Folter an, worauf er es vorzog, eine ganze Reihe von fürchterlichen Verbrechen zu gestehen.

Manches, was er gestand, war dermaßen abartig, dass manche Details nachträglich wieder aus dem Protokoll getilgt wurden. Aufgrund der Geständnisse und von weiteren Beweismitteln, die auftauchten – man fand die Leichen von 50 Buben, die in der Burg vergraben worden waren – ergab sich, dass der angesehene Herr von Rais des Satanismus, der Häresie, der Sodomie, des Abfalls vom Glauben und des Sakrilegs schuldig war – und zudem 80 bis 200 Kinder entführt, gefoltert, ermordet und verstümmelt hatte. Sie waren in der Regel enthauptet worden, und das Gericht erfuhr, dass die Komplizen des Barons, Henriet und Poitou, die abgeschlagenen Köpfe nebeneinander aufzustellen pflegten, um zu entscheiden, welcher ihnen am besten gefiel.

»SINNLICHE LUST«

Vor Gericht schien es, als bestehe de Laval aus zwei gegensätzlichen Persönlichkeiten. Einmal war er der stolze, hochfahrende Adelige, der seinen Richter beschimpfte, weil er es wagte, ihm den Prozess zu machen. Im nächsten Augenblick bekannte er seinen tiefen Glauben an Christus und brach in Tränen aus. Aber ganz egal, welche Rolle er gerade spielte – er machte nie ein Hehl daraus, dass es ihm gefiel, wenn er seine jungen Opfer unter Qualen langsam sterben sah. Fragte man ihn nach dem Grund, gab er an, der Anblick habe ihm »sinnliche Lust« bereitet. Gilles de Laval, Henriet und Poitou wurden wegen ihrer Verbrechen im Jahr 1444 gehängt. De Lavals Leichnam wurde verbrannt. Wer in der harten, grausamen Welt des europäischen Mittelalters

lebte, war sicher nicht leicht aus der Fassung zu bringen. Aber der Herr von Rais hatte so viele Verbrechen der abartigsten Sorte begangen, dass er zu einer Symbolfigur für das Böse schlechthin avancierte. Sein Name wurde sprichwörtlich. Eltern, die ihren Kindern Angst machen wollten, damit sie brav waren, benützten ihn als Popanz. Die Volkssage von König Blaubart, zum ersten Mal von Charles Perrault 1697 in seiner Märchensammlung veröffentlicht, könnte ebenfalls durch die Taten de Lavals inspiriert sein. Blaubart war ein reicher Adeliger, der seine sieben Ehefrauen ermordete und ihre Leichen in einem blutverschmierten Raum in seiner Burg aufhängte. Allerdings hat der Herr von Rais vermutlich 30-mal so viele Morde auf dem Gewissen. Dieses zweifelhafte Verdienst hat ihm immerhin einen festen Platz unter den schlimmsten Massenmördern der Weltgeschichte gesichert.

Das Siegel des Gilles de Laval zeigt ihn zu Pferd, das Schwert in der Hand – ein typisches Motiv bei Adeligen, die sowohl militärische Befehlshaber als auch Großgrundbesitzer waren.

Papst Clemens V. war König Philipps Komplize bei der Zerschlagung des Templerordens. Wie Philipp starb er 1314, kurz nach der endgültigen Vernichtung der Templer.

zwei Jahren Verhandlungen, wurden die Templerprozesse abgeschlossen.

DIE VERTEILUNG DER BEUTE

Acht Monate später verfügte Papst Clemens V. die formelle Auflösung des Templerordens. Dessen Besitz ging an die Johanniter über. König Philipp hatte man davon überzeugt, dass es für ihn besser war, darauf zu verzichten – so behielt er nur zehn Prozent davon ein. Ein Teil des Ordensvermögens kam auch in andere Hände – in Deutschland, Italien und Zypern. In England übergab man es Treuhändern, die von König Eduard II. bestellt wurden. Wenig später reichte es Eduard, der einen Hang zu kostenintensiven homoerotischen Beziehungen hatte, an seinen damaligen Favoriten Piers Gaveston weiter. Doch nachdem Gaveston 1312 von aufgebrachten Adeligen ermordet worden war, ordnete der Papst an, dass auch hier der Landbesitz der Templer den Johannitern übergeben werden müsse. Gegen den Widerstand des Königs wurde die Transaktion 1313 vollzogen.

In der Zeit nach Abschluss des eigentlichen Templerprozesses stellte man Jacques de Molay und die übrige Führungsriege des Ordens erneut in Paris vor Gericht. Dieses Mal hatte man ein ganzes Heer von Sachverständigen aufgeboten: Kardinäle, Prälaten, Theologen und Rechtsanwälte. Nach drei Monaten Verhandlungsdauer erwartete man neue Geständnisse. Doch de Molay stand zu seinem Widerruf. Er starb furchtlos in den Flammen und stellte so in der letzten und größten Stunde seines Lebens seine Ehre wieder her.

Philipp der Schöne konnte einen Sieg feiern – über die Templer und über das Papsttum, das seine Lektion gelernt hatte und künftig keine Versuche mehr machte, seine Autorität über die der Könige zu stellen. Doch lange konnte er seinen Triumph nicht mehr genießen. Er starb am 29. November 1314, nicht einmal ein Jahr nach de Molay. Es gab Leute, die sagten, Gott habe seinen Tod gewollt; andere fällten ein nicht weniger hartes Urteil: Er sei an seinem schlechten Gewissen gestorben.

Wehrhafte Burgen zeugen vom ausgeprägten Machtbewusstsein der mittelalterlichen Ritterorden. Diese eindrucksvolle Festung errichteten die Johanniter auf der Mittelmeerinsel Rhodos, nachdem sie diese 1309 erobert hatten.

ELISABETH BÁTHORY – DIE BLUTGRÄFIN

Elisabeth (Erzsébeth) Báthory (1561–1614) entstammte einer der wohlhabendsten und einflussreichsten Familien im Ungarn des 16. Jahrhunderts. Die mächtige protestantische Sippe herrschte über Polen und Transsylvanien, brachte Politiker, Heerführer, Juristen, Kleriker und Grundherren hervor. Stephan Báthory focht an der Seite Vlad III. Draculea, des historischen Vorbilds für die Sagengestalt des Grafen Dracula, gegen die Türken. Elisabeth erblickte im Jahr 1560 oder 1561 das Licht der Welt. Sie war die Nichte eines anderen Stephan Báthory, der als König über Polen herrschte.

◆

Elisabeth Báthory versprach schon als Kind, sich zu einer außerordentlichen Schönheit zu entwickeln. Dies und ihre prestigeträchtigen Verbindungen zum europäischen Hochadel machten sie zu einer attraktiven Partie, und in der Tat warben zahlreiche

Links: Stephan Báthory, 1576–1586 König von Polen, Elisabeths Onkel
Oben: So harmlos sie auf diesem Bild aussieht – Elisabeth Báthory war eine der berüchtigtsten Sadistinnen und Massenmörderinnen der Menschheitsgeschichte.

Kandidaten um sie, als sie sich um 1570 auf dem europäischen Heiratsmarkt präsentierte. Der Glückliche, der sie am Ende heimführen durfte, war der 25-jährige Graf Ferenc Nádasdy, der seinen Ruhm durch diese Verbindung so gemehrt sah, dass er in höchst unüblicher Weise den Namen seiner Braut annahm. Dabei fehlte es Nádasdy keineswegs an Reputation. Er war reich, ein berühmter Kriegsheld und strotzte vor Kraft – auch wenn seine Mutter meinte, er tauge nicht eben zum Gelehrten. Im Gegensatz zu ihrem Gemahl war Elisabeth wohlgebildet und fähig, in Ungarisch, Griechisch, Deutsch und Latein zu lesen und zu schreiben. Doch in einer Zeit, in der Ehen aus politischen Gründen geschlossen wurden und Herren von Stand an ihren militärischen Erfolgen gemessen wurden, hatten solche Bildungsunterschiede wenig zu bedeuten. Viel wichtiger war das, was Elisabeth

und Nádasdy verband, als sie, ein zartes Mädchen von 14 Jahren, ihm am 8. Mai 1575 das Jawort gab – und das war ein ausgeprägter Hang zum Sadismus.

EINE ANGEBORENE OBSESSION?

Nádasdy war ein übler Choleriker, der seine Umgebung mit wütenden Schlägen und Peitschenhieben zu traktieren pflegte, wenn er in Rage geriet, was ihm den Spitznamen »Schwarzer Held von Ungarn« eintrug. Seine Grausamkeiten verblassten freilich gegenüber denen seines Weibes, die in der Folge zum größten Skandal führten, der je über den osteuropäischen Adel hereinbrach. Denn während Nádasdys Brutalität ihre Grenzen hatte, schien Elisabeth keinerlei Hemmungen zu kennen, sodass sich selbst ihr Mann angesichts ihrer Exzesse angewidert abwandte.

Mag sein, dass Elisabeths erschreckende Veranlagung zum Teil aus der Inzucht resultierte, die im Geschlecht der Báthory seit Jahrhunderten üblich war, um das edle Blut der Sippe möglichst rein zu halten. Beide Elternteile, György und Anna, entstammten der Familie Báthory, und diese hatte im Lauf vieler Generationen so manche psychische Verwerfung hervorgebracht, von Schizophrenie über Bisexualität, Sadomasochismus bis hin zu jener sadistischen Ader, die Elisabeth zu eigen war.

In der Tat zeigte Elisabeth beunruhigende Symptome. Im Alter zwischen vier und fünf Jahren bekam sie epilepti-

So lammfromm, wie er hier aussieht, war Ferenc Nádasdy bei weitem nicht. Zusammen mit seiner Frau Elisabeth Báthory beginn er eine Reihe von abartigen Verbrechen.

GRAUSIGES SCHAUSPIEL

Als Kind wurde Elisabeth Zeuge einer öffentlichen Hinrichtung, die in vieler Hinsicht für die Zeit typisch war. Ein Zigeuner war wegen Verrats zum Tod verurteilt worden. Im 16. Jahrhundert und auch noch danach wurden Sinti und Roma vielerorts gar nicht als richtige Menschen betrachtet und entsprechend behandelt. Das mag die völlig ungewöhnliche Art der Tötung erklären, die man hier wählte: Einem Pferd wurde bei lebendigem Leib der Bauch aufgeschnitten und der Mann hineingenäht. Während sich das Pferd im Todeskampf

im Blut wälzte, kämpfte der unglückliche Zigeuner vergebens darum, aus seinem Gefängnis irgendwie zu entkommen. Die Gaffer genossen das barbarische Schauspiel und gingen erst nach Hause, als sich Mann und Pferd nicht mehr rührten.

Ob dieser grausige Anblick vielleicht Elisabeths verborgenen Hang zur Brutalität geweckt hat, darüber kann man nur spekulieren. Es ist jedenfalls gut möglich, dass solche Erlebnisse mitverantwortlich für ihr späteres Handeln und für ihre barbarischen Grausamkeiten sind.

Stephan Báthory, Elisabeths Onkel, gilt als einer der großen Könige Polens. Hier sieht man ihn bei der Belagerung von Pskow während des Krieges gegen Russland, in dem er einen Teil Livlands zurückeroberte.

sche Anfälle. Dann wieder neigte sie zu unkontrollierten Wutausbrüchen. Außerdem litt sie unter extremen Stimmungsschwankungen. Phasen kühler Distanziertheit wichen von einem Augenblick zum anderen mörderischen Ausbrüchen der Leidenschaft.

Elisabeths Erziehung war nicht dazu angetan, ihr unstetes Wesen in geordnete Bahnen zu lenken. Als Kind hatte man sie maßlos verwöhnt, denn angesichts ihres hohen gesellschaftlichen Ranges hatte es keine der zahlreichen Erzieherinnen, die sich um sie gekümmert hatten, gewagt, ihr Grenzen zu setzen. Als Ergebnis wuchs Elisabeth zu einer aufgeblasenen, herrschsüchtigen und auf Grund ihrer Schönheit selbstverliebten Göre heran. Sie war nur zu empfänglich für den barbarischen Geist einer Zeit, in der es üblich war, dass öffentliche Hinrichtungen als eine Art Volksbelustigung zelebriert wurden. Dergleichen hat sicher nicht dazu beigetragen, ihren Hang zu Grausamkeit und Gefühllosigkeit zu dämpfen.

Auch in ihrem Eheleben gab es nichts, das ihren Neigungen entgegengewirkt hätte. Als Feldherr hielt sich ihr Ehemann nur selten auf Schächtitz auf, der Burg hoch oben in den nordwestungarischen Karpathen, wo sie lebte. Die Feldzüge gegen die Türken zogen sich in die Länge, und das langweilige Leben auf der düsteren Burg bot Elisabeth reichlich Zeit, die schwarzen Künste zu studieren und ihre Foltermethoden zu perfektionieren.

Während Nádasdys Brutalität ihre Grenzen hatte, schien Elisabeth keinerlei Hemmungen zu kennen, sodass sich selbst ihr Mann angesichts ihrer Exzesse angewidert abwandte. Schließlich wurde sie bekannt als die »Blutgräfin«.

Bei diesem Treiben befand sie sich in bester Gesellschaft, denn ihre Tante Klara war eine Sadomasochistin und Expertin für Geißelungen und ihr Gefolgsmann Thorko ein Okkultist, der sie in die Geheimnisse der schwarzen Kunst einführte. Bald experimentierte sie selbst mit Tränken, Pulvern, Drogen und allerlei mehr oder weniger giftigen Kräuterabsuden.

Die Ruine von Schloss Schächtitz liegt in der heutigen Slowakei. Hier beging Elisabeth Báthory ihre vielen grausamen Verbrechen. Der Bau stammt aus der Mitte des 13. Jahrhunderts und war ein Hochzeitsgeschenk der Nádasdys an Elisabeth 1575.

BLUTBÄDER – IM WÖRTLICHEN SINN

Das »Sterntreten« war sicher ein höchst übler sadistischer Exzess, aber es war harmlos gegen andere Taten, die Elisabeth beging. Als sie zu altern begann, war sie besessen von der Sorge, wie sie sich ihre Schönheit und ihre glatte Haut bewahren könnte.

Eines Tages riss eine junge Dienerin Elisabeth beim Kämmen versehentlich ein paar Haare aus. Die Gräfin schlug ihr daraufhin so heftig ins Gesicht, dass sie aus der Nase blutete. Als sich die Dienerin die Blutflecken abwischte, meinte Elisabeth feststellen zu können, dass

sich die Haut an diesen Stellen verjüngt hätte. Da soll Elisabeth befohlen haben, der Dienerin die Kehle durchzuschneiden und ihr Blut in einem Zuber aufzufangen. Sie habe dann in dem noch warmen Blut gebadet. Auch später soll Elisabeth immer wieder Mädchen nur zu dem Zweck ermordet haben, in Jungfrauenblut baden zu können. Gerüchte in Schächtitz erzählten sogar, dass die Gräfin das Blut getrunken habe. Sie soll auch das Fleisch ihrer Opfer gegessen haben, nachdem sie ihnen den Hals und die Brüste zerbissen hatte.

Elisabeths Mann, Graf Ferenc Nádasdy, teilte die sadistische Leidenschaft seiner Frau, aber ihre Untaten stellten die seinen bei weitem in den Schatten.

SCHWINDELERREGENDE GELÜSTE

Irgendwann entdeckte Elisabeth die Lust am Quälen der schutzlosesten unter ihren Bediensteten, der jungen Mädchen, die in der Hierarchie an letzter Stelle standen. Aus Angst vor den Folgen würden sie es am wenigsten wagen, irgendetwas über das Treiben ihrer Herrin verlauten zu lassen. Und Elisabeth stellte sicher, dass sie über die Vorgänge auf Burg Schächtitz Stillschweigen wahrten, indem sie fünf ihrer vertrautesten Diener dazu verpflichtete, sie gegebenenfalls zum Schweigen zu bringen. Die kleinsten Fehler, die geringsten Unterlassungen nahm sie zum Anlass für exzessive Bestrafungen. So nähte Elisabeth einmal einem Mädchen, das zu viel redete, den Mund zu. Andere Mädchen wurden blutig geschlagen und mit spitzen Nadeln traktiert. Doch dies war nichts gegen die Strafe, die Bedienstete erwartete, die in den Verdacht des Diebstahls gerieten. Sie mussten sich nackt ausziehen, und Elisabeth legte ihnen rotglühende Münzen auf die bloße Haut.

Für derartige Misshandlungen bedurfte es keines Anlasses. Elisabeth tötete, verstümmelte und folterte aus reiner Mordlust. Berichten zufolge riss sie Dienern den Kopf so brutal nach hinten, dass das Genick brach. Bald verfügte sie über eine eindrucksvolle Sammlung an Folterinstrumenten, darunter Zangen und Scheren, die rotglühend gemacht wurden, ehe man damit das Fleisch der

Unglücklichen bearbeitete, mit Spitzen gespickte Käfige, in denen Mädchen lebendig aufgespießt wurden und Brandeisen, um sie zu brandmarken. Andere wurden verbrannt, während Elisabeth vor Freude quietschend zusah. Selbst der abgebrühte Soldat Nádasdy verließ lieber den Raum, als solchen Folterungen zuzusehen.

-Die kleinsten Fehler, die geringsten Unterlassungen nahm sie zum Anlass für exzessive Bestrafungen. So nähte Elisabeth einmal einem Mädchen, das zu viel redete, den Mund zu. Andere Mädchen wurden blutig geschlagen und mit Nadeln traktiert.

Andere Mädchen wurden mit Honig bestrichen und an Bäume gebunden, wo Vögel auf sie einhackten und Insekten sie fraßen. Eine andere Spezialität auf Burg Schächtitz war die »Wasserfolter«. Dazu gehörte es, die Opfer an Frosttagen nackt im Freien auszusetzen und in der Kälte erfrieren zu lassen. Ihre Leichen warf man über die Burgmauern, den Wölfen zum Fraß. Eines von Elisabeths Lieblingsspielen wurde »Sterntreten« genannt. Dabei klemmte man den Mädchen mit Öl getränkte Papierstreifen zwischen die Zehen und zündete sie an. Zum Gaudium der edlen Gesellschaft versuchten die Gepeinigten, mit grotesken Sprüngen, Tritten und Stößen die quälenden Papierstreifen loszuwerden, aber das Öl klebte sie an der Haut fest, und die Folter ging weiter.

MÄCHTIGER ADEL

Mehrere Jahre hielten die Mord- und Folterexzesse auf Burg Schächtitz an, doch irgendwann drang die Kunde von den Verbrechen der Blutigen Gräfin trotz Elisabeths Vorsichtsmaßnahmen nach außen. Es musste einfach auffallen, dass Hunderte junger Mädchen auf mysteriöse Weise verschwanden, dass im Umkreis der Burg immer wieder verstümmelte Leichen gefunden wurden, dass die Menschen in den umliegenden Dörfern in Angst und Schrecken lebten. Lange genug hatte man darüber hinweggesehen.

Doch im Europa des 16. Jahrhunderts war die Macht des Adels so groß, dass es ihm möglich war, unliebsame Zeugen zum Schweigen zu bringen und auf diese Weise offiziellen Ermittlungen und damit der Gerechtigkeit zu entgehen. Die ortsansässigen Bauern wagten es nicht, gegen ihre Grundherrschaft auszusagen, weil sie Repressalien zu befürchten hatten, und Eltern, die ihre Töchter verloren hatten, konnten gegen das mächtige Geschlecht der Báthory nichts ausrichten. Selbst die Kirche schwieg aus Furcht vor dessen Rache. Und andere Adelige, die gerüchtweise oder auch detaillierter über die Vorgänge

informiert waren, hielten lieber still, als die eigenen Standesgenossen ans Messer zu liefern. Die Bauern wiederum waren Leibeigene und ihren Grundherrn auf Gedeih und Verderb ausgeliefert. Adelige wie Elisabeth Báthory jedenfalls konnten schalten und walten, wie es ihnen beliebte.

DAS UNVERMEIDLICHE ENDE

Elisabeths Schreckensherrschaft währte über dreißig Jahre und sie ging um das Jahr 1609 zu Ende, als ihr im Umkreis ihrer Herrschaft die Opfer ausgingen. Immerhin

war es ihr im Laufe der Jahre gelungen, auf den Besitzungen der Báthorys eine ganze Generation von Frauen auszumerzen. Und obwohl es ihr immer wieder gelang, arme Bauern gegen entsprechende Zahlungen davon zu überzeugen, dass ihren Töchtern ein gesichertes Leben im Dienst des mächtigen Hauses Báthory winkte, musste sie ihre Fänge immer weiter ausstrecken. So verfiel sie auf den Gedanken, auf Schächtitz eine Schule für die Töchter des niederen Adels einzurichten. Dort sollten diese in den Tugenden ihres Standes unterwiesen werden. Natürlich dauerte es nicht lange, bis auch diese Mädchen verschwanden. Schließlich fand Istvan Magyary, der

> Bald verfügte sie über eine eindrucksvolle Sammlung an Folterinstrumenten, darunter Zangen und Scheren, die rotglühend gemacht wurden, ehe man damit das Fleisch der Unglücklichen bearbeitete, mit Spitzen gespickte Käfige, in denen Mädchen lebendig aufgespießt wurden und Brandeisen, um sie zu brandmarken.

Pfarrer eines der umliegenden Dörfer, den Mut, sich den weltlichen Autoritäten anzuvertrauen. Lange schon hatte er geahnt, welche Gräuel sich hinter den dicken Mauern der Burg zutrugen, und nun fand er endlich Gehör. Über das Verschwinden von Bauerndirnen mochte man noch großzügig hinwegsehen, aber nun waren die verschwundenen Mädchen von edler Geburt.

Der Sippe der Báthory, die wohl wusste, was Elisabeth trieb, war es jahrelang gelungen, Ermittlungen zu vermeiden, indem alle Informationen, die nach außen drangen, als lokaler Tratsch und törichter Aberglaube abgetan wurden. Doch diese Masche wirkte nicht mehr. Magyarys Aussage kam zu Ohren des Ungarnkönigs Matthias, der sogleich eine Untersuchung anordnete. Hinter diesem Beschluss steckte freilich mehr als nur das Entsetzen über die Gräuel, die man Elisabeth zur Last legte. Vielmehr bot sich König Matthias auf diese Weise eine will-

Diese Abbildung aus dem 19. Jahrhundert zeigt, wie man sich die Gräuel auf Schloss Schächtitz vorstellte: Elisabeth Báthory, rechts, schaut zu, wie Dienerinnen auf ihre Anweisung hin nackte Mädchen misshandeln.

BERÜCHTIGT – ÜBER DAS GRAB HINAUS

Zu Lebzeiten war Elisabeth Báthory berüchtigt, und noch nach ihrem Tod war sie Anlass für Auseinandersetzungen. Ihre Familie wollte sie in Schächtitz begraben. Aber die dortige Bevölkerung wehrte sich dagegen, dass die Gräfin in ihrer Nähe und auch noch in geweihter Erde ihre letzte Ruhe finden sollte. Dabei spielte auch allerhand Aberglauben eine Rolle: Wie schon Vlad Draculea mehr als hundert Jahre zuvor, zählte man Elisabeth zum Kreis der Hexen und Zauberer, die das Seelenheil anständiger Christenmenschen gefährdeten. So wurde die »Blutgräfin« schließlich an

ihrem Geburtsort Ecsed nordöstlich von Budapest begraben.

Erstaunlich daran ist, dass die sonst so mächtigen Báthorys sich von der Meinung der Bauern beeinflussen ließen. Wahrscheinlich hatten sie Angst, es könnte zu Grabschändungen und satanistischen Ritualen kommen. Weil das Volk in solchen Fällen glaubte, dass Dämonen und der Teufel selbst ihre Hand im Spiel hätten, hätte das den Ruf der Familie viel nachhaltiger beschädigt als alle Gräueltaten, die Elisabeth zu ihren Lebzeiten begangen hatte.

kommene Gelegenheit, seinen aufmüpfigen Adel in die Schranken zu weisen, indem er die finsteren Machenschaften der ach so ehrenwerten und mächtigen Sippe der Báthory publik machte. Matthias befahl dem Pfalzgrafen György Thurzo, einen Angriff gegen Schächtitz zu führen, um herauszufinden, was sich dort abspielte. Als Vetter der Blutgräfin war Thurzo keineswegs ahnungslos, sondern hatte die Bemühungen seiner Anverwandten, die grausige Wahrheit zu verschleiern, lange Zeit selbst eifrig unterstützt.

Doch als er am 29. Dezember 1610 auf Schächtitz eintraf, musste er feststellen, dass Elisabeths Verbrechen noch weit abscheulicher waren als bisher angenommen. In der Halle der Burg lag ein totes Mädchen. Nahebei fand man ein anderes Mädchen, dessen Körper von Wunden übersät war, das aber erstaunlicherweise noch lebte. Weitere Opfer fand man tot oder sterbend in den Kerkerzellen. Im Keller hingen die Leichen einer Reihe weiterer Mädchen, denen man den Leib aufgeschlitzt hatte, um sie ausbluten zu lassen. Das Blut der Ermordeten wurde in großen Trögen aufgefangen, darin pflegte die Blutgräfin regelmäßig zu baden. Sie glaubte, sich so die Jugend der Mädchen aneignen zu können. Als Graf Thurzo den Kellerboden aufgraben ließ, fand man darunter 50 weitere Leichen.

Ein zeitgenössisches Gemälde von Gräfin Elisabeth Báthory. Die edle Dame aus bestem Haus wurde in der Jugend wegen ihrer Schönheit gerühmt – die sie sich im Alter, so wird berichtet, durch Bäder in Jungfrauenblut zu erhalten suchte.

> Über das Verschwinden von Bauerndirnen mochte man noch großzügig hinwegsehen, aber nun waren die verschwundenen Mädchen von edler Geburt.

VERHAFTUNG UND PROZESS

Graf Thurzo ließ Elisabeth festsetzen, ebenso ihre vier Komplizen: Dorottya Széntes, genannt Dorko, Ilona Jó, Katárina Benická, eine Wäscherin, und den kleinwüchsigen János Újváry – auch bekannt als Ficzko oder Ibis. Eine der an ihren Verbrechen beteiligte Dienerin, Erszi Majorova, konnte fliehen, wurde aber später aufgegriffen. Während man die Komplizen zum peinlichen Verhör brachte, wurde Elisabeth im Schloss unter Hausarrest gestellt. Es war nämlich nicht ohne weiteres möglich, Adelige gefangen zu setzen und vor Gericht zu bringen. Stattdessen hatten ihre Komplizen die volle Verantwortung und Strafe zu tragen.

Anscheinend hat Elisabeth selbst mehrmals um ein Verfahren gebeten, obwohl sie damit einen öffentlichen Skandal riskiert hätte und obwohl im Falle ihrer Verurteilung ihre immensen Besitztümer an die Krone gefallen wären. Auch König Matthias, der den Báthorys eins auswischen wollte, hätte sie gern vor Gericht gesehen. Aber der Einfluss ihrer Familie war immer noch zu groß – Elisabeth blieb dort, wo sie war, und damit dem Zugriff des Königs entzogen.

Aber ihr Erscheinen vor Gericht war sowieso überflüssig. Die Beweislast gegen sie war auch so erdrückend genug. Graf Thurzos Funde und die Aussagen von 200 Zeugen waren mehr als eindeutig.

Das erste Verfahren gegen Elisabeths Helfershelfer begann am 7. Januar 1611. Aufgrund der Geständnisse – sie waren mithilfe der Folter erzielt worden – wurden sie alle für schuldig befunden. Bei einem zweiten Verfahren berichtete Zusanna, eine Dienerin, den Richtern, die Gräfin habe über die von ihr begangenen Misshandlungen und Morde genau Buch geführt: In deren eigenhändig angelegtem Register seien die Namen von 650 Opfern verzeichnet gewesen.

Während man die Komplizen zum peinlichen Verhör brachte, wurde Elisabeth im Schloss unter Hausarrest gestellt. Es war nämlich nicht ohne weiteres möglich, Adelige gefangen zu setzen und vor Gericht zu bringen.

WIDERLICHE BERICHTE

Vieles von dem, was die Zeugen berichteten, war so unmenschlich und abscheulich, dass es bei den Zuhörern Übelkeit hervorrief – auch wenn man zu Anfang des 17. Jahrhunderts bestimmt nicht allzu zimperlich gewesen ist. So war ein zwölfjähriges Mädchen namens Pola entführt und auf Schloss Schächtitz eingesperrt worden; es war ihr aber gelungen, ihren Peinigern zu entkommen. Dorko und Ilona Jó machten sich auf die Suche nach ihr und schleppten sie alsbald wieder zurück in die Burg. Elisabeth war außer sich vor Zorn. Pola wurde in eine Art kugelförmigen Käfig gesteckt, der ein besonders teuflisches Mordwerkzeug war: Wenn man ihn mit einem Flaschenzug in die Höhe hievte, schossen Dutzende von scharfen Metalldornen ins Innere des Behältnisses. Der Zwerg Ficzko sorgte durch entsprechend »gefühlvolle« Bedienung der Halteseile dafür, dass Pola von dem Gerät richtiggehend zerfleischt wurde.

Elisabeths sadistische Neigungen wurden auch dann nicht schwächer, wenn sie krank im Bett lag. Selbst in so einer Lage befahl sie einmal Dorottya Széntes, ihr ein Mädchen zu bringen. Dem zerbiss sie die Wangen, riss ihm Fleischfetzen aus den Schultern und nahm sich dann dessen Brüste vor.

Dorottya Széntes und Ilona Jó wurden vom Gericht als Hexen verurteilt. Damit war auch die Art der Strafen vorgegeben, die sie erleiden mussten. Ihnen wurden mit glühenden Zangen die Finger ausgerissen, weil sie diese mit dem »Blut von Christenmenschen« getränkt hatten. Dann wurden die beiden lebendigen Leibes auf dem Scheiterhaufen verbrannt.

Dem Zwerg Ficzko erkannte man minder schwere Schuld zu. Er wurde zuerst geköpft und anschließend sein Leichnam verbrannt. Erszi Majorova wurde am 24. Januar ebenfalls hingerichtet. Die Einzige unter Elisabeths Helfershelfern, die der Todesstrafe entging, war Katárina Benická. Sie wurde von den anderen Angeklagten und auch von Zusanna entlastet und kam mit einer lebenslänglichen Kerkerstrafe davon.

EINGEMAUERT

Eine ähnliche Strafe traf auch Elisabeth Báthory selbst, auch wenn sie von keinem Gericht dazu verurteilt wurde. Vielmehr war es die Familie Báthory selbst, die sich energisch für diese Lösung eingesetzt hatte. Zwar wollte man ihr Leben schonen, aber man musste auch die Ehre der Báthorys wiederherstellen. Man beschloss daher, dafür zu sorgen, dass dieser Schandfleck in der Familiengeschichte nie wieder ans Licht der Öffentlichkeit käme, indem man Elisabeth in ihrem Schlafraum auf Schloss Schächtitz einmauerte. Nur schmale Schlitze, durch die sie Luft bekam und durch die man ihr Essen hineinreichen konnte, verbanden sie noch mit der Außenwelt. Obwohl unter diesen Umständen eine Flucht reichlich unwahrscheinlich war, postierte man zur zusätzlichen Sicherheit auch noch Wachen vor ihr Zimmer.

Elisabeth lebte so noch über drei Jahre lang in ihrem Quartier. Am 21. August 1614 fand man sie schließlich tot mit dem Gesicht nach unten in ihrer engen Gefängniszelle liegen. Sie wurde 54 Jahre alt.

Opfer von Vlad III. Draculea, Fürst der Walachei, werden gepfählt. Wahrscheinlich wurden die spitzen Hölzer, um das qualvolle Sterben zu verlängern, durch den After beziehungsweise die Vagina eingeführt, und durch das Gewicht des Körpers bohrten sie sich von selbst langsam immer weiter in die Eingeweide.

VLAD III. DRACULEA – DER ECHTE GRAF DRACULA

Der Beiname von Vlad III., dem Fürsten der Walachei, war Draculea oder Dracula – und das bedeutet »Sohn des Drachen« (gemeint war damit eigentlich nur, dass sein Vater Vlad II. Mitglied des sogenannten Drachenordens war). Dieser Herrscher erwarb sich einen Ruf von besonderer Grausamkeit wie kaum ein anderer seiner europäischen »Kollegen«. Zahlreich sind die Schauergeschichten, die man über ihn erzählt. Zum Beispiel soll er einmal Bettler, Alte und Kranke zu einem großen Bankett eingeladen haben. Als alle im Schloss beisammensaßen, verriegelte er von außen die Türen und zündete das Gebäude an. Nicht einer von den Gästen überlebte. Das war Vlads Art, sie von ihren Sorgen zu erlösen.

Mit seiner – angeblichen – Gewohnheit, das Blut seiner Opfer zu trinken und ihr Fleisch zu essen, schrieb er später Literaturgeschichte: Er war das lebende Vorbild für eine Flut von Horrorerzählungen über blutsaugende Vampire, die man in Südosteuropa überall hören und lesen konnte.

GRAUSAMER ABERGLAUBE

Zeit und Ort dieser Geschichten waren kein Zufall. Gerade in dieser Gegend Europas machte das »finstere Mittelalter« seinem Namen besonders viel Ehre. Gewalt war allgegenwärtig, blutige Fehden an der Tagesordnung. Selbst die Gerechtigkeitspflege hatte höchst fragwürdige Methoden: Das Abhacken von Gliedmaßen, das Ausstechen der Augen und ähnliche Verstümmelungen waren gängige Strafen. Vlad Draculeas bevorzugte Strafe für seine Feinde war das Pfählen, also das

Schon lange bevor der irische Schriftsteller Bram Stoker seinen Roman »Dracula« veröffentlichte, galt Vlad III. Draculea als lebendes Vorbild für die zahlreichen Geschichten über blutsaugende Vampire, die in Europa kursierten.

Aufspießen an spitzen Hölzern. In einigen Fällen soll er auf diese Weise Massenhinrichtungen mit bis zu 20 000 Opfern durchgeführt haben, darunter auch Frauen und Kinder. Das brachte ihm den Beinamen Tepes ein, zu Deutsch »der Pfähler«. Dabei war Vlad jedoch eine durchaus typische Erscheinung: Auch andere Herrscherfiguren schossen bei dem Versuch, mit den chaotischen Zuständen in dieser Region fertigzuwerden und ihre Autorität aufrechtzuerhalten, gehörig über das Ziel hinaus.

Einmal verlangte Vlad Draculea von einer Gruppe türkischer Diplomaten, sie sollten ihm den gebührenden Respekt bezeigen und in seiner Gegenwart den Hut abnehmen. Als sie sich weigerten, da es bei ihnen nicht Sitte sei, barhäuptig zu gehen, ließ er ihnen die Hüte auf den Kopf nageln.

Dass Vlad die Türken nicht mochte, ist erklärlich. Zusammen mit seinem jüngeren Bruder Radu lebte er in seiner Jugend als Geisel bei Sultan Murad II. Der türkische Herrscher wollte sich so der Loyalität von Draculeas Vater Vlad II. versichern. Der hatte sich dem Osmanischen Reich unterworfen, um einer drohenden Invasion zuvorzukommen.

GELEGENHEIT ZUR RACHE

Die Türken behandelten den jungen Vlad alles andere als gut: Er wurde in ein unterirdisches Verlies gesperrt und wegen seiner Widersetzlichkeit immer wieder geschlagen. Dann, im Jahr 1447 – Vlad war 16 Jahre alt –, wurde sein Vater von Bojaren, also adeligen Großgrundbesitzern, ermordet. Möglicherweise steckte der ungarische Regent János Hunyadi dahinter, der Vlad II. seinen Schwenk auf die Seite der Türken übel nahm. Jetzt wurde Vlad Draculea freigelassen, um seinen Vater zu rächen – und gleichzeitig auch seinen älteren Bruder Mircea, dem die Bojaren die Augen ausgestochen und ihn dann lebendig begraben hatten. Vlad stellte also ein aus Türken bestehendes Heer auf, um die Walachei zurückzuerobern. Aber seine Regierung war kurz, dann marschierte Hunyadi in die Walachei ein und setzte ihn ab. Erst als Hunyadi 1456 starb, konnte Vlad den walachischen Thron wieder übernehmen.

Nun nahm er Rache an den Bojaren, die seinen Vater und seinen Bruder ermordet hatten. Er lud sie auf sein Schloss zu einem Fest ein – und setzte sie alle gefangen. Ein Teil von ihnen wurde sofort gepfählt. Wer aber jung und gesund war, den zwang er, beim Wiederaufbau einer 80 Kilometer entfernten Festungsruine mitzuhelfen – dem späteren »Schloss Dracula« –, ehe auch sie gepfählt wurden.

König Matthias Corvinus von Ungarn war von Vlads Grausamkeiten entsetzt und nahm ihn 1462 gefangen. Doch selbst die darauffolgenden 12 Jahre Gefangenschaft konnten ihn nicht von seinen sadistischen Neigungen kurieren. Man soll bei ihm immer wieder tote Ratten, Mäuse und Vögel gefunden haben – einige, so wurde berichtet, hatte er enthauptet, andere hatte er geteert und gefedert.

DER TÜRKENKRIEGER

Den Ruf der Grausamkeit hat Vlad in den Jahren, in denen er in der Versenkung verschwunden war, nie verloren. Auch wenn ihn einige für seine erbitterten

Kämpfe gegen die Türken bewunderten, wurde er doch vor allem gefürchtet, und das nicht nur in der Walachei und den umliegenden Ländern, sondern sogar bei den mächtigen Türken. Während seiner Abwesenheit kontrollierten diese die politische Lage in der Walachei. Doch 1475, nach seiner Freilassung, sammelte Vlad ein Heer um sich und drang in seinem Heimatland ein, um zum dritten Mal die Krone zurückzuerobern. Obwohl seine Armee ziemlich klein war – insgesamt nur etwa 4000 Mann stark –, verbreitete seine Ankunft solchen Schrecken, dass die Türken in Panik flohen.

Aber nicht lange danach kam die türkische Rache. Vlad wurde um die Jahreswende 1476/77 bei Vaslui in der Nähe von Bukarest ermordet, mit großer Wahrscheinlichkeit auf Veranlassung der Osmanen. Seinen Kopf brachte man nach Istanbul als Beweis für Sultan Mehmed II., dass Vlad, der »Pfähler«, wirklich tot war.

Bram Stokers Roman »Dracula« aus dem Jahr 1897 ist von Geschichten über Vlad III. Draculea inspiriert. Aber es gibt auch Parallelen zur Lebensgeschichte der Elisabeth Báthory. Beide Gestalten hatten eine Vorliebe für Menschenblut.

ZWEI KÖNIGLICHE WÜSTLINGE – LUDWIG XIV. UND LUDWIG XV.

König Ludwig XIV. von Frankreich, noch heute als »Sonnenkönig« verehrt, und sein gleichnamiger Urenkel, der ihm auf den französischen Thron folgte, waren die schlimmsten Wüstlinge, die je in Europa eine Krone trugen. Der Letztgenannte war der ausschweifendste von allen, und seine berühmten Mätressen, die Marquise de Pompadour und die Comtesse du Barry, gewannen in dem Maße Einfluss auf die Politik, in dem sie der liederliche Fürst vernachlässigte.

Ludwig XIV. hätte dergleichen nie zugelassen. Der glänzendste unter den Fürsten des europäischen Absolutismus war davon überzeugt, dass Macht und Einfluss niemand anderem zustanden als ihm allein.

Links: Ludwig XIV. war der absolutistischste unter den absolutistischen Königen Europas, dazu der kraftvollste Herrscher, den Frankreich hatte.
Oben: Ludwig XV. war seinem Urgroßvater nur auf dem Gebiet der Ausschweifungen ebenbürtig.

Keinen Augenblick zweifelte er am Gottesgnadentum, dem gottgewollten Recht des Fürsten auf die Macht, das man ihm bereits in jungen Jahren zugesprochen hatte. »Könige sind von Gott eingesetzt«, schrieb er schon als Kind. »Sie dürfen tun, was ihnen beliebt.«

»L'ètat, c'est moi!« – ich bin der Staat –, war sein Wahlspruch, und der Glanz seiner Herrschaft manifestierte sich im Schloss von Versailles, dem prächtigsten seiner Art. Dieser berühmteste unter allen Palästen verdankt freilich so manches architektonische, künstlerische und gestalterische Detail dem Einfluss von Marie Mancini, der ersten – noch platonischen – Liebe des Sonnenkönigs. Sie war eine Nichte des Kardinals Mazarin, der für den unmündigen König die Regierungsgeschäfte führte, und kam mit 16 Jahren an den französischen Königshof. Als aufgewecktes, kultiviertes und wohlerzogenes Mädchen vermochte sie das Interesse des jungen Königs für Literatur, bildende Kunst, Philosophie und andere Bildungsgüter zu wecken.

EINE POLITISCHE VERBINDUNG

1657, Ludwig war 19 und Marie 18 Jahre alt, verliebten sie sich ineinander und planten ihre Hochzeit. Doch Marie war nicht von königlichem Geblüt, und ein König von Frankreich hatte eine Ehe zu schließen, die der Staatsraison diente und dem Land politische, ökonomische oder militärische Vorteile brachte. Ungeachtet ihrer verwandtschaftlichen Beziehung zu Mazarin wies Marie die Avancen des jungen Königs zurück und machte damit selbst alle Chancen auf eine Heirat mit ihm zunichte. Schließlich schickte man Marie vom Hof, und Ludwig brach das Herz. Am 9. Juni 1660 schloss er schließlich eine standesgemäße Ehe mit der Infantin Maria Theresia von Spanien, die überdies den brüchigen Frieden zwischen beiden Ländern sicherte.

Dieser Vorteil überwog bei weitem die Nachteile ihrer Erscheinung. Maria Theresia war klein und unscheinbar und überdies mit einem zu langen Kinn und der unschönen »Habsburgerlippe« geschlagen. Von schlichtem Gemüt galten ihre einzigen Interessen den Süßigkeiten und dem Gebet. Immerhin schenkte sie Ludwig den

> Ein König von Frankreich hatte eine Ehe zu schließen, die der Staatsraison diente und dem Land politische, ökonomische oder militärische Vorteile brachte.

männlichen Erben, nach dem alle Fürsten lechzten. Am 1. November 1661 gebar sie den Dauphin Ludwig als erstes von insgesamt sechs Kindern.

Während des ersten Ehejahres hielt ihr Ludwig die Treue, doch das änderte sich rasch. Der Haupt- und manchmal einzige Zweck fürstlicher Ehen war die Aufzucht von Erben. Für das Vergnügen hielt man sich Mätressen, und am französischen Hof geschah dies in aller Öffentlichkeit. Die *maîtresse-en-titre*, die »Hauptmätresse«, hatte eine quasi halboffizielle Stellung am Hof, und solange sie in der Gunst des Königs stand, konnte sie es zu Einfluss und Reichtum bringen. Ludwigs erste *maîtresse-en-titre* war die schlichte und hingebungsvolle Louise de la Vallière. Sie war die Stieftochter Jacques de Courtavels, des Marquis de Saint-Rémy und kam 1660 im Alter von 16 Jahren an den französischen Hof. Dort diente sie als eine der Ehrenjungfern der englischen Prinzessin Henrietta, die mit dem Herzog von Orléans, dem jüngeren Bruder Ludwigs XIV., verheiratet war. Henrietta, 1661 an den Hof gekommen, war eine Schwester des englischen Königs Karl II. und teilte durchaus dessen Vorliebe für amouröse Abenteuer. So war es nur eine Frage der Zeit, dass sie Ludwig schöne Augen machte. Bald munkelte man über eine Affäre zwischen dem König und seiner schönen Schwägerin, und damit war ein handfester Skandal abzusehen.

Die Infantin Maria Theresia von Spanien war die erste Gemahlin Ludwigs XIV. Von der Hochzeit 1660 bis zu ihrem Tod 1683 war sie eine perfekte Königin: devot, uninteressiert an Politik, fruchtbar und tolerant gegenüber den Affären ihres Gemahls.

Louise de la Vallière wurde 1661 die erste Mätresse Ludwigs XIV. Sie gebar ihm vier Kinder, ehe sie 1667 von Françoise-Athènais Marquise de Montesan abgelöst wurde. Tief gedemütigt zog sich Louise später in ein Kloster zurück.

Louise war unschuldig, natürlich, ein wenig farblos und schüchtern. Sie gewann den König, weil sie eben nicht raffiniert, selbstverliebt und kokett war. Alles, was sie wollte, war Ludwig zu lieben, und dieser wärmte sich an ihrer Hingabe.

lich, ein wenig farblos und schüchtern. Eines ihrer Beine war kürzer als das andere, und sie musste Spezialschuhe tragen, damit nicht auffiel, dass sie hinkte. Doch sie gewann den König, weil sie eben nicht raffiniert, selbstverliebt und kokett war. Alles, was sie wollte, war Ludwig zu lieben, und dieser wärmte sich an ihrer Hingabe. Ludwig XIV. und Louise de la Vallière hatten vier gemeinsame Kinder. Das erste kam im Jahr 1663 auf die Welt, das letzte 1667. Ihre Beziehung hielt sechs Jahre, wäre aber 1661 fast an einem heftigen Streit über Prinzessin Henrietta zerbrochen. Trotz deren Feindseligkeit stand Louise loyal zu ihr und verschwieg dem König deshalb ihr Verhältnis mit dem Comte de Guiche. Ludwig bekam einen Wutanfall und die verschüchterte Louise floh in ein Kloster. Wahrscheinlich erfuhr Ludwig XIV. von diesem Verhältnis nur, weil Henrietta und de Guiche befürchten mussten, entdeckt zu werden. Um ihren Galan zu retten, eilte Henrietta zum König und beichtete ihm alles. Tatsächlich hatte de Guiche Glück und kam mit einer Verbannung davon.

… UND EINE PASSENDE MÄTRESSE

Doch noch bevor größerer Schaden entstehen konnte, brachte Ludwigs Mutter, Anna von Österreich, Louise ins Spiel. Diese sollte den Eindruck erwecken, der junge König begehre sie mehr als seine Schwägerin. Doch unerwarteterweise verliebte sich die arglose Louise tatsächlich in den König, der sich bald von seiner Henrietta ab- und deren Ehrenjungfer zuwandte. Die stolze Henrietta war darob so erbost, dass sie sich sogleich mit dem Comte de Guiche, einem Favoriten ihres Gemahls, einließ. Louise konnte dem König etwas geben, das die hochmütige, besitzergreifende Henrietta nicht zu bieten hatte. Während die schöne Engländerin Männer mit ihrem Glanz in ihre Bann schlug, war Louise unschuldig, natür-

DIE NEUE FAVORITIN

Ludwig XIV. stöberte Louise in ihrem Versteck auf, und sie behielt ihren Rang als königliche Mätresse. Doch ab

Prinzessin Henrietta Anne war die lebenslustige Tochter König Karls I. von England, verheiratet mit Ludwigs Bruder, Philippe Duc d'Orléans.

1666 verlor sie die Gunst des Königs. Noch im vorangegangenen Jahr hatte sie dieser in den Rang einer Duchesse de la Vallière erhoben und ihr das Gut Vaujours übereignet, doch das waren Abschiedsgeschenke gewesen. Der Grund lag weniger darin, dass Ludwig seiner Mätresse überdrüssig geworden wäre, wie dies bei Fürsten an der Tagesordnung war. Vielmehr gab es jemanden, der sich hinter den Kulissen heftig abmühte, ihre Position zu untergraben. Es war eine gewisse Françoise-Athénais, Marquise de Montespan, die im Geheimen ihr Gift verspritzte, da sie selbst nach dem Rang der *maîtresse-en-titre*

gierte. Sie hatte mit dem Marquis de Montespan einen Edelmann minderen Ranges und eher bescheidenen Vermögens geheiratet und hoffte auf Prestige und Reichtum im Schatten des Sonnenkönigs.
Die edle Marquise hatte ihren Aufstieg sorgfältig geplant. Unauffällig, kaum erkennbar schlich sie sich an ihr Opfer

Françoise-Athénais, Marquise de Montespan, erreichte 1668 ihr erklärtes Ziel, Mätresse Ludwigs XIV. zu werden. Man sagte ihr nach, sie habe sich bei ihren Bemühungen, ihn zu umgarnen, okkulter Künste wie Zauberei und Hexerei bedient.

GERÜCHTE ÜBER SCHWARZE KUNST

Der außerordentlich große Einfluss, den die Marquise de Montespan auf Ludwig XIV. ausübte, lud das abergläubische Volk geradezu ein zu Spekulationen über schwarze Magie und Hexerei, deren sie sich bedient haben sollte, bevor sie zur *maîtresse-en-titre* aufstieg. Ohne dass jemals eine Untersuchung stattgefunden hätte, wurde kolportiert, sie habe sich bei ihren Bemühungen, den König zu umgarnen, von der Hexe Catherine Monvoisin allerlei Liebespulver widerwärtigen Inhalts wie Krötenspeichel besorgt. Sie soll außerdem an schwarzen Messen teilgenommen haben, die auf ihrem nackten Körper zelebriert wurden. Obgleich ihr nie etwas nachgewiesen werden konnte, wurde sie später erneut in die Giftmord-Prozesse verwickelt, die in den Siebzigerjahren des Jahrhunderts gegen verschiedene Beschuldigte geführt wurden, darunter Mitglieder des Hochadels.

Der König ließ sich von solchen Gerüchten nicht beeindrucken. Er glaubte in der Marquise die ideale Geliebte gefunden zu haben und überhäufte sie mit schönen Kleidern, Juwelen und anderem Luxus. Seine Zuwendungen ermöglichten ihr nicht nur ein Leben in Pracht und Glanz, sondern auch beträchtliche Spenden an Wohltätigkeitsorganisationen. Außerdem verhalf sie ihren Angehörigen zu hohen Positionen. So stieg ihr Vater zum Gouverneur von Paris auf.

Aber das Gerede von Hexerei, Zauber und Giftmord wollte nicht enden. Als Ludwig von Schwindelanfällen, Ohnmachten und Phasen unkontrollierbaren Zitterns befallen wurde, lebten die Gerüchte um ekelhafte Liebespulver wieder auf – diesmal um den König an sich

Bis ins hohe Alter verlor Ludwig XIV. niemals seine Lust an der körperlichen Liebe. Seine zweite Gemahlin Françoise schrieb in ihrem Tagebuch von »schmerzlichen Ereignissen«.

zu binden, der ihrer überdrüssig sei. Doch die Montespan wählte einen anderen Weg: Sie entschied sich für eine Geste der Demut. Aber als sie zur Beichte ging, um dem Abbé Lécuyer ihre zahllosen Sünden zu bekennen, weigerte sich dieser, sie anzuhören oder ihr gar die Absolution zu erteilen. Rasend vor Zorn beklagte sie sich beim König, musste jedoch erfahren, dass es die Pflicht des Abbés sei, sich derart notorischen Sündern zu verweigern.

Nun zog sich die Marquise vom Hof zurück und fastete, um ihre Bußfertigkeit zu beweisen. Auch Ludwig XIV. wurde 1675 die Absolution verweigert, und er hatte sich einer ähnlichen Bußübung zu unterziehen.

DREI AFFÄREN

Im Juli 1776 durften die Liebenden schließlich wieder zusammenkommen, und bald nach der Aussöhnung wurde die Marquise wieder in ihre Rolle als *maîtresse-en-titre* eingesetzt. Dennoch war nichts mehr so wie zuvor. Ludwig hatte mehr oder weniger gleichzeitig Affären mit drei Hofdamen, und eine davon soll ihm gar ein Kind geboren haben.

Die Marquise reagierte erwartungsgemäß mit heftigem Zorn und verbreitete das Gerücht, dass eine von Ludwigs Gespielinnen, Madame de Ludre, an einer üblen Hautkrankheit leide. Doch sie hätte sich die Aufregung sparen können. Denn de Ludre wurde sehr schnell wieder abserviert.

heran. Mit ein paar unverfänglichen Schachzügen positionierte sie sich nahe genug beim König, um von diesem wahrgenommen zu werden. Zunächst buhlte sie um die Freundschaft von Ludwigs jüngerem Bruder Philipp. Dann machte sie sich an die Königin heran und gewann deren Vertrauen, indem sie die Fromme und Tugendhafte spielte, was dieser wohl gefiel. Auf diese Weise geriet sie in das Umfeld Louises und durch diese – des Königs.

Es konnte keinen größeren Gegensatz geben als jenen zwischen der zaghaften, unterwürfigen Louise und dem großen Auftritt der Montespan.

Ludwig wurde auf diesen geistreichen, auffallend schönen Eindringling aufmerksam. Die Montespan machte ihm derart schöne Augen, dass Ludwig sich 1667 die ganze Nacht mit ihr vergnügte, während ihm Louise einen Sohn gebar.

Dieser Sohn, der Comte de Vermondois, war das letzte Kind, das Louise vom König empfing, obgleich sie am Hof blieb, bis 1674 die Ehe zwischen dem Marquis und der Marquise de Montespan offiziell annulliert wurde. Denn bis dahin musste Louise die Rolle der *maîtresse-en-titre* offiziell weiterspielen, um das Verhältnis des Königs mit seiner neuen Favoritin zu tarnen. Auf diese Weise konnte der eifersüchtige Marquis, der versucht hatte, sein treuloses Weib auf dem Rechtsweg zurückzubekommen, ohne Skandal absorviert werden. Louise wurde gezwungen, ihrer Nachfolgerin wie eine Magd zu dienen und ihr beim Ankleiden zu helfen. Erst 1674 gestattete man ihr, in das Kloster Sainte Marie de Chaillot einzutreten, wo sie 1710 ihr Leben beschloss. Als Ludwig von ihrem Tod erfuhr, meinte er nur, für ihn sei sie gestorben, als sie den Hof verließ.

Mittlerweile hatte Louise de Vallière die Jahre der Demütigung am Königshof überwunden, und die Marquise de Montespan hatte die ersten fünf der sieben Kinder geboren, die sie dem König schenkte. Tatsächlich konnte es keinen größeren Gegensatz geben als jenen zwischen der zaghaften, unterwürfigen Louise

und dem großen Auftritt der Montespan. Diese war eine großartige Erscheinung, arrogant, sinnlich, grausam und von einer unversöhnlichen Rachsucht gegenüber jedem, der ihr Missfallen erregte. Für Ludwig XIV. war sie eine echte Herausforderung, eine Frau, die ihm nach Lust und Laune die Stirn bot, leidenschaftlich mit ihm stritt, ihn aber auch mit ihrer Schönheit und ihrem Charme verzauberte.

UNSTETES GLÜCK

Aber auch für die Marquise de Montespan währten die Zeiten des Triumphs nicht ewig. 1678 gebar sie dem König das letzte Kind. Sie war nun vierzig Jahre alt und wurde zunehmend fett und schlampig. Außerdem machten ihr die jüngeren Konkurrentinnen zu schaffen. Eine davon war Angélique de Fontanges, ein schönes, aber strohdummes Edelfräulein, das von seinen ehrgeizigen Eltern geradezu in die Rolle der königlichen Mätresse gedrängt wurde. Natürlich blieb das der Marquise de Montespan nicht lange verborgen, aber diesmal verfehlte ihr Wutausbruch seine Wirkung beim König. Ihre Zeit war um, wenngleich sie noch mehrere Jahre lang ihre Räume in Versailles bewohnte. Ludwig XIV. besuchte sie von Zeit zu Zeit, und 1691 zog sie sich mit einer stattlichen Pension von 500 000 Francs in einen Konvent zurück. Sie starb 1707. Doch auch Angélique wurde nach einiger Zeit abserviert, nachdem der König ihrer überdrüssig war.

Das Rennen um die Gunst Ludwigs XIV. machte eine Dame, die so gar nichts gemein hatte mit dessen ehrgeizigen Gespielinnen. Sie war keine Sternschnuppe, die heute aufstieg und morgen fiel, sondern gehörte bereits seit geraumer Zeit zum königlichen Gefolge. Françoise Scarron, die Witwe des Schriftstellers Paul Scarron, war schon 1669 zum Hof gestoßen, um als Erzieherin des ersten gemeinsamen Kindes des Königs und der Marquise de Montespan zu wirken. Später kümmerte sie sich auch um die übrigen sechs, die aus dieser Verbindung hervorgingen.

Dieses Gemälde gilt als Portrait von Marie Angélique de Scorraille de Russille, Duchesse de Fontanges, die 1678 Mätresse Ludwigs XIV. wurde.

Ludwig erkannte bald, wie wichtig Françoise für seine »Zweitfamilie« war, und 1674 versorgte er sie mit den nötigen Mitteln, um mit dem Haus des Duc de Maintenon ein Anwesen zu erwerben, das ihrer Rolle bei Hof würdig war. Nach diesem neuen Wohnsitz nannte sie sich hinfort Madame de Maintenon.

Diese Großzügigkeit war Ausdruck einer bereits über längere Zeit bestehenden Wertschätzung. Zunächst hatte der König in ihr nur den spröden, moralinsauren Schöngeist gesehen. Er wusste genau, dass sie seinen liederlichen Lebenswandel missbilligte, hatte sie ihm doch einmal ins Gesicht gesagt: »Um die Ehre zu wahren, muss man zuerst auf das Vergnügen verzichten.« Doch nun fand Ludwig zunehmend Gefallen an ihrem freundlichen und fürsorglichen Wesen und an der anmutigen Schönheit, die ihr auch noch im Alter von 38

> Zunächst hatte der König in ihr nur den spröden, moralinsauren Schöngeist gesehen. Er wusste genau, dass sie seinen liederlichen Lebenswandel missbilligte.

Jahren zu eigen war. »Sie versteht zu lieben«, bemerkte er einmal, »und ich würde mich glücklich preisen, von ihr geliebt zu werden.«

Der Sonnenkönig kannte Françoise gut genug, um zu wissen, dass sie einem Vorschlag, seine Mätrese zu werden, nie zustimmen würde. Ihre Vorstellungen von Moral und Mäßigung hätten dies nicht zugelassen, denn für sie waren Sexualität und Ehe untrennbar miteinander verbunden. Doch er hatte sich in Françoise verliebt, ohne die einzige Alternative, eine platonische Beziehung, akzeptieren zu können. Die Möglichkeit, das Problem zu lösen, ergab sich, als Königin Maria Theresia im Alter von nur 44 Jahren – vermutlich an Krebs – starb.

Ludwig rief Françoise zu sich und eröffnete ihr in seiner selbstherrlichen Art, dass er gedachte, sie zu seiner morganatischen Gemahlin zu nehmen. Damit wurde die

Am leichtlebigen, sexbesessenen Hof von Versailles war Madame de Maintenon eine ungewöhnliche Erscheinung. Während der 32 Jahre ihrer Ehe mit Ludwig XIV. sorgte sie dort für eine würdigere Atmosphäre.

Beziehung legalisiert, ohne dass die aus bürgerlicher Familie stammende Ehefrau damit einen Anspruch auf königliche Rechte und Würden erwarb. Da Françoise auf dergleichen keinen Wert legte, gab sie dem König im Oktober 1683 im Rahmen einer diskreten Zeremonie ihr Jawort. Die Ehe hielt bis zu Ludwigs Tod 1715, und in diesen 32 Jahren gelang es der edel gesinnten Françoise, den königlichen Wüstling in einen treuen und tugendhaften Ehemann zu verwandeln. Mehr noch, er blühte in dieser Beziehung dermaßen auf, dass er noch 1710, im fortgeschrittenen Alter von 72 Jahren, in der Lage war, sie täglich zweimal zu beglücken. Als der König fünf Jahre später starb und ihm sein fünfjähriger Urenkel auf den Thron folgen sollte, sprach er zu seinen Höflingen: »Ihr seht heute den einen König am Rande des Grabes, den anderen in der Wiege. Tragt stets die Erinnerung an den einen und die Sorge um den anderen in euren Herzen.«

EIN NEUER KÖNIG

Der mächtige Sonnenkönig war es gewohnt, entschlossen zu handeln, sein Urenkel freilich war nicht einmal in der Lage, Entschlüsse zu fassen. Seit 1711 war Ludwig XV. der letzte Anwärter auf eine Thronfolge in direkter Linie, nachdem alle gestorben waren, die in der Erbfolge vor ihm gestanden hatten. Aus diesem Grund hatte man ihn derart verhätschelt und verzogen, dass er zu einem hochgradig ängstlichen und unentschlossenen Mann heranwuchs. Obwohl er die Rolle eines absolutistischen Fürsten mit allem zugehörigen Pomp getreulich zu spielen versuchte, hätte er das ruhige Leben eines einfachen Landedelmannes bei weitem vorgezogen. Ludwig hatte kein Interesse an Staatsgeschäften, die Finanzpolitik verwirrte ihn nur, und er unternahm nichts, um das Wohlergehen des Reiches und seines Volkes zu fördern. Sein Außenminister, René-Louis de Voyer de Paulmy, Marquis d'Argenson lästerte, wenn der König gezwungen sei, an den Sitzungen seines

Links: Portrait Ludwigs XV., der mit fünf Jahren zum König gekrönt wurde. Er war der einzige Überlebende einer Pockenepidemie, die mit seinem Großvater, Vater und allen Geschwistern alle dahinraffte, die in der Thronfolge vor ihm gestanden hatten.

Kronrats teilzunehmen, mache er den Mund auf, sage wenig und denke nichts.

Ludwig XV. liebte die Jagd, aber sein Hauptinteresse galt den Frauen. Böse Zungen meinten, auf diese Weise versuche er die Lücke zu füllen, die der allzu frühe Tod seiner Mutter hinterlassen habe. Maria Adelaide von Savoyen war noch vor seinem zweiten Geburtstag gestorben. 1725 vermählte er sich mit der polnischen Prinzessin Maria Leszczynska, die ihm binnen Jahresfrist Zwillingstöchter gebar – die ersten von zehn Kindern. Doch schon begann die Suche nach einer Mätresse.

Eine Weile tändelte Ludwig XV. mit allerlei Dienerinnen und Mägden herum, dann wandte er sich der Reihe nach allen vier Mailly-Nesle-Schwestern zu.

Marie Anne de Mailly-Nesle war die jüngste von vier Schwestern, mit denen sich Ludwig XV. nacheinander vergnügte. Sie übte einen guten Einfluss auf ihn aus, starb aber schon 1744 im Alter von nur 27 Jahren.

Das alles kam reichlich früh, denn Ludwig war bei seiner Hochzeit erst 15 Jahre alt. Eine Weile tändelte er mit allerlei Dienerinnen und Mägden herum, dann wandte er sich der Reihe nach allen vier Mailly-Nesle-Schwestern zu. Deren jüngste, Marie Anne, war auch die ehrgeizigste. Sie trat 1742 in sein Leben und versuchte ihn sofort dazu zu bewegen, eine aktivere Rolle zu spielen. Sie zwang ihn dazu, sich den Regierungsgeschäften zu widmen, seine Minister öfter zu empfangen und sich detaillierter in politische Fragen einzuarbeiten. Für den trägen Ludwig war das eine Tortur. »Madame«, pflegte er zu protestieren, »Sie bringen mich um!« Nach nur zwei

Königin Maria-Catherine Leszczynska gebar Ludwig XV. zehn Kinder, aber vier seiner Töchter und die beiden Söhne starben vor ihm.

Jahren wurde er von seinen Qualen erlöst, denn Marie Anne starb bereits 1744 im Alter von gerade 27 Jahren an Lungenentzündung.

Ihre Nachfolgerin war die schöne und wohlerzogene Jeanne Antoinette d'Étioles. Dieser fehlten eigentlich alle Voraussetzungen, die sie für die Rolle der *maitresse-en-titre* qualifiziert hätten, nämlich die guten Beziehungen zum Hochadel, stammte sie doch aus dem Bürgerstand. Immerhin gab es einen Hinweis, dass sie für diesen hohen Rang bei Hof prädestiniert war, denn im Jahre 1730, im Alter von neun Jahren, hatte ihr ein Wahrsager prophezeit, dass sie eines Tages das Herz eines Königs gewinnen werde. Von da an wurde sie in ihrer Familie »Reinette« genannt, die kleine Königin – eine scherzhafte Vorwegnahme künftiger Freuden.

DER AUFSTIEG DER POMPADOUR

Das große Fest fand im Februar 1745 statt, und sein Anlass war die Vermählung des Thronfolgers Ludwig mit der spanischen Prinzessin Maria Theresia. Im Rahmen dieser Feierlichkeiten wurden in Paris und Versailles große Bälle abgehalten, zu denen jedermann Zutritt hatte, der in angemessener Kleidung erschien. Jeanne Antoinette hatte sich eine besondere Strategie ausgedacht, um in die Nähe des Königs zu kommen. Sie wählte dazu einen jener quasi-öffentlichen Maskenbälle. Dort verstand sie es, Ludwig XV. in ein Gespräch zu verwickeln, in dessen Ver-

Jeanne Antoinette Poisson, Madame de Pompadour, war die bedeutendste unter den Mätressen Ludwigs XV. Ihre »Herrschaft« dauerte zwanzig Jahre, und obgleich sie nicht so mächtig war, wie viele Historiker vermuteten, nahm sie doch Einfluss auf das politische Tagesgeschäft.

lauf die Masken fielen. »Das Handtuch ist geworfen«, bemerkte einer der Höflinge angesichts dieser Szene, was im Jargon des Versailler Hofes nichts anderes bedeutete, als dass eine intime Beziehung ihren Anfang nahm. Wenige Tage später lud der König Jeanne Antoinette zu einem privaten Souper ins Rathaus von Paris ein, und nach kurzer Zeit hatte er sich rettungslos in die hübsche Jeanne Antoinette verliebt – so sehr, dass er sie alsbald in den Grafen- und dann in den Herzogsstand erhob. Duchesse de Pompadour – nicht schlecht für eine Bürgerliche, die mit dem Namen »Poisson« geboren war.

Die neue *maîtresse-en-titre* versäumte denn auch keine Zeit, ihre Macht zu sichern. Zwar verfügte sie keineswegs über den politischen Einfluss, den ihr einige Historiker zugeschrieben haben, aber sie verstand es, ihre Verwandten und Freunde in einflussreiche Positionen zu bringen. Zu diesen gehörte auch der bedeutende Schriftsteller und Philosoph Voltaire, der ihrer Protektion unter anderem die Aufnahme in die hochangesehene Académie française verdankte. Ihre größte Leistung bestand jedoch darin, dass sie für den König ein heimeliges Umfeld schuf, wo er in der freundlichen und lockeren Gesellschaft ihrer Familie unbeschwert feiern konnte.

> Ihre größte Leistung bestand darin, dass sie für den König ein heimeliges Umfeld schuf, wo er in der freundlichen und lockeren Gesellschaft ihrer Familie unbeschwert feiern konnte.

Weiterhin weckte sie in ihm das Interesse für Theater, Musik und die bildende Kunst – Dinge, für die der oberflächliche Versailler Hof nur wenig Raum bot. Zum ersten Mal genoss Ludwig XV. sein Leben, und es scherte ihn wenig, dass seine arroganten Höflinge die Köpfe zusammensteckten und lästerten, dass er, der König, unter der Fuchtel seiner Mätresse stehe.

Dennoch fiel auch ein Schatten auf das scheinbar ungetrübte Glück. Denn Jeanne Antoinette kränkelte und lebte in der ständigen Furcht, den sexuellen Ansprüchen des Königs nicht mehr genügen zu können. So konsumierte sie große Mengen an Aphrodisiaka – Vanille, Trüffel oder Sellerie –, was ihrem Befinden keineswegs zuträglich war. Auch einige Fehlgeburten schwächten ihre Gesundheit. Sie litt unter ständigen Kopfschmerzen, Herz- und Atembeschwerden. Am 15. April 1764 starb sie im Alter von nur 42 Jahren und wurde zwei Tage später in Paris begraben. Mit dem Verfall ihrer Gesundheit endete auch die erotische Beziehung zwischen Ludwig XV. und Madame de Pompadour. Er liebte sie zwar immer noch, suchte sich aber in den letzten Jahren vor ihrem Tod zunehmend andere Gespielinnen, darunter wiederum Mägde und Dienerinnen, mit denen er sich in einer *Parc aux Cerfs* (Wildpark) genannten kleinen Villa in Versailles vergnügte. Oft besuchte Ludwig dieses persönliche Bordell inkognito in der Maske eines polnischen Edelmanns, aber eine seiner Huren durchsuchte seine Taschen, während er schlief, und entdeckte so seine wahre Identität. Man brachte das arme Mädchen daraufhin in ein Irrenhaus, um ihre Aussagen unglaubwürdig erscheinen zu lassen.

Der *Parc aux Cerfs* wurde zum Zentrum der Ausschweifungen Ludwigs XV., mit denen er sein Ansehen bei seinen Untertanen zunehmend beschädigte. War er 1744 nach Genesung von einer schweren Krankheit noch als

Der Parc aux Cerfs nahe dem Versailler Schloss war die Lasterhöhle Ludwigs XV., in der er ungestört seiner Triebhaftigkeit nachgeben konnte. Das Etablissement wurde von Madame de Pompadour höchst effektvoll für ihn geleitet.

PHILIPPE, DUC D'ORLÉANS

LUDWIGS XIV. »HOMOSEXUELLER« BRUDER

Philippe, Duc d'Orléans (1640–1701), galt zwar als leiblicher Bruder des Sonnenkönigs, aber seine Mutter behandelte ihre beiden Söhne sehr unterschiedlich. Sie wahrte Ludwigs Thronansprüche, indem sie Philippe schlecht, ja geradezu lächerlich machte. So stellte er die Herrschaft seines Bruders niemals infrage. Seine Mutter ermutigte ihn auch, sich zu seiner Homosexualität zu bekennen, obwohl er zweimal verheiratet war und

mehrere Kinder hatte. Er trug Frauenkleider, schminkte sein Gesicht und trieb es mit hübschen Höflingen. Ludwig behandelte seinen Bruder, der am Hof nur »Monsieur« genannt wurde, sehr liebevoll und überhäufte ihn mit Geschenken. Aber ebenso geflissentlich verfolgte er die Strategie seiner Mutter und hielt ihn von den Zentren der Macht fern. Zu diesem Zweck erwarb er die wunderschöne Villa von St. Cloud, die

nahe – aber eben auch nicht zu nahe – bei Versailles lag. Philippe war entzückt von der Villa und widmete sich mit Hingabe der Verschönerung seines Gartens. Die eigentliche Funktion dieses Anwesens bestand natürlich darin, Philippe weit entfernt von allen Regierungsgeschäften zu beschäftigen, sodass er in Frankreich keinerlei Einfluss ausüben konnte. Ludwigs Verhältnis zu »Monsieur« war daher zwar durchaus herzlich, aber entschieden autoritär.
So soll er vor einer Sitzung mit seinen Ministern zu Philippe gesagt haben: »Wir gehen jetzt arbeiten, Bruder. Geh und amüsiere dich gut!«

Ludwig XIV. war äußerst liebevoll zu seinem Bruder Philippe, Duc d'Orléans, aber er hielt ihn nicht für kompetent genug, als dass er ihm Einfluss auf die Staatsgeschäfte zugestanden hätte. An Beratungen mit Ministern durfte er nicht teilnehmen.

Marie Jeanne Bécu, Madame du Barry, war die letzte Mätresse König Ludwigs XV., den dieses Gemälde neben ihrem Bett zeigt. Als sie 1769 erstmals bei Hof erschien, beeindruckte sie ihn so sehr, dass er sie binnen weniger Wochen zu seiner Geliebten machte.

der »Vielgeliebte« gefeiert worden, so machte er sich nun zunehmend verhasst auf Grund seiner schwachen Regierung, der inkompetenten Finanzpolitik, der militärischen Misserfolge – und seines ausschweifenden Lebenswandels. Dabei waren die Vorgänge im *Parc aux Cerfs* nicht annähernd so dramatisch wie die Gerüchte, die darüber in Umlauf kamen. Eigentlich handelte es sich nur um ein unbedeutendes Intermezzo auf dem Weg von einer *maîtresse-en-titre* zur anderen.

TRÄUME WERDEN WAHR

Unter den Damen, die nur darauf lauerten, dass die kränkelnde Jeanne Antoinette ihren Platz räumte, war Marie Jeanne Bécu, die uneheliche Tochter einer Näherin und eines Franziskaners. 1758 war die blonde Schönheit im Alter von 15 Jahren nach Paris gekommen und Jean du Barry, einem berüchtigten Schwerenöter, aufgefallen. Der erkannte sofort, dass sie aus dem Holz geschnitzt war, aus dem man königliche Mätressen machte. Um ihre wenig gesellschaftsfähige Herkunft zu verschleiern, verheiratete er sie 1768 mit seinem Bruder, Comte Guillaume, und am 2. April 1769 wurde die frischgebackene Comtesse bei Hofe eingeführt. Sie muss einen nachhaltigen Eindruck hinterlassen haben mit ihrer extravaganten Garderobe und den Diamanten, die Hals und Ohren zierten. Der König war so entzückt, dass ihn die reizende Jeanne sogleich über den Gram hinwegtrösten durfte, den ihm der Tod seiner Königin bereitete. Noch ehe diese am 25. Juni 1769 dahinschied, wärmte die neue Mätresse bereits sein Bett, und am nächsten Morgen bemerkte er: »Ich bin entzückt von Jeanne! Sie ist die einzige Frau in Frankreich, die mich vergessen lässt, dass ich sechzig bin.« »Er ist verliebter als je zuvor in seinem Leben«, stellte der Duc de Croy fest, der Ludwig seit vielen Jahren kannte. »Er scheint geradezu verjüngt, und nie habe ich ihn geist-reicher, besser gelaunt und aufgeschlossener erlebt.« Jeanne bewirkte diese Verwandlung nicht allein durch ihre Schönheit. Viel wichtiger war, dass sie es dank ihres Charmes verstand, ihn gut zu unterhalten und ihm Liebe und Wärme zu geben. In dieser Hinsicht glich sie der

alternden Pompadour, auch wenn sie nicht über deren Geist und Talent verfügte. Doch wie diese war auch die Comtesse du Barry wohlbewandert in den schönen Küns-ten. Ihre *levées*, bei denen sie Schriftsteller, Dichter, Künstler und Gelehrte um sich versammelte, waren bald fester Bestandteil des französischen Geisteslebens. Minis-ter, Finanziers und Bankiers erschienen bei ihr, um sich Rat zu holen, und die Juweliere erachteten sie wegen ihrer Vorliebe für kostbare Geschmeide geradezu als ihre Schutzpatronin. Sie war die einzige Dame am Hof, die Juwelen in verschiedenen Farben trug: Rubine kombiniert mit Smaragden oder rosa und graue Perlen.

EIN LAND STEHT AUF

Ludwig XV. pflegte seine Extravaganzen ohne Rücksicht auf die öffentliche Meinung und überhäufte seine Mätres-sen mit Gunstbezeugungen – zu einer Zeit, in der die allgemeine Unzufriedenheit über die Ungerechtigkeiten der französischen Stan-desgesellschaft rapide anwuchs. So geriet die du Barry zusammen mit dem König und sei-nem Hof zunehmend ins Kreuzfeuer der Kri-tik. Mit zunehmendem Alter wurde Ludwig XV. immer unpopulärer. Auch quälten ihn Todesfurcht und das schlechte Gewissen über seine sexuellen Ausschweifungen. So wandte er sich mehr und mehr von seiner schönen Mätresse ab. Oft besuchte er nun das Karmeliterinnenkloster, in das seine jüngste Tochter eingetreten war. Ludwig glaubte, sie habe die Gelübde abgelegt in der Absicht, seine Seele vor ewiger Verdammnis zu retten, und verbrachte viel Zeit mit ihr im gemeinsa-men Gebet um Vergebung seiner Sünden. Obwohl der König immer wieder zur Com-tesse du Barry zurückkehrte, lief beider Zeit unerbittlich ab. 1774 infizierte er sich mit den Pocken. Er wusste, dass er sterben würde, und verbannte seine Mätresse nach Brie in das Kloster Pont-aux-Dames. Denn wäre sie in Versailles geblieben, hätte der Beichtvater

Mit dem Sturm auf die als Staatsgefängnis dienende Bastille von Paris 1789 und der Befreiung der dort einsitzenden Gefangenen begann die Französische Revolution. Die Bedeutung war eher symbolisch, denn es wurden nur wenige Häftlinge festgehalten.

DER MANN MIT DER EISERNEN MASKE

Der berühmte »Mann mit der eisernen Maske« ist eines der größten Geheimnisse in der Geschichte der europäischen Monarchien. 1687 erstmals verhaftet, wurde er elf Jahre später unter starker Bewachung in die Bastille gebracht. Niemand wusste, wer er war. Viele hielten ihn für einen in Ungnade gefallenen Höfling, aber es steckte wohl mehr dahinter als Ungnade. Der Unbekannte musste seine Maske ständig tragen, und zwei Musketiere standen bereit, ihn zu töten, wenn er gegen die Auflage verstieß.

Er aß, schlief und starb mit dieser Maske – wahrscheinlich 1703. Gut fünfzig Jahre später äußerte Voltaire den Verdacht, der Mann mit der eisernen Maske sei eine sehr hochgestellte Persönlichkeit gewesen, vielleicht sogar Ludwig XIV. selbst. Unter den vielen Gerüchten gab es auch eine Variante, die besagte, es habe sich um einen Zwillingsbruder des Sonnenkönigs gehandelt, der, Minuten vor diesem geboren, der wirkliche Thronfolger gewesen wäre.

Der sagenumwobene Mann mit der eisernen Maske wurde 16 Jahre lang gefangen gehalten. Um ihn ranken sich zahlreiche Verschwörungstheorien, darunter die berühmte Novelle von Alexandre Dumas. Das Rätsel um seine Identität wurde nie gelöst.

des Königs diesem die Absolution verweigert. Ludwig XV. starb am 10 Mai.

Kurz zuvor soll er noch gesagt haben: »Nach mir die Sintflut« – ein erschreckendes Menetekel! Fünfzehn Jahre nach seinem Tod fegte die Französische Revolution Monarchie, Adel und Klerus hinweg. Tausende, einschließlich König Ludwig XVI. und Königin Marie Antoinette, endeten in den Jahren 1792/1793 auf der Guillotine. Ein weiteres Opfer der Schreckensherrschaft war die Comtesse du Barry. Des Verrats und der Verschwörung angeklagt, wurde sie für schuldig befunden und zum Tod verurteilt. Am 8. Dezember 1793 führte man sie auf dem Schinderkarren durch die Straßen von Paris zum Place de la Révolution, wo die Guillotine auf sie wartete. Im Gegensatz zu der würdevollen Haltung, mit der das Königspaar in den Tod gegangen war, reagierte sie panisch und hysterisch. Verzweifelt flehte sie die umste-

hende Menge an, ihr Leben zu retten. Vergebens rang sie mit den Henkern. Diese überwältigten sie ohne Mühe, banden sie auf das Schafott, und das Fallbeil fiel. Mit der Französischen Revolution verlor der Ausspruch Ludwigs XIV. »L'état c'est moi« seine Gültigkeit. Nicht mehr der Herrscher war der Staat, sondern der Staat war Herrscher.

1774 erkrankte der König an Pocken. Er wusste, dass er sterben würde, und verbannte seine Mätresse nach Brie in das Kloster Pont-aux-Dames. Denn wäre sie in Versailles geblieben, hätte der Beichtvater ihm die Absolution verweigert.

DER KÖNIG UND DER VAMP: LUDWIG I. VON BAYERN UND LOLA MONTEZ

Marie Dolores Elizabeth Rosanna Gilbert alias Lola Montez (1818–1861) hatte alles, was eine femme fatale braucht: schwarze Haare und blaue Augen, einen sinnlichen Mund und eine aufreizende Figur. Ihr Blick hatte etwas Hypnotisches. Mit diesen Gaben bezauberte sie die Männer. Unter ihnen auch einen König: Ludwig I. von Bayern (1786–1868).

Als sie sich in München zum ersten Mal trafen, im Jahr 1846, drängte sich Lola vor die Augen des Königs und wurde von ihm gefragt, ob denn ihre viel gerühmte Schönheit wirklich ein Werk der Natur sei. Der 60-jährige Ludwig war vielleicht schwerhörig, aber mit seinen Augen war alles in bester Ordnung. So konnte er sich, als sie anstatt einer Antwort ihr Mieder öffnete,

Links: Ludwig I., König von Bayern, verlor wegen Lola Montez sein Herz – und den Thron.
Oben: König Ludwig war nicht der einzige Mann, dem Marie Dolores Elizabeth Rosanna Gilbert alias Lola Montez den Kopf verdrehte.

selbst davon überzeugen, dass die Natur zumindest in zwei Punkten ausgezeichnete Arbeit geleistet hatte. Lola Montez hatte sich ihren exotischen Namen für ihre kurze Bühnenkarriere zugelegt. In Wirklichkeit war sie in Irland geboren, im Jahr 1818. Ihr Vater, ein Offizier der britischen Armee, wurde kurz darauf nach Indien versetzt und nahm seine Familie dorthin mit. Das Leben in der Fremde scheint ihm nicht gutgetan zu haben, denn er starb, als Lola noch sehr jung war. Ihre Mutter, die eine sehr schöne Frau war, hat sich sehr schnell mit einer zweiten Ehe getröstet – wieder war der Auserwählte ein Offizier der britischen Armee.

DIE GEBURT EINER KOKETTEN

Als die Mutter von Lola Montez 1836 ihrem zweiten Mann den Laufpass gegeben hatte, begleitete sie ein sympathischer Mann und angehender Offizier namens Thomas James von Indien nach England. Lola war damals eine Neunzehnjährige mit allen Vorzügen ihres Geschlechts. Sobald James sie zum ersten Mal sah, war es um ihn geschehen. Aber um ihre Mutter auch. Denn er brannte mit der Tochter durch und heiratete sie am 23. Juli 1837 in Meath in Irland. So wurde er der erste unter den zahlreichen Männern in Lolas Leben.

Das Ehepaar James lebte eine Zeit lang in Dublin, wo die hinreißende Lola schnell in die gesellschaftlichen Kreise der Militärs eingeführt wurde. Oberleutnant Lord Normanby war auf den ersten Blick verzaubert von ihr. Aber zum Glück für Lady Normanby und die anderen Offiziersfrauen blieb Lola nicht allzu lang in Dublin. Die Stadt war ohnehin viel zu unspektakulär für ein Mädchen wie Lola, das die prickelnde Atmosphäre Asiens kennengelernt hatte. Zu ihrer Freude wurde ihr Gemahl bereits nach einigen Monaten wieder zurück nach Indien versetzt. Das Paar ließ sich im schönen Shimla, das im Norden Indiens malerisch im Himalayavorland gelegen ist, nieder.

Das Leben in Britisch-Indien konnte bei allem äußeren Glanz trotzdem recht langweilig und provinziell sein. Lola schlug wie ein Blitz in diese öde Welt ein. Durch ihr Auftauchen bekamen Partys und Bälle, die man bisher als steife Pflichtübung kannte, etwas Besonderes. Die jungen Offiziere waren hingerissen. Captain James weniger. Er fand, dass eine Frau, die so magnetisch auf andere Männer wirkte, nicht seine Traumfrau sein konnte. Eines Tages war er auf und davon – mit einer eher durchschnittlichen Dame, bei der es aber wenigstens nicht so mühsam war, ihren guten Ruf und die eigenen ehelichen Rechte zu verteidigen.

Für Lola war das natürlich ein Schlag ins Gesicht. Aber noch mehr als unter ihrem verletzten Ego litt sie darunter, dass sie von der Gesellschaft der Kolonialherren als sitzengelassene Frau plötzlich wie ein Paria behandelt wurde. Sie wurde geschnitten und bekam keine Einladungen mehr. So machte sie sich wieder auf nach Großbritannien.

Als Lola nach London kam, stellte sie fest, dass ihre Mutter zum dritten Mal geheiratet hatte und dass ihr neuer Stiefvater, ein Mister Craigie, sich entschlossen hatte, die Geschicke der angeheirateten Tochter energisch in die Hand zu nehmen. Er heuerte einen düsteren Calvinisten an, der mit ihr nach Perth gehen sollte. Offenbar hoffte er so den Wildfang zähmen zu können. Er hatte aber die Rechnung ohne den Wirt gemacht, oder genauer gesagt ohne Lolas Dickschädel. Die erzählte ihrem gestrengen Aufpasser, was Perth und der Herr Papa mit ihr anstellen könnten, und weigerte sich mitzugehen. Der Calvinist warf daraufhin das Handtuch, und es kam, wie es kommen musste: Lola hatte in London einen Liebhaber nach dem anderen.

DIE HALBWELTDAME

Bald darauf ließ sich Captain James von ihr scheiden – zumindest war sie davon überzeugt, dass das der Fall war. Damit fielen bei ihr auch die letzten Schranken. Denn in den 1840er-Jahren (und, wenn man ehrlich ist, sogar noch ein Jahrhundert später) hatte eine geschiedene Frau

> Lola reagierte auf diese unschöne Wendung in ihrem Leben ganz praktisch. Nach dem Prinzip »Ist der Ruf erst ruiniert, lebt sich's völlig ungeniert« entschloss sie sich zu einer Bühnenkarriere.

den Ruch der Sünderin. Lola reagierte auf diese unschöne Wendung in ihrem Leben ganz praktisch. Nach dem Prinzip »Ist der Ruf erst ruiniert, lebt sich's völlig ungeniert« entschloss sie sich zu einer Bühnenkarriere. Denn Schauspielerinnen galten damals etwa so viel wie Prostituierte. Dasselbe traf auf Tänzerinnen zu, und genau das sah Lola als ihr Metier an: die sinnlichen, feurigen Tänze, wie man sie mit Spanien und Andalusien assoziiert. Es passte zu ihr: zu ihren dunklen Blicken, der üppigen Figur und dem freizügigen Auftreten, das sie sich in ihrem ungezwungenen Leben angewöhnt hatte.

Zu diesem Zeitpunkt hieß sie immer noch Marie James. Da fehlte einfach der exotische Kitzel, und so legte sie sich den Künstlernamen »Lola Montez« zu. Über zu wenige Engagements – das typische Problem anderer Bühnen-Newcomer – brauchte sie sich nicht zu beklagen: Sie war sofort bekannt, um nicht zu sagen berüchtigt, und hatte im Nu ihr Publikum. Dazu gehörten sogar die Spitzen der Gesellschaft: Adelheid, die Witwe des verstorbenen Königs Wilhelm IV., die Herzogin von Kent, Mutter der regierenden Königin Viktoria, oder Ernst August von Hannover, der Onkel von Viktoria. Her Majesty's Theatre in London kündigte sie als »Lola Montez vom Teatro Real in Sevilla« an. Nur war unglücklicherweise jemand im Publikum, der sie kannte: Lord Thomas Ranelagh. Ihn hatte sie kurz zuvor abblitzen lassen, und weil Rache süß

ist, nahm er sich vor, dafür zu sorgen, dass ihr erster großer Auftritt in London gleichzeitig ihr letzter wäre.

Das Publikum war zunächst verzaubert von Lolas aufreizenden Bewegungen. Allerdings nur so lange, bis Lord Ranelagh plötzlich dazwischenschrie: »Wieso? Das ist doch Betty James!« – und zusammen mit einigen Kumpanen begann er, sie auszupfeifen und »Buh« zu schreien. Die Störer wurden immer mehr, und Lola war nicht mehr in der Lage, weiterzutanzen. Sie floh von der Bühne und verließ England schon am nächsten Tag.

Lola Montez hatte ein bemerkenswertes Talent, die Männer in ihrem Publikum verrückt zu machen. Anscheinend war ein jeder, der sie sah, sofort in sie verliebt. Ihre Auftritte hinterließen regelmäßig Hunderte von gebrochenen Herzen.

In ständigen Geldnöten reiste sie durch Europa, bis endlich ein neuer Liebhaber sie errettete und ihr ein Engagement in Warschau verschaffte. Die Polen waren verrückt nach ihr, und der Presse war keine Formulierung blumig genug, um Lolas Auftritt zu beschreiben: Man sah in ihr eine Inkarnation der Liebesgöttin Venus, entdeckte in ihren Augen 16 Schattierungen von Vergissmeinnichtblau und verglich ihren geschmeidigen weißen Hals mit dem eines Schwans.

Warschau hatte seine Sensation und Lola einen ganzen Schwarm neuer Verehrer. Allerdings Verehrer von der Sorte, deren Selbstwertgefühl aus dem Gleichgewicht gerät, wenn es ihnen nicht gelingt, das gerade aktuelle Sexsymbol zu erobern. Lolas eigenes Selbstwertgefühl hatte

Fürst Iwan Paskewitsch gehörte ebenfalls zu den Opfern der Lola Montez. Er war ein bedeutender russischer General, der schon bei Austerlitz mitgekämpft hatte und später im Krimkrieg (das Bild zeigt die Belagerung der Festung Silistra in Bulgarien) eine wichtige Rolle spielte.

> Dieser Mann hatte wesentlich mehr Macht, ihr zu schaden. Kurzerhand unterzeichnete Paskewitsch ein Ausweisungsdekret, und ehe Lola wusste, wie ihr geschah, war sie schon des Landes verwiesen.

jedenfalls durch den Triumph einen gewaltigen Auftrieb erhalten. Deswegen glaubte sie es sich leisten zu können, wählerisch zu sein. Das bekam ausgerechnet Iwan Paskewitsch zu spüren, der damals 60-jährige russische Statthalter in Polen. Dieser Mann hatte wesentlich mehr Macht, ihr zu schaden, als sie sich ein Lord Ranelagh je erträumen konnte. Kurzerhand unterzeichnete Paskewitsch ein Ausweisungsdekret, und ehe Lola wusste, wie ihr geschah, war sie schon des Landes verwiesen.

LUDWIG I. – DER BELIEBTE BAYERNKÖNIG

Als Lola Montez im Jahr 1846 nach München kam, regierte hier ein Wittelsbacher, der bestimmt nicht zu den Sonderlingen zu zählen ist (wie es sie in diesem Hause ja auch gab). Seine Begeisterung für das klassische Altertum führte dazu, dass er in seiner über 20-jährigen Regierungszeit die Stadt mit Bauten schmückte, die antiken Vorbildern nachempfunden sind, und so München zu einem wahren »Isar-Athen« machte. Trotz der damit verbundenen hohen Kosten steigerte dies nur seine Beliebtheit beim Volk.

EIN MANN DES VOLKES

Ludwig selbst war anspruchslos und bescheiden. Im Gegensatz zu anderen deutschen Herrschern hatte er keine Berührungsängste gegenüber seinen Untertanen. Im Gegenteil: Ludwig strolchte gern allein durch die Straßen Münchens und hielt da und dort einen »Ratsch« mit Passanten. Es freute ihn besonders, wenn er dabei nicht erkannt wurde und als x-beliebiger Mann auf der Straße durchging. Auch privat bevorzugte er ein eher zurückgezogenes und genügsames Leben. Ein fast schon seltener Charakterzug, wenn man den Lebenswandel der vielen anderen Herrscher seiner Zeit betrachtet.

Hier sieht man Ludwig I. in Uniform – doch er war, im Gegensatz zu anderen deutschen Herrschern im 19. Jahrhundert, bestimmt kein kriegerischer Mensch. Die Bayern schätzten ihn als leutselig, bescheiden und volkstümlich.

Als die Tänzerin schließlich beim Intendanten des Hof- und Nationaltheaters vorsprach, bezeichnete man sie auf offener Straße bereits als unerwünschte Person.

Die nächste Station war Paris, wo Lola 1845 ihr Debüt als Tänzerin gab. Der Auftritt fiel mit Pauken und Trompeten durch. Die Franzosen waren verwöhnt, was artistisches Ballett angeht, und im Vergleich dazu war Lolas Darbietung geradezu amateurhaft. Es hagelte Pfiffe, Buhrufe und Verrisse.

Jetzt ging es nach München, wo ihre Eskapaden auch schon bekannt geworden waren – was aber im gut katholischen Bayern eher ein Nachteil war. Hier hielt man viel auf Familiensinn, Treue und guten Leumund – und Lolas Lebenslauf gab in dieser Beziehung wenig her. Im Mittelpunkt dieser rechtschaffenen Gesellschaft stand das kunstliebende Königshaus der Wittelsbacher. Manchmal benahmen sich dessen Mitglieder recht exzentrisch, aber in bester Liberalitas Bavarica drückten die Untertanen hier gern ein Auge zu. Den regierenden König Ludwig I. verehrte man wegen seiner Leutseligkeit und lobte auch sein Bauprogramm, eine sehr effektive Arbeitsbeschaffungsmaßnahme.

Aber ein Engel war dieser volkstümliche und bescheidene König beileibe nicht. Wie alle Wittelsbacher war er ein unruhiger Geist, und sein Wesen steckte voller Widersprüche. So volksnah er in vieler Hinsicht war – wenn er den Eindruck hatte, die Autorität des Königs würde auch nur angekratzt, ging sein Herrscherstolz mit ihm durch. Er war äußerst vernünftig und doch ebenso beeinflussbar. Er war ein liebevoller Ehemann und Familienvater, der aber keiner schönen Frau widerstehen konnte.

DIE FRAU HINTER DER MASKE

Dass hinter der schönen Maske der Lola Montez so einiges Bedenkliche steckte, war vielen Männern – aber besonders deren Frauen – sofort klar. Als die bayerische Verwaltung erfuhr, dass diese fremdländische Abenteurerin im Lande war, wurden schon die Messer gewetzt. Man betrachtete Lola als eine Gefahr für die Ruhe und Ordnung im Land. Auch die Kirche stieß ins gleiche Horn. Als die Tänzerin schließlich beim Intendanten des Hof- und Nationaltheaters vorsprach, bezeichnete man sie auf offener Straße bereits als unerwünschte Person.

Wir wissen nicht, ob das mit ein Grund für die Entscheidung des Intendanten war. Jedenfalls ließ er sie eine Kostprobe ihres Könnens geben und befand dann, sie sei nicht gut genug für sein Haus. Doch die resolute Lola ließ sich nicht so leicht abwimmeln. Und die Erfahrungen in ihrem bisherigen Leben hatten sie gelehrt, dass man ohne Sitte und Anstand manchmal weiter kommt. So bat sie um eine Audienz bei Ludwig I., bei der es zu der eingangs geschilderten Szene kam. Das raubte dem König augenblicklich den Verstand. Lola bekam, was sie wollte: die Genehmigung, im Hof- und Nationaltheater aufzutreten. Ludwig war bei der Vorstellung anwesend und verfiel ihr nun vollends. Anschließend verlieh er den Ministern gegenüber seiner Begeisterung Ausdruck.

»Komm her zu mir, mein Kleiner« – Lola Montez in provozierender Pose. So lockte sie manchen Mann ins Garn.

Ganze Abende verbrachte er bei ihr, schrieb täglich lange, leidenschaftliche Gedichte und interessierte sich nicht einmal mehr für Kunst, Italien und die Antike, was bisher sein Lebenselixier gewesen war.

Die hatten schon genügend Frauengeschichten ihres Königs miterlebt. Aber diesmal erschien ihnen alles anders. Gefährlicher …

Ihre Befürchtungen sollten sich bald bestätigen. Ludwig war nicht mehr von Lola wegzubringen. Ganze Abende verbrachte er bei ihr, schrieb täglich lange, leidenschaftliche Gedichte und interessierte sich nicht einmal mehr für Kunst, Italien und die Antike, was bisher sein Lebenselixier gewesen war. Lola und der König beton-

ten, dass es zwischen ihnen keine sexuelle Beziehung gebe, und manche waren im Hinblick auf Ludwigs Alter geneigt, ihnen zu glauben. Andere hielten es für unvorstellbar, dass gar nichts passierte, wenn die berüchtigtste femme fatale dieser Epoche und ein liebestoller König zusammenkamen.

BLINDE LEIDENSCHAFT

Noch beunruhigender fand man, dass die beiden miteinander auch über Politik sprachen. Lolas liberale Ansichten waren ebenso bekannt wie ihre Skandale und brandmarkten sie als potentielle Gefahr für den Staat Bayern. Der Liberalismus galt damals für die Monarchien als die Bedrohung Nummer eins. Gefährdeten seine Ideen doch die Rechte und Privilegien der absolutistischen Monarchen. Aber noch etwas kam hinzu: Lola, die aus einem

In Europas Salons war Lola Montez eine Attraktion für das vornehme Publikum. Genauso begeisterte sie bei Auftritten auf den großen Bühnen die Massen.

Erzherzogin Sophie von Österreich, die Schwester von Ludwig I., bot Lola Montez eine beträchtliche Geldsumme, wenn sie den König in Ruhe ließ. Aber Lola zerriss ihren Brief.

strengen protestantischen Umfeld kam, war eine erklärte Feindin der Katholiken und schimpfte gerne auf die in Bayern so mächtige »Jesuitenpartei«. Das führte dazu, dass gerade die Katholiken Lola den Krieg erklärten, ohne darauf Rücksicht zu nehmen, dass sie damit auch den König selbst trafen. Was als Flüsterkampagne begonnen hatte, setzte sich in Form von Pamphleten in der Presse fort – die letztlich auch den König lächerlich machten.

Ludwig aber reagierte darauf nicht weiter. In seiner blinden Verliebtheit weigerte er sich, mit Lola zu brechen oder auch nur ansatzweise die Geschichten zu glauben, die über sie im Umlauf waren – sogar wenn sie stimmten. Nur Monate nachdem sie sich kennengelernt hatten, ließ er ihretwegen Ministerpräsident von Abel fallen. Man begann hinter vorgehaltener Hand zu tuscheln, bald würde das Land in Wirklichkeit von der Tänzerin regiert. Hohe Beamte versuchten ohne Erfolg, Ludwig ihrem Einfluss zu entziehen. Ludwig soll sogar seinem Innenminister gedroht haben, ihn ins Gefängnis zu werfen, weil er gegen den wachsenden Einfluss von Lola Montez offen protestierte. Auch andere Spitzenbeamten stiegen

Rechts: Im Jahr 1848 kam es im Zuge der »Märzrevolution« in ganz Deutschland zu Unruhen. Dieses romantisch stilisierte Bild zeigt Barrikadenkämpfer in Berlin, wo zeitweise bürgerkriegsähnliche Zustände herrschten.

gegen die Tänzerin in den Ring, doch statt Gehör zu finden, bekamen sie vom König zu hören, er gedenke diese Frau in den Adelsstand zu erheben.

Auch weitere Proteste von Beamten oder Bischöfen zeigten keinerlei Wirkung. Tag für Tag besuchte er sie in dem Palais in der Barer Straße, das er ihr geschenkt hatte. Daraufhin schrieb Ludwigs Schwester, Erzherzogin Sophie von Österreich, einen Brief an Lola, in dem sie ihr eine beträchtliche Geldsumme anbot, wenn sie das Land verließ. Aber die war zu klug, um sich bestechen zu lassen. Sie erzählte dem König davon, der daraufhin in Rage geriet und verlauten ließ, er habe das Schreiben mit dem großzügigen Angebot seiner Schwester verbrannt. Und er machte Lola zur »Gräfin Landsfeld«.

Offenbar war Ludwig fest entschlossen, um jeden Preis für Lola zu kämpfen. Der Plan, sie in den Adelsstand zu

> Ludwigs großer Schwachpunkt war seine bedingungslose Hörigkeit gegenüber Lola und der Einfluss, den sie dadurch auf seine Entscheidungen ausüben konnte.

erheben, rief heftigsten Widerstand hervor. Sie brauchte dafür als Erstes die bayerische Staatsbürgerschaft. Doch seine Minister weigerten sich, den entsprechenden Erlass, wie es in der Verfassung vorgesehen war, zu unterzeichnen. Stattdessen drohte das gesamte Kabinett mit Rücktritt für den Fall, dass der König nicht von Lola abließ. Aber ehe sie sich versahen, wurden sie gegen eine neue, liberale Ministerriege unter der Führung des Protestanten von Maurer ersetzt, der nur zu bereit war, die für Ludwig so wichtige Unterschrift zu leisten.

REVOLUTIONÄRE UNRUHEN

Die Ironie der Geschichte wollte es, dass Lola Montez ihr Adelsprädikat genau zu einer Zeit erhielt, in der in Europa die Macht des Adels und der Monarchen zu bröckeln begann. Im Jahr 1848 wurden die regierenden Könige, Fürsten oder Großherzöge in einer Reihe von

Lith Anst v Ed Gust May in Frankfurt M

Ländern durch revolutionäre Aufstände dazu gezwungen, neue Verfassungen zu erlassen, den Volksvertretungen mehr Rechte zu geben und Grundrechte wie Gleichheit vor dem Gesetz, Pressefreiheit und das Ende wirtschaftlicher Ausbeutung zu garantieren. Mancherorts, wo gerade noch das monarchische Regime – oft in Allianz mit einem strengen Kirchenregiment – absoluten Gehorsam von den Untertanen verlangt hatte, bedeutete das einen gewaltigen Umbruch. Wenn auch die alten Gewalten in den meisten Fällen nachgaben – sie taten das hauptsächlich, um Zeit zu gewinnen, ihre Kräfte zu sammeln und auf ihre Chance zu lauern, die alten Verhältnisse wiederherzustellen.

In Bayern trafen die geschilderten Voraussetzungen nur sehr bedingt zu. Hier standen große Teile des Volkes grundsätzlich hinter der Monarchie und dem König. Ludwigs großer Schwachpunkt war seine bedingungslose Hörigkeit gegenüber Lola und der Einfluss, den sie dadurch auf seine Entscheidungen ausüben konnte. So war die bayerische Revolution von 1848 weniger ein Versuch, den Monarchen zu entmachten, als vielmehr einer, die Montez endlich loszuwerden. Es wurden die verschiedensten Gerüchte über sie in Umlauf gesetzt. Für die Abergläubischen erzählte man, sie sei eine Hexe, deren beste Freunde große schwarze Vögel seien. Die Anspruchsvolleren erhielten die Version aufgetischt, sie sei eine Spionin. Das heizte die Kontroversen über sie weiter an, besonders an der Münchner Universität mit ihrer unruhigen, stark politisierten Studentenschaft.

Auch dort hatte sie, wie überall, glühende Anhänger und fanatische Gegner. Letztere tauchten einmal, nachdem sie sich in diversen Bierkellern Mut angetrunken hatten, in großer Zahl vor ihrem Haus auf, pfeifend und Hassparolen skandierend. Aber eines musste man Lola Montez lassen: Sie hatte Mut. Anstatt sich zu verstecken, soll sie auf dem Balkon erschienen sein und Champagner in die Menge gespritzt haben, worauf sich die Krawallmacher etwas beruhigten. Vertrieben werden konnten sie allerdings erst, als Militär aufmarschierte.

Wenn Lola und Ludwig aus diesen Ereignissen überhaupt etwas gelernt hatten, dann jedenfalls nicht, in Zukunft vorsichtiger zu sein. Genau im Jahr 1848 wurde eine Büste des Reformators Martin Luther in der Wal-

Die reife Lola Montez ließ sich hier mit einer Zigarette porträtieren. Zigaretten gab es seit 1832, aber noch lange Jahre danach fand man es schockierend, wenn eine Frau rauchte, noch dazu in der Öffentlichkeit. Lola machte es Spaß, die Menschen zu provozieren.

halla aufgestellt. Was die bayerischen Protestanten freute, war für die aufgebrachten Katholiken nur ein weiteres Zugeständnis an Lolas Konfession. Das Kabinett wurde ein zweites Mal umgebildet. Die Liberalen jubelten, während die Konservativen die neue Ministerriege als »Lola-Ministerium« verspotteten.

Angesichts dieser Zuspitzungen fürchteten einige von Lolas Anhängern innerhalb der Studentenschaft um das Leben ihrer Favoritin und beschlossen eine Art Leibwache zu bilden, die sich Alemannia nannte. Wie überaus sinnvoll diese Maßnahme war, sollte sich bald herausstellen. Am 7. Februar 1848 kam es zu einer gewalttätigen Studentendemonstration, bei der auch Lola selbst angegriffen wurde. Sie wurde verspottet und mit Büchern und

> Eilig raffte sie ihren Schmuck und das Nötigste für die Reise zusammen, während draußen bereits eine aufgebrachte Volksmenge tobte. … Kaum war Lolas Gefährt außer Sichtweite, stürzte der Mob in ihr Haus und plünderte es.

allen möglichen anderen Gegenständen beworfen. Doch Lola ließ sich nicht einschüchtern. Sie stellte sich dem Mob und drohte, sie werde die Universität schließen lassen. Dass das in ihrer Macht stand, war, so wie die Dinge lagen, nicht zu bezweifeln, und die Menge wurde daraufhin noch wütender. Glücklicherweise waren Mitglieder der Alemannia anwesend, und schnell bildeten sie einen festen Verteidigungsring um Lola.

RETTUNG IN LETZTER SEKUNDE

Jetzt spielte sich eine regelrechte Schlacht ab, bei der die Angreifer unermüdlich bis zu Lola durchzubrechen versuchten. Die floh daraufhin und suchte in einem Haus in der Theatinerstraße Schutz, wo man sie aber nicht hineinließ. Jetzt blieb ihr als einzige Zuflucht nur noch ein katholisches Gotteshaus: die Theatinerkirche. Gerade noch rechtzeitig schaffte sie es, die Türen von innen zu schließen. Die aufgebrachte Masse rüttelte weiter von draußen an den Kirchentüren, und erst ein Kavallerietrupp konnte sie auseinandertreiben.

Ludwig, über diese Ereignisse verständlicherweise tiefst bestürzt, verfügte nun tatsächlich die Schließung der

Universität und ordnete an, dass die Studenten München innerhalb von drei Tagen zu verlassen hätten. Unter normalen Umständen wären Ludwigs Anordnungen ohne Zögern befolgt worden. Aber es waren keine normalen Umstände. Die Zeiten hatten sich geändert. In ganz Europa wurden die Radikalen unruhig, und so gärte es auch in Bayern. Demonstranten sammelten sich vor der Residenz und forderten von Ludwig die Rücknahme der Universitätsschließung und stattdessen die Ausweisung von Lola Montez. Die Stimmung war gereizt. Das Volk bewaffnete sich, Barrikaden wurden gebaut und Ludwig musste feststellen, dass sich da eine Revolution nach französischem Muster gegen ihn zusammenbraute.

Diese Karikatur macht sich darüber lustig, wie die Amerikaner auf die Tanzdarbietungen von Lola Montez reagierten. 1851 bis 1853 war Lola in den USA, 1855 startete sie eine Tournee nach Australien.

DER RÜCKZIEHER

Die Erkenntnis, dass sein Thron wackelte, brachte Ludwig wieder zur Vernunft. Er berief sein Kabinett ein, um nach einer Lösung zu suchen. Aber die Herren konnten ihn auch nicht von seinen Sorgen erlösen. Im Gegenteil: Sie sagten ihm klipp und klar, die einzige Lösung, um ein Desaster für das bayerische Königshaus zu vermeiden, sei Lola Montez auszuweisen. Ludwig fügte sich und unterschrieb schließlich ein Dekret, in dem er anordnete, dass Lola Montez München binnen einer Stunde zu verlassen habe.

Lola verstand die Welt nicht mehr. Sie hatte geglaubt, der König stünde hinter ihr. Eilig raffte sie ihren Schmuck und das Nötigste für die Reise zusammen, während draußen bereits eine aufgebrachte Volksmenge tobte. Unter dem Schutz von Kavallerie stieg sie in ihre Kutsche und fuhr ab. Kaum war Lolas Gefährt außer Sichtweite, stürzte der Mob in ihr Haus und plünderte es.

Nachdem Ludwig I. von Bayern im März 1848 abgedankt hatte, begann für ihn eine gute Zeit. Er blieb im Lande und wohnte in München im Wittelsbacher Palais. Man sah ihn regelmäßig in der Oper und im Theater.

Ludwig soll die Szene inkognito verfolgt haben. Als der Monarch gebrochenen Herzens mit ansehen musste, wie die Stätte, an der er so viele schöne Stunden erlebt hatte, verwüstet wurde, konnte er sich nicht mehr beherrschen. Er schrie in den Aufruhr hinein, man solle sofort mit dem Plündern aufhören. Jetzt erkannte man ihn, und tatsächlich kehrte sofort Ruhe ein. Bald umringte ihn die Menge und sang einträchtig »Heil unserm König, Heil«. Immer mehr Menschen sammelten sich um ihn, doch in dem Gedränge kam Ludwig irgendwie zu Fall. Als er wieder aufstand, hatte sich etwas in ihm verändert. Es war ihm, als hätte man seiner königlichen Würde einen schweren Schlag versetzt, und in ihm wuchs eine tiefe Erbitterung gegen seine undankbaren Untertanen, die ihm ein solches Opfer abverlangt hatten.

(UN)HAPPY END

Nachdem Ludwig I. von Bayern im März 1848 abgedankt hatte, begann für ihn eine gute Zeit. Er blieb im Lande und wohnte in München im Wittelsbacher Palais. Man sah ihn regelmäßig in der Oper und im Theater. Er hatte reichlich Zeit für seine geistigen Interessen und konnte sich ausgiebig seiner alten Leidenschaft, Italien und der Antike, widmen. Seit er seine Macht verloren hatte, blühte auch die Anhänglichkeit seiner einstigen Untertanen wieder auf: Als im Jahr 1862 ein Reiterstandbild von ihm auf dem Odeonsplatz enthüllt wurde, war eine große, begeisterte Menschenmenge anwesend und verfolgte das Spektakel. Als der abgedankte Monarch fünf Jahre später nach Paris zur Weltausstellung fuhr, wurde er auch von den Franzosen gefeiert. Ob bei dieser Anteilnahme auch die Geschichte seiner unglücklichen Liebe mit eine Rolle gespielt hat, ist nicht bekannt.

Im Jahr darauf, ausgerechnet am 29. Februar des Schaltjahres, starb Ludwig in Nizza. Er war nicht ganz 82 Jahre alt geworden. Man überführte seine Leiche nach München, wo er in der Glyptothek aufgebahrt wurde – eines der Gebäude, die er selbst einst im Stil der griechischen

BITTERER VERZICHT

Ludwig hat wohl geglaubt, mit der Ausweisung von Lola Montez seinen Thron gerettet zu haben. Aber seine Gegner, die einen ersten Triumph errungen hatten, wollten einen weiteren. Im März forderten sie, wie überall in Europa, liberale Reformen, wieder wurden Barrikaden errichtet, wieder gab es Unruhen in der Umgebung der Residenz. Ludwig, der fand, dass er unter den neuen liberalen Rahmenbedingungen nicht mehr regieren konnte und keinen »Unterschreiber abgeben« wollte, verzichtete am 19. März zu Gunsten seines Sohnes Maximilian auf den Thron. Eine seiner letzten Amtshandlungen vollzog er auch nicht ganz freiwillig: Er erkannte Lola Montez die bayerische Staatsbürgerschaft ab.

1848 dankte König Ludwig I. von Bayern ab. Lola Montez hatte er des Landes verweisen müssen. Aber er zeigte in den folgenden Jahren keine Neigung mehr, der Frau zu begegnen, die seinen Ruf beschädigt und ihn den Thron gekostet hatte.

Klassik erbauen ließ. Tausende von Bayern nahmen an seinem Sarg Abschied. Begraben wurde er in der Klosterkirche der Abtei St. Bonifaz. Auch dieses Kloster hatte einen persönliche Bezug zu Ludwig I.: Seine Gründung im Jahr 1835 ging auf seine Initiative zurück.

> In den 25 Jahren, die Lola sich im Licht der Öffentlichkeit bewegte, hatte sie kaum ein Fettnäpfchen ausgelassen. Etikette, gesellschaftliche Regeln, Tabus waren für sie nur dazu da, um gebrochen zu werden.

Zu diesem Zeitpunkt war Lola Montez schon seit sieben Jahren tot. Eine Zeit lang nach ihrer Abreise hatte ihr Ludwig immer noch Geld geschickt. Aber wie es scheint, hat er, bis sie im Jahr 1861 im Alter von 43 Jahren starb, keinen Versuch mehr unternommen, sie noch einmal per-

München verdankt Ludwig I. eine Reihe von großartigen Bauten, darunter auch die Klosterkirche der Abtei St. Bonifaz. Grundsteinlegung war 1835 am Tag von Ludwigs silberner Hochzeit.

sönlich zu treffen. Die Gründe für diese Reserviertheit lassen sich gut nachvollziehen. Schließlich hatte er 1848 durch sie sein Gesicht und seine Krone verloren. Wahrscheinlich fürchtete er bei einer erneuten Begegnung auch noch den letzten Rest seiner Würde zu verlieren. Nach dem Ende ihrer Beziehung zu Ludwig ging es mit Lola Montez weiter wie gehabt. Sie produzierte einen Skandal nach dem anderen. Einige waren auch für ihre Verhältnisse neuartig. So musste sie etwa feststellen, dass sich Captain James gar nicht, wie sie geglaubt hatte, von ihr hatte scheiden lassen. Das hinderte sie aber nicht, neue Ehen einzugehen – obwohl sie sich damit der Bigamie strafbar machte. Aber auch mit ihren neuen Ehemännern hielt sie es nie lange aus und hatte immer wieder Liebhaber – einer von ihnen erschoss sich sogar. Aber schon bald ging ihr das Geld aus. Sie hatte hohe Schulden, und die Gerichtsvollzieher machten sich über alles her, dessen sie habhaft werden konnten. Schließlich kam es so schlimm, dass Lola nichts anderes übrig blieb, als wieder arbeiten zu gehen. Am Broadway spielte sie in einer Theaterrevue über ihre Abenteuer in München sich selbst. Später tourte sie als Tänzerin mit wechselndem Erfolg durch die Welt, wobei man hört, dass sie bei so manchem Gastspiel mit ihren Kolleginnen in Streit geriet und sich bei solchen Gelegenheiten sogar richtiggehende Boxkämpfe abspielten.

LOLA UND IHRE OPFER

Unter diesen Umständen ist es auf jeden Fall verständlich, dass Ludwig nach 1848 auf Distanz zu dieser merkwürdigen Frau ging. In den 25 Jahren, in denen Lola sich im Licht der Öffentlichkeit bewegte, hatte sie kaum ein Fettnäpfchen ausgelassen. Etikette, gesellschaftliche Regeln, Tabus waren für sie nur dazu da, um gebrochen zu werden. Ihr Weg ist mit Männern gepflastert, denen sie den Kopf verdreht, die sie ausgebeutet und schließlich wieder verlassen hatte. Aber auch andere Gestalten dürfen wir nicht vergessen zu erwähnen: die vielen Frauen, denen sie den Mann ausgespannt hatte, die Gläubiger, die ihr Geld nie wiedersahen, und Beamte und Kirchenmänner, die ihre erbitterten Feinde wurden. Doch ihr prominentestes Opfer war und blieb doch ein geprellter und enttäuschter älterer Herr, der einmal König gewesen war.

Ein Porträt des abgedankten Königs in seinen späten Jahren. Die Erfahrungen mit Lola Montez und der Revolution scheinen ihn nachdenklich gemacht zu haben.

LUFTSCHLÖSSER: DIE TRAGÖDIE LUDWIGS II. VON BAYERN

König Ludwig II. von Bayern (1845–1886) und sein Arzt, Dr. Bernhard v. Gudden, wollten am Abend dieses 13. Juni 1886 spätestens um acht Uhr von ihrem Spaziergang rund um Schloss Berg am Starnberger See zurück sein. Der König war in einer furchtbaren Situation. Er war aufgrund seiner ererbten psychischen Störungen entmachtet worden.

Vier Tage zuvor hatte man den König für unfähig erklärt, die Regierungsgeschäfte weiterzuführen, und seinem Onkel Prinz Luitpold die Regentschaft übertragen. Ludwig wehrte sich anfangs heftig dagegen, sich in seinem Schloss Neuschwanstein von einer Kommission der Regierung de facto festnehmen und nach Schloss Berg bringen zu lassen. Dann aber wurde er lammfromm und tat alles, was man von ihm verlangte. So glaubte Gudden es an jenem Abend wagen zu können, mit Ludwig ohne die sonst übliche Bewachung einen Spaziergang zu unternehmen.

Es wurde acht Uhr, aber vom König und von Gudden fehlte jede Spur. Assistenzarzt Dr. Müller wurde unruhig und ließ den Schlosspark nach den beiden absuchen – ergebnislos. Man durchkämte daraufhin auch in die weitere Umgebung des Schlosses und ruderte sogar mit einem Boot auf den Starnberger See hinaus. Gegen Mitternacht fand man die beiden endlich – tot. Sie waren ertrunken. Dr. Müllers Wiederbelebungsversuche kamen viel zu spät. Der König und von Gudden waren schon sechs Stunden vorher gestorben.

Links: König Ludwig II. von Bayern, der Enkel von Ludwig I., war ein sehr fantasievoller Mensch. Seine Vorliebe für Märchenhaftes zeigt sich nicht nur in seiner Begeisterung für Richard Wagner, sondern auch in den romantischen und extravaganten Schlössern wie Neuschwanstein.

Ludwig war, als er starb, 41 Jahre alt und immer noch ein sehr attraktiver Mann. Über die Umstände seines Todes und über die Diagnose seiner Erkrankung wird bis heute gestritten. Tatsache ist, dass es in der bayerischen Herrscherfamilie der Wittelsbacher eine Reihe von Exzentrikern und psychisch labilen Persönlichkeiten gab, auch einen Fall von wirklich schwerer Geisteskrankheit. Ludwigs Verwandte, Kaiserin Elisabeth von Österreich,

> Tatsache ist, dass es in der bayerischen Herrscherfamilie der Wittelsbacher eine Reihe von Exzentrikern und psychisch labilen Persönlichkeiten gab.

sorgte zwar bei ihrer angeheirateten habsburgischen Verwandtschaft wegen ihres unkonventionellen Verhaltens immer wieder für Unmut, aber verrückt war sie sicher nicht. Bei ihrem Sohn, dem düsteren Kronprinzen Rudolf, der schließlich Selbstmord beging, kann man in

So stellte sich der Zeichner den letzten Spaziergang von Ludwig II. und seinem Psychiater, Dr. Bernhard von Gudden, im Park von Schloss Berg vor – Stunden, bevor man die Toten im Uferwasser des Starnberger Sees fand.

Maximilian II. war der Sohn des unglücklichen Ludwig I. Als sein Vater im Jahr 1848 abgedankt hatte, wurde er dessen Nachfolger auf dem bayerischen Thron.

diesem Punkt vielleicht geteilter Meinung sein. Ludwigs jüngerer Bruder Otto hingegen litt tatsächlich ohne jeden Zweifel an einer schweren Geisteskrankheit. Auf dem Papier wurde er nach Ludwigs Tod zwar König, aber die Regierungsgeschäfte hat er nie selbst ausüben können, weshalb der bereits erwähnte Luitpold als Prinzregent das tatsächliche Staatsoberhaupt war. Ottos Zustand war so kritisch, dass er Tag und Nacht von Pflegern bewacht werden musste.

EINE SCHWIERIGE JUGEND
Wenn man in Ludwigs Jugend zurückgeht, findet man dort manche Entwicklung schon angelegt, die später seine tragische Lebensgeschichte bestimmt hat. Geboren im Jahre 1845, wurde er schon im Alter von drei Jahren

Einmal als Kind soll er in einem
Geschäft eine Geldbörse gestohlen haben.
Als seine Erzieherin, Sibylle Meilhaus,
ihn deswegen schalt, meinte er nur,
als künftigem König gehöre ihm
doch ohnehin ganz Bayern.

Kronprinz, als sein Großvater Ludwig I. abdankte und sein Vater Maximilian II. die Regierung übernahm. Diese Stellung machte ihn einsam, aber sie gab ihm auch ein Überlegenheitsgefühl gegenüber dem Rest der Welt. Dieses Gefühl wurde durch die ihn umgebende Dienerschaft verstärkt, die sich von nun an vor ihm verbeugte und ihn mit »Königliche Hoheit« anredete.

Ludwig bestand darauf, immer der Erste zu sein – zum Beispiel im Umgang mit seinem drei Jahre jüngeren Bruder Otto. Im Park der königlichen Villa in Berchtesgaden hat ihn der zwölfjährige Ludwig einmal übel traktiert mit der Begründung, sein »Vasall« sei ungehorsam gewesen. Da setzte es eine schwere Bestrafung durch den Vater Maximilian, worauf Ludwig Berchtesgaden für den Rest seines Lebens hasste. Auch das war ein typischer Zug seiner Persönlichkeit: Orte, an denen er schlechte oder demütigende Erfahrungen machen musste, traf sofort sein Bannstrahl.

RICHTIG ODER FALSCH

Ludwig schien außerdem ein gesundes Empfinden für richtig oder falsch zu fehlen. Einmal soll er als Kind in einem Geschäft eine Geldbörse gestohlen haben. Als seine Erzieherin, Sibylle Meilhaus, ihn deswegen schalt, meinte er nur, als künftigem König gehöre ihm doch ohnehin ganz Bayern.

Diese Sibylle Meilhaus, später verheiratete Freifrau von Leonrod, war eine große Ausnahme unter den verschiedenen Figuren, die damit beauftragt waren, Ludwig zu einem anständigen

und tüchtigen deutschen Prinzen zu erziehen. Sie behandelte ihn mit Verständnis und Einfühlung, wenn seine verträumte Natur wieder einmal merkwürdige Blüten trieb. Sie war für Ludwig in seiner Kindheit die einzige wirkliche Bezugsperson, ja vielleicht der einzige Mensch von allen, die damals um ihn waren, den er nicht fürchtete oder hasste.

Leider verließ Sibylle Meilhaus im Jahr 1854 – Ludwig war neun Jahre alt – den Hofdienst. Jetzt mutete man dem angehenden Herrscher ein härteres Ausbildungsprogramm zu. 14 Stunden am Tag wurde er getrimmt, um aus ihm einen tapferen, selbstbewussten, willensstarken Prinzen zu machen, würdig, dereinst die bayerische Krone zu erben. Ludwig war auf vielen Gebieten ein talentierter Schüler. Er machte schnelle Fortschritte in den Fächern Französisch und Geschichte, übersetzte schwierige altgriechische Textstellen mit Bravour und bewies große Begabung für Mathematik. Aber er durfte

Ein Wittelsbacher Familienporträt mit König Maximilian II., seiner Frau Marie und den beiden Söhnen Ludwig (links) und Otto (rechts). Otto litt als Erwachsener an einer schweren Geisteskrankheit.

Eine Szene aus dem *Rheingold*, dem ersten Teil von Richard Wagners Opernzyklus *Der Ring des Nibelungen.* König Ludwig war so bezaubert von dieser Opernmärchenwelt, dass er sie in seinen Schlössern nachbaute.

nicht zeigen, wer er wirklich war: ein Mensch von überbordender Fantasie, dessen Ein und Alles die Kunst war. Während seine Lehrer und Erzieher sich redlich plagten, um mit harten Bandagen aus ihm einen Kerl zu machen, baute er sich in Gedanken seine eigene Traumwelt, in die er sich bei Bedarf jederzeit zurückziehen konnte.

Diese Traumwelt war bevölkert von den Figuren der germanischen Sage – der Stoff, aus dem die Mammutopern Richard Wagners waren. Ludwig schwelgte in dieser wagnerischen Welt der heidnischen Götter, tapferen Ritter, der mythischen Untiere und wilden Drachen. Was ihn an Wagner faszinierte, war gar nicht so sehr dessen gewaltige, pompös orchestrierte, farbenreiche Musik – es war vielmehr die Art und Weise, wie er das Ambiente der Mär-

Der junge Ludwig II. zu Pferd. Das Motiv ist ein Ausschnitt aus einem Gemälde von Theodor Dietz.

> Prinz Kraft lobte den Kronprinzen für »seinen geweckten Geist, seine körperliche Gewandtheit wie seinen Mut« und bescheinigte ihm, er sei ein hervorragender Reiter und besitze außerdem »Sinn und Talent für Kunst und Wissen«.

chen und Sagen so eindrucksvoll zum Leben zu erwecken wusste.

Nun ist es bestimmt nichts Ungewöhnliches, wenn sich ein Jugendlicher seine Traumwelt zurechtzimmert. Ludwigs Problem bestand darin, dass er über dieses Entwicklungsstadium nie hinauskam: Bis zu seinem gewaltsamen Tod lebte er in einem Reich der Fantasie. Das konnte er ziemlich lange ungestört und unentdeckt tun, denn nach außen hin erfüllte er die Ansprüche, die seine Umgebung an ihn stellte. Dabei kamen ihm auch gewisse Vorzüge zugute, mit denen er gesegnet war: Er war groß, schlank und sah blendend aus; in der Öffentlichkeit machte er stets eine hervorragende Figur.

Als Ludwigs Großonkel, König Wilhelm IV. von Preußen, im Jahr 1863 München besuchte, war in seiner Begleitung auch Prinz Kraft zu Hohenlohe-Ingelfingen. Prinz Kraft lobte den Kronprinzen für »seinen geweckten Geist, seine körperliche Gewandtheit wie seinen Mut« und bescheinigte ihm, er sei ein hervorragender Reiter und besitze außerdem »Sinn und Talent für Kunst und Wissen«. Auch wenn Personen bei Hofe öfter einen gewissen Hang zur Schmeichelei gehabt haben dürften – man sieht an dieser Äußerung doch, dass man dem jungen Fürsten eine glänzende Zukunft voraussagte.

IN GEDANKEN WOANDERS

Otto von Bismarck, der preußische Ministerpräsident und spätere »eiserne Kanzler« des deutschen Kaiserreichs, hatte ein besseres Gespür. Er saß bei den Mahlzeiten neben Ludwig und berichtete: »Ich hatte den Eindruck, dass er mit seinen Gedanken nicht bei der Tafel war und sich nur ab und zu seiner Absicht erinnerte, mit mir eine Unterhaltung zu führen, die aus dem Gebiet der üblichen Hofgespräche nicht herausging … Ich hatte das Gefühl, dass die Umgebung ihn langweilte und er den von ihr unabhängigen Richtungen seiner Fantasie durch den Champagner zu Hilfe kam.«

Es fiel Ludwig in der Regel leicht, sein wahres Inneres vor Leuten wie Bismarck oder Hohenlohe-Ingelfingen zu verstecken. Anders war es bei Menschen, die ihm nahestanden, zum Beispiel bei seinem Flügeladjutanten, Prinz Paul von Thurn und Taxis. Paul war ein grundehrlicher, liebenswürdiger junger Mann, den jeder hohe Herr gerne als seinen Vertrauten und Freund gesehen hätte. Aber bei Ludwig war es mehr: Es war Leidenschaft. Er überhäufte seinen Flügeladjutanten mit Beweisen der Zuneigung

> Otto von Bismarck »hatte das Gefühl, dass die Umgebung ihn langweilte und er den von ihr unabhängigen Richtungen seiner Fantasie durch den Champagner zu Hilfe kam«.

und ließ ihn an seinen geheimsten Gedanken und Gefühlen teilhaben.

Prinz Paul erinnert sich an eine typische Szene: Bei einer Bergwanderung in der Nähe von Berchtesgaden begegneten sie einem jungen Holzfäller. Für Paul war es eben

Otto von Bismarck, der preußische Ministerpräsident und spätere »eiserne Kanzler« des Deutschen Reichs, stellte 1863 fest, dass Ludwig oft geistesabwesend war.

RICHARD WAGNER UND KÖNIG LUDWIG

Ludwigs Wunsch, Richard Wagner nach München zu holen, bedurfte eines beachtlichen Maßes an kriminalistischen Fähigkeiten. Denn der Komponist war auf der Flucht vor der Steuerfahndung und seinen Gläubigern – bei ihm ein ganz normaler Zustand. Dann aber lud ihn ein königlicher Bote nach München ein; er überbrachte ihm ein überschwängliches Schreiben des Königs und einen goldenen Ring mit einem Rubin. Als Wagner in München mit dem König zusammentraf, muss er sich vorgekommen sein, als wäre er der Messias persönlich. Ludwig begrüßte ihn mit einer herzlichen Umarmung und ordnete an, sofort ein Porträt Wagners in sein Arbeitszimmer zu hängen. Er schenkte dem Komponisten beträchtliche Geldsummen, bewilligte ihm davon unabhängig ein jährliches Salär, kaufte für ihn ein ansehnliches Haus in München, zahlte seine Schulden und zahlte auch noch einen stattlichen Vorschuss für den Opernzyklus *Der Ring des Nibelungen*.

»SÄNGERKRIEG« IN MÜNCHEN

Aber das sollte nicht so bleiben. Der begeisterte junge König erkannte lange Zeit den egoistischen Charakter Wagners nicht. Dafür sahen seine bayerischen Untertanen umso klarer: Für sie war der Komponist ein Blutsauger, ohne Hemmungen, dem vernarrten jungen König das letzte Hemd auszuziehen. Wagner war kaum in München angekommen, da sah er sich schon mit einer veritablen Pressekampagne konfrontiert. Ungeschickterweise lieferte er seinen Gegnern selbst neue Munition. Es war bekannt, dass Ludwig es nicht duldete, wenn jemand, den er liebte, andere Götter neben ihm hatte. Aber Wagner kreiste viel zu sehr um sich selbst, um für so etwas ein Gespür zu entwickeln. So dachte er sich nichts dabei, als er seine schwangere Geliebte, Cosima von Bülow, die Tochter des Komponisten Franz Liszt, nach München holte.

Wagners Feinde jubelten. Genüsslich tischte der Hofarchivar Leinfelder dem König die Cosima-Geschichte auf. Ludwigs Begeisterung für den »Freund« sank sofort auf null. Er empfing den Komponisten nicht mehr und besuchte auch nicht die Aufführungen von *Der fliegende Holländer* und *Tannhäuser* im Jahr 1865.

Aber bei Wagner war die Botschaft immer noch nicht angekommen. Stattdessen schoss er sich jetzt auf die Regierung unter dem Ministerpräsidenten von der Pfordten ein – und produzierte damit das nächste Eigentor. Denn Ludwig vertraute – wie viele Bayern damals – von der Pfordten voll und glaubte auf ihn angewiesen zu sein. Und vor allem vertrug er es überhaupt nicht, wenn Unberufene sich in seine ureigensten königlichen Belange einmischten. Sein Selbstbewusstsein als »König von Gottes Gnaden« mochte stark übersteigert sein – aber hier war es ein Glück für ihn. Es bewahrte ihn vor einem Desaster, wie es sein Großvater Ludwig I. mit Lola Montez erlebt hatte.

Der begeisterte junge König erkannte lange Zeit den egoistischen Charakter Wagners nicht. Dafür sahen seine bayerischen Untertanen umso klarer: Für sie war der Komponist ein Blutsauger, ohne Hemmungen, dem vernarrten jungen König das letzte Hemd auszuziehen.

DIE VERTRAUENSFRAGE

Wagner hatte mit seiner Einmischung in die bayerische Politik die Archillesferse des Königs getroffen. Ludwig rührte keinen Finger, um seinem Liebling beizustehen, als der Ministerpräsident mit Rücktritt drohte für den Fall, dass Wagner nicht aus München verschwinde. Der König informierte Wagner sogar persönlich von dieser Lage der Dinge, und auch das anscheinend recht sachlich. Schließlich verließ der Komponist zusammen mit Cosima im Dezember 1865 München und zog in die Schweiz. Er hatte insgesamt eineinhalb Jahre in der bayrischen Hauptstadt gelebt.

Rechts: Musiker unter sich. Richard Wagner (Mitte) mit dem Pianisten und Komponisten Franz Liszt (rechts) und Cosima, seiner Tochter und Wagners späterer Frau, die ebenfalls eine begabte Pianistin war.

Im Juli 1866 befand sich Ludwig in einer schweren Krise: Richard Wagner war seit sieben Monaten nicht mehr in München, und Bayern befand sich auf der Seite Österreichs im Krieg gegen Preußen.

ein kräftiger, gut aussehender junger Bauernbursche. Aber Ludwig verklärte ihn zu einer romantischen Gestalt, einem »König der Berge«, und er wünschte sich, bei solchen Landmenschen wahre Freundschaft zu finden, weitab von allen Hofintrigen.

Aber die Hofintrigen waren ihm noch viel näher, als er vielleicht meinte: Im März 1864 starb sein Vater Maximilian, und Ludwig musste mit noch nicht einmal 19 Jahren dessen Nachfolger als bayerischer König werden. Eine seiner ersten Amtshandlungen war, sein großes Idol Richard Wagner nach München zu holen.

Doch schon im Jahr darauf musste er sich wieder von Wagner trennen (siehe Kasten auf Seite 80). Dieser Schritt hinterließ tiefe Spuren in seiner Seele. Ludwig, dessen Wünsche bis dahin meist in Erfüllung gegangen waren, konnte mit solch emotionalen Tiefschlägen nicht umgehen. Im Juli 1866 befand er sich in einer schweren Krise: Richard Wagner war seit sieben Monaten nicht mehr in München, und Bayern befand sich auf der Seite Österreichs im Krieg gegen Preußen, nachdem Ludwigs Friedensbemühungen gescheitert waren. Nach der Niederlage der Österreicher bei Königgrätz sah sich Bayern bei der Partei der Verlierer, und der König fürchtete, dass Bayern zu einem machtlosen Anhängsel Preußens werden könnte. Er dachte an Abdankung, aber seine Freunde, darunter Paul von Thurn und Taxis und auch Wagner, übten ihren ganzen geballten Einfluss auf ihn aus, um das zu verhindern.

EIGENNÜTZIGE RATGEBER

Ihre Motive waren nicht ganz uneigennützig: Ein abgedankter König hätte bei weitem nicht so viel für ihre Karriere tun können wie ein regierender.

Links: Richard Wagner, Gemälde von Giuseppe Tivoli. König Ludwig II. vergötterte Wagner, aber er erwartete auch von ihm absolute Hingabe. Als der Komponist seine Geliebte Cosima nach München brachte, kühlte sich Ludwigs Zuneigung merklich ab.

Darstellung der Elsa, Heldin der Oper *Lohengrin*. Das Werk, dessen Text und Musik von Richard Wagner stammen, wurde 1850 in Weimar uraufgeführt.

Er verschob den Hochzeitstermin auf Oktober und dann noch einmal auf November. Am 7. Oktober schließlich schrieb er ihr, dass ihm die Hochzeit genauso aufgezwungen werde, wie ihm die Verlobung schon aufgezwungen worden sei.

Wagner arbeitete in dieser Zeit gerade an seiner Oper *Die Meistersinger von Nürnberg*, und Paul von Thurn und Taxis besuchte ihn in seinem Haus in Tribschen bei Luzern. Von dort berichtete er in einem Brief an Ludwig, wie begierig der Meister darauf sei, das Werk zu Ende zu bringen, und wie sehr er sich auf den König verlasse, was die Möglichkeit zu einer Aufführung betreffe. Das war natürlich pure emotionale Erpressung, aber Ludwig fiel darauf herein. Von Abdankung war keine Rede mehr. Aber die Stimmung des Königs blieb gedrückt, und er wurde anfälliger für Einflüsterungen.

Inzwischen war Ludwig der Favorit von Ludovica Wilhelmine, Prinzessin von Bayern, geworden, und zwar als bevorzugter Heiratskandidat für ihre Tochter Sophie Charlotte, die jüngere Schwester der Kaiserin Elisabeth von Österreich. Sophie war ein entzückendes neunzehnjähriges Mädchen und in den Augen ihrer ambitionierten Mutter ideal für die Rolle der bayrischen Königin. Ludwig kannte und mochte Sophie. Sie war eine Ausnahme unter seinen weiblichen Bekanntschaften: Denn sonst gab sich der König am liebsten mit Frauen ab, die älter und reifer waren als er.

König Ludwig II. mit seiner Verlobten, Prinzessin Sophie Charlotte. Ludwig betrachtete die Aussicht auf eine Ehe als »qualvollen Alp«, verschob den Hochzeitstermin zweimal und löste schließlich die Verlobung.

KÖNIGE HABEN HEIRATSPFLICHT

Obwohl Ludwig sich zu Männern hingezogen fühlte, ist es nicht erwiesen, dass er homosexuell war. Es gibt keinen Hinweis darauf, dass er sich aus diesem Grund gegen eine Verlobung mit Sophie wehrte. Im Übrigen hatte ein König wie Ludwig einfach die Verpflichtung, sich eine Frau zu nehmen, um die Thronfolge sicherzustellen. Bisher hatte man ihm wegen seiner Jugend noch Schonfrist zugebilligt. Aber jetzt war er 21, und es wurde höchste

LUDWIGS WAHRE GROSSE LIEBE

Ludwig II. hat seinem Tagebuch anvertraut, wie er über die bevorstehende Heirat mit Sophie Charlotte dachte. »Sophie abgeschrieben. Das düstere Bild verweht; nach Freiheit verlangte ich, nach Aufleben von qualvollem Alp«, notiert er dort am 8. Oktober 1867. »Gott sei Dank, das Entsetzliche ging nicht in Erfüllung«, lesen wir unter dem 28. November desselben Jahres – dem Tag, an dem nach zweimaliger Verschiebung die Hochzeit hätte stattfinden sollen. Wünschte sich Ludwig ein Leben ohne Liebe? Keineswegs – aber er hatte sich schon entschieden, gegen Sophie und auch gegen Richard Wagner. Im Mai 1867 war er zum ersten Mal

mit dem Stallburschen Richard Hornig zusammengetroffen. Der junge Mann war vier Jahre älter als der König, liebenswürdig, sah mit seinen blonden Haaren und blauen Augen wie ein echter germanischer Held aus und machte zu Pferde eine hervorragende Figur. Im Juli 1867 nahm Ludwig Hornig auf eine Reise in die geschichtsträchtige Landschaft des Thüringer Waldes mit, anschließend ging es gemeinsam nach Paris, wo sie die Weltausstellung besuchten und Kaiser Napoleon III. trafen. Als sie zurückkehrten, war Ludwig überzeugt, sie würden »nie voneinander lassen bis zum Tode«, wie ebenfalls in seinem Tagebuch zu lesen steht.

Zeit. Am 22. Januar 1867 wurde seine Verlobung mit Sophie öffentlich bekannt gegeben.

Alles schien in bester Ordnung. Die Bayern freuten sich auf ihre künftige Königin. Ludwig gestand Sophie seine Liebe, genauso wie sie ihm die ihre. Er nannte sie liebevoll »Elsa«, nach einer Figur aus Wagners *Lohengrin*. Eine Hochzeitskutsche wurde in Auftrag gegeben und ein Schlafzimmer für Sophie in der Residenz eingerichtet. Das Paar schrieb sich höchst liebevolle Briefe.

Und doch gab es Misstöne. Ludwig machte kein Hehl daraus, dass er Richard Wagner nach wie vor abgöttisch verehrte, und fand in manchen Briefen an seine Verlobte enthusiastische Worte für ihn. Wahrscheinlich sah Sophie darin zunächst nicht mehr als bloße Schwärmerei für die Kunst des Meisters. Aber im Juni 1867 – die Hochzeit sollte zwei Monate später stattfinden, am 25. August, Ludwigs 22. Geburtstag – erschien ihr manches verdächtig. Denn zum einen wollte Ludwig Wagner wieder nach München holen und zeigte sich, je näher der geplante Tag der Rückkehr heranrückte, über die Maßen aufgeregt. Vor allem aber war der König jetzt offensichtlich bestrebt, sich vor der Heirat zu drücken. Er verschob den Hochzeitstermin auf Oktober und dann noch einmal auf November. Am 7. Oktober schließlich schrieb er ihr, dass ihm die Hochzeit genauso aufgezwungen werde, wie ihm die Verlobung schon aufgezwungen worden sei.

Aber weil Ludwig kein Unmensch war, versicherte er Sophie gleichzeitig seiner Freundschaft und Zuneigung und versprach ihr, er werde die Verlobung erneuern,

wenn sie binnen Jahresfrist keinen Mann gefunden hätte. Das war nicht gerade ein Kompliment – aber sicherlich als noble Geste gemeint. Doch Sophie bewies ihm, dass sie noch lange nicht zum alten Eisen gehörte, und heiratete am 28. September 1868 den französischen Herzog Ferdinand von Alençon.

In dieser Zeit bekamen Ludwigs »Traumwelten« einen neuen Akzent. Sie sollten jetzt in Form von Architektur Realität werden. Seit 1868 beschäftigte er sich mit Plänen für eine »Neue Burg Hohenschwangau«, die »im echten Styl der alten deutschen Ritterburgen« errichtet werden sollte. Das Bauwerk trägt heute den Namen Neuschwan-

In seinem Todesjahr 1886 hatte Ludwig 14 Millionen Mark Schulden, das Dreifache seines Jahreseinkommens. Trotzdem hatte er bis zum Schluss Pläne für weitere neue Schlossbauten – etwa einen byzantinischen Palast –, die aber nicht mehr ausgeführt wurden.

stein und gehört zu den Märchenschlössern Ludwigs, die Jahr für Jahr von Unmengen von Besuchern überrannt werden. Außerdem baute er die Anlagen in Linderhof – das einzige Schloss, das zu seinen Lebzeiten fertiggestellt

Dieses Gemälde von Ferdinand Leeke zeigt Siegfried und die Rheintöchter – das war die Welt der germanischen Sagen und der wagnerischen Opern, in die sich Ludwig II. so gerne versetzte.

werden konnte – und auf der Herreninsel im Chiemsee. Dieser Bau sollte nach Ludwigs Willen die Großartigkeit und Großzügigkeit von Schloss Versailles atmen und damit an ein anderes großes Idol des Bayernkönigs erinnern, Ludwig XIV. von Frankreich, der zwei Jahrhunderte zuvor den eindrucksvollen Schlosskomplex bei Paris hatte errichten lassen. Die Kopie – in manchen Details noch größer angelegt als das Original – wurde so teuer, dass Ludwig in seinem Todesjahr 1886 14 Millionen Mark Schulden hatte, das Dreifache seines Jahreseinkommens. Trotzdem hatte er bis zum Schluss Pläne für weitere neue Schlossbauten – etwa für einen byzantinischen Palast –, die aber nicht mehr ausgeführt wurden. Im Inneren der Schlösser ist manches »wagnerianisch«:

Der Maler Gabriel Schachinger hat Ludwig II. in martialischer Pose porträtiert – was schlecht zu dem König passte, denn in Wirklichkeit war er ein fantasievoller, emotionaler und manchmal auch höchst launischer Mensch.

Immer wieder gibt es Darstellungen von germanischen Helden, von Elfen und Feen, wie sie die Opernwelt Richard Wagners bevölkern.

EIN VERRÜCKTER?

Währenddessen verschlechterte sich Ludwigs köperlicher und geistiger Zustand. Die geheimen Tagebücher des Königs zeigen, dass er sich nicht gesund fühlte und zunehmend Veränderungen an sich bemerkte: Sie berich-

> Die geheimen Tagebücher des Königs zeigen, dass er sich nicht gesund fühlte und Veränderungen an sich bemerkte.

ten von Alpträumen, Schlaflosigkeit, dauernden Kopfschmerzen, unkontrollierbaren Bewegungen und ständigen Schuldgefühlen. Fürchtete er, verrückt zu werden? Wenn er seinen jüngeren Bruder Otto betrachtete, gab es tatsächlich gute Gründe zu dieser Annahme: Otto neigte zu unkontrollierten Gewaltausbrüchen und musste deswegen ständig von Pflegern bewacht werden. Manchmal

Prinz Luitpold war der drittälteste Sohn von Ludwig I. von Bayern. Er war 26 Jahre lang, von 1886 bis zu seinem Tod im Jahr 1912, Regent für Ludwigs geisteskranken Bruder Otto. Diese »Prinzregentenzeit« gilt vielen Bayern noch heute als eine Art »goldenes Zeitalter«.

bildete er sich ein, es werde ein Unglück geschehen, wenn er seine Schuhe auszöge oder ins Bett ginge. Dann wieder schnitt er Grimassen oder bellte wie ein Hund. Oft wurde er überdies von Halluzinationen heimgesucht. Dazwischen gab es aber auch immer wieder Phasen einer weitgehenden Normalität.

Ludwig kämpfte verzweifelt gegen das Unheimliche in ihm an, dessen Anzeichen er immer mehr an sich zu bemerken glaubte. Er nahm kalte Bäder, um seine innere Unruhe zu dämpfen. Auf der Suche nach Antworten wandte er sich der Zahlenmystik und spirituellen Ideen

In Schloss Hohenschwangau im Voralpengebiet bei Füssen verbrachte Ludwig II. einen großen Teil seiner Kindheit und Jugend. Die Sommerresidenz der Wittelsbacher war in den Jahren 1832 bis 1837 aus den Ruinen einer mittelalterlichen Burg entstanden.

zu. Und er verpflichtete sich selbst mit einem heiligen Eid, sich in den nächsten drei Monaten von allem fernzuhalten, was ihn erregen könnte, sowie leidenschaftliche Umarmungen zu meiden.

Wenn irgendeine dieser Maßnahmen Erfolg hatte, dann währte dieser jedenfalls nicht lange. Seine Tagebucheintragungen enthüllen eine immer weiter fortschreitende Verschlechterung seines mentalen Zustands. Völlig überfordert mit sich selbst, war er besessen von dem Gedanken der Reinheit. So schwor er sich innerlich darauf ein, sich von allen schlechten Einflüssem der Menschen zu befreien und in Zukunft seine alten Fehler zu vermeiden.

FAST EIN STAATSSTREICH

Inzwischen verschlechterte sich der Gesundheitszustand Ottos mehr und mehr. Das Haus Wittelsbach musste zugeben, dass er unheilbar krank war. Im Jahr 1878 wurde er offiziell für geisteskrank erklärt.

Ludwig isolierte sich in der gleichen Zeit immer mehr von seiner Umgebung. Er weigerte sich, die Minister des bayerischen Kabinetts zu empfangen, entließ reihenweise Hofbeamte und Diener. Bis zum Ende des Jahres 1885 war er richtiggehend zum Einsiedler geworden.

Im bayerischen Kabinett freute man sich über die Entwicklung: Je weniger der König mitregierte, desto besser!

Trotzdem gab es aber noch ein Problem: den ständig wachsenden Schuldenberg, den er anhäufte. Die Gläubiger standen bereits Schlange, und schließlich sah sich die Regierung unter Ministerpräsident Lutz gezwungen, Farbe zu bekennen: Für weiteres Geld brauchte man die Zustimmung des Landtags. Da vorauszusehen war, dass die Parlamentarier eher unangenehme Fragen stellen als finanzielle Mittel bewilligen würden, verfiel Lutz auf eine höchst innovative Idee: Er fragte bei dem renommierten Irrenarzt Dr. Gudden an, ob es denn nicht möglich wäre, ein Gutachten über den Geisteszustand des Monarchen zu erstellen? Gudden spielte mit, wenn auch sein Gut-

achten einen kleinen Schönheitsfehler aufwies, nämlich dass er den Patienten nie persönlich untersucht hatte. Trotzdem wurde der König am 9. Juni 1886 offiziell entmündigt und sein Onkel Luitpold zum Regenten ernannt.

Wie immer man auch den Geisteszustand des königlichen Sonderlings einschätzen mag – so verrückt war er nicht, dass er nicht merkte, was vorging. Als man ihn auf Schloss Neuschwanstein in Gewahrsam nehmen wollte, schickte er einen Hilferuf an seinen Cousin, Prinz Ludwig Ferdinand – der diesen aber nie erreichte. Er setzte außerdem eine Proklamation an das bayerische Volk auf, in der er das Vorgehen der Regierung als »hochverräterische Handlungen« brandmarkt und die Bayern aufruft, sich hinter ihn zu stellen. Natürlich wurde die Veröffentlichung der Proklamation unterbunden.

So rührte sich letztlich keine Hand, um ihn zu retten. In der Nacht vom 11. auf den 12. Juni verließen drei Kutschen das Schloss. In der mittleren saß Ludwig. Man

Kurz nachdem Ludwig in Berg eingetroffen war, verlangte er den Schlüssel zu dem 61 Meter hohen Turm des Schlosses. Weil er fürchtete, der König wolle Selbstmord begehen, behauptete sein Diener Mayr, man habe den Schlüssel verlegt.

hatte innen an den Türen die Griffe entfernt und ließ ihn nicht aussteigen, bis man nach achtzig Kilometern und fast acht Stunden Fahrt Schloss Berg am Starnberger See erreicht hatte.

EIN SELBSTMÖRDER?

Kurz nachdem Ludwig in Berg eingetroffen war, verlangte er den Schlüssel zu dem 61 Meter hohen Turm des Schlosses. Weil er fürchtete, der König wolle Selbstmord begehen, behauptete sein Diener Mayr, man habe den Schlüssel verlegt, und konnte so etwas Zeit gewinnen, bis Dr. von Gudden mit seinen beiden Assistenten eintraf. Gudden entschied, man solle Ludwig den Schlüssel aushändigen, aber er stellte ihm eine Falle: Am Aufgang zum Turm postierte er Wächter mit Zwangsjacken.

Als der König sich näherte, griffen sie zu. Als Gudden erschien und Ludwig vorschlug, wieder die ihm

Gudden war übel zugerichtet – sein rechtes Auge war blau geschlagen; an Stirn und Nase hatte er tiefe Kratzer, und ein Fingernagel an der rechten Hand war abgerissen. Ludwig war dagegen völlig unverletzt.

ursprünglich zugedachten Räumlichkeiten aufzusuchen, benahm sich dieser auf einmal lammfromm und folgsam. Gudden konnte annehmen, er hätte seinen Patienten nun unter Kontrolle. Jedenfalls so lange, bis Handwerker im Schloss auftauchten und einen Höllenlärm machten – sie

Ludwigs Psychiater Dr. Bernhard von Gudden bezahlte einen Spaziergang mit seinem Patienten mit dem Leben. Seine Leiche wurde zusammen mit der des Königs im Starnberger See gefunden.

EIN GEISTESKRANKER KÖNIG

Als Prinz Otto König wurde, war er in Fürstenried in Gewahrsam, einem Schloss der königlichen Familie bei München. Nie hat er Bayern wirklich regiert, wahrscheinlich war es ihm nicht einmal klar, dass er König war. Bis 1912 war Prinz Luitpold an seiner statt Regent, nach dessen Tod übernahm dessen Sohn Ludwig diese Funktion. Er wurde ein Jahr später als Ludwig III. offiziell König – der letzte, mit dem 1918 die Herrschaft der Wittelsbacher in Bayern zu Ende ging. Die letzten Jahrzehnte dieser rund 750 Jahre währenden Herrschaft standen unter keinem glücklichen Stern. Die Familie brachte einige Exzentriker hervor, bei denen der Verdacht bestand, sie wären ein Fall für die Psychiatrie – bei Otto war dies eindeutig. Auch die Entmündigung und der mysteriöse Tod Ludwigs II., den man mit Selbstmord und Mord assoziiert, beschädigten das Ansehen des Herrschergeschlechts. Kein Wunder, dass Prinz Luitpold geweint hat, als er von der Tragödie im Starnberger See erfuhr.

Otto I., Ludwigs Bruder, der 1886 sein Nachfolger wurde, war schon elf Jahre vorher für geisteskrank erklärt worden. Die 27 Jahre, in denen er den Königstitel trug, verbrachte er unter ständiger Bewachung und ärztlicher Aufsicht.

hatten den Auftrag, die Fenster mit Eisengittern zu versehen. Um dem Lärm zu entfliehen, machten Ludwig und Dr. Gudden einen Spaziergang, der ihn wieder beruhigen sollte. Aber das Gegenteil war der Fall: Als er sah, dass ein Gendarm vor ihm herging, war seine Fassung erneut dahin.

Abgesehen von in diesen zwei Zwischenfällen benahm sich Ludwig in diesen Tagen ruhig. Gudden blieb deswegen weiterhin optimistisch und ordnete als einzige Maßnahme lediglich an, dass es besser wäre, wenn der Gendarm beim nächsten Spaziergang hinter ihnen bliebe. Nach dem Abendessen am 13. Juni 1886 machten die beiden erneut einen Spaziergang – es war der Spaziergang, von dem sie nicht mehr zurückkehrten. Wahrscheinlich hatte Ludwig Dr. Gudden die Ruhe nur vorgespielt, um ihn in Sicherheit zu wiegen. Wie auch immer sich die Szene abgespielt hat, bei der beide Män-

ner umkamen – auf jeden Fall hat ein Kampf stattgefunden. Das ergab die Obduktion der Leichen: Gudden war übel zugerichtet – sein rechtes Auge war blau geschlagen; an Stirn und Nase hatte er tiefe Kratzer, und ein Fingernagel an der rechten Hand war abgerissen. Ludwig war dagegen völlig unverletzt.

Am nächsten Tag, dem 14. Juni, wurde der Leichnam des Königs nach München überführt, wo man ihn in prachtvolle Gewänder hüllte. Mit dem Schwert an der Seite wurde er drei Tage lang zwischen üppig arrangiertem Blumenschmuck in der Hofkapelle aufgebahrt. Besonders sorgfältig hatte man die Blüten an seinem Kopf drapiert – um so möglichst unauffällig die Spuren, die die Gerichtsmediziner bei der Obduktion dort hinterlassen hatten, zu verbergen. Am 19. Juni wurde Ludwig schließlich mit einem pompösen Staatsbegräbnis in der Gruft der Michaelskirche zur letzten Ruhe gebettet.

An seinem Schlösschen in Linderhof baute Ludwig II. 16 Jahre lang. Dabei war es keineswegs sein größtes Projekt: Auf Herrenchiemsee wollte er ein zweites Versailles erschaffen, noch größer und prächtiger als das Vorbild – aber die Bauarbeiten mussten zuletzt aus Geldmangel eingestellt werden.

VI

DIE TRAGÖDIE VON MAYERLING

Am frühen Morgen des 30. Januar 1889 fand man Kronprinz Rudolf (1858–1889) von Österreich-Ungarn tot im kaiserlichen Jagdhaus in Mayerling, 15 Kilometer vor den Toren Wiens. Bei ihm war seine junge Geliebte Mary Vetsera – ebenfalls tot. Die beiden waren erschossen worden. Mary war offenbar als Erste gestorben und lag im Schlafraum des Kronprinzen auf dem Bett. Ihre Leiche war mit Rosen bedeckt. Nachdem er Mary getötet hatte, hatte Rudolf Hand an sich selbst gelegt: Mit einem Schuss hatte er sich den Schädel zerfetzt.

Die Nachricht über die Todesfälle von Mayerling rief heftige Reaktionen hervor. Rudolfs Vater, der regierende Kaiser Franz Joseph, brach zusammen, als man ihn davon informierte. Seine Mutter, die Kaiserin Elisabeth, bekannt als »Sisi«, war untröstlich.

Links: Der liberal denkende Kronprinz Rudolf war der Thronfolger von Österreich-Ungarn, einer absolutistischen Monarchie.
Oben: Baronesse Mary Vetsera war ein schwärmerisches junges Mädchen. Die Erfüllung ihrer Herzenswünsche kostete sie ihr junges Leben.

In Wien gerieten die Massenaufläufe aufgeregter Menschen außer Kontrolle; die Polizei war machtlos, sodass man das Militär zu Hilfe holte. Es gab einen Toten und mehrere Verletzte.

Die Vorgänge in Mayerling blieben ein Rätsel, das niemand lösen konnte. Wie kam ein allgemein beliebter Prinz, der Thronerbe eines mächtigen Reiches, ein fescher Kerl mit jeder Menge Charme – wie kam so jemand dazu, sich im Alter von 30 Jahren so plötzlich das Leben zu nehmen?

Von außen schien es, als wäre er der »König aller Herzen«, ein Prinz wie aus dem Bilderbuch: Rudolf, der Thronfolger von Österreich-Ungarn

Doch wenn man einmal hinter die Kulissen blickt, war die Tat nicht ganz so überraschend. Rudolf war nicht der glückliche Prinz, den er nach außen mimte. Der einzige Sohn von Kaiser Franz Joseph und seiner Frau Elisabeth geriet eher nach seiner sensiblen und dickköpfigen Mutter als nach dem robusten, wenig originellen Vater. Dazu kam eine katastrophale Ehe, die seine ohnehin melancholische Grundstimmung verstärkte und mit dazu beitrug, dass er sich einsam und hoffnungslos fühlte. In den

Für den liberalen Journalisten und Verleger Moritz Szeps war Prinz Rudolf die große Hoffnung: Er glaubte, durch ihn könnten seine politischen Vorstellungen eines Tages Wirklichkeit werden.

Augen der anderen hatte er alles, was man sich nur wünschen kann – aber er selbst fühlte sich arm und leer.

LIBERALE TRÄUMEREIEN

Zunächst einmal gab es in der in Tradition verharrenden Umgebung des Kaiserhauses keinen Platz für seine fortschrittlichen Ideen. Der liberal denkende Prinz neigte zu einer konstitutionellen Monarchie und lehnte den autoritären Staat ab. Sein Kopf war voller Ideale: Er wollte die Lebensumstände der einfachen Menschen verbessern

---

Rudolf war nicht der glückliche Prinz, den er nach außen mimte. Der einzige Sohn von Kaiser Franz Joseph und seiner Frau Elisabeth geriet eher nach seiner sensiblen und dickköpfigen Mutter als nach dem robusten, wenig originellen Vater.

---

und war der Meinung, der Kaiser sollte seine Gewalt vor allem dadurch ausüben, dass er seinen Untertanen ein gutes Beispiel gab.

Solche Ideale hat er zwar nie in die Tat, aber zumindest in Worte umsetzen können: Moritz Szeps, ein befreundeter führender liberaler Journalist und Verleger Österreichs, veröffentlichte Rudolfs Artikel in seinen Zeitungen: dem *Neuen Wiener Tagblatt* und später dem *Wiener Tagblatt*. Szeps hatte für die liberale Sache einen großartigen Fang gemacht.

Rudolf war nicht der einzige Abweichler in der kaiserlichen Familie. Sein Freund, Erzherzog Johann Salvator aus der toskanischen Nebenlinie der Habsburger, ging in mancher Beziehung viel weiter als er. Johann Salvator fand, es sei durchaus legitim, wenn ein

Rechts: Kaiser Franz Joseph von Österreich-Ungarn regierte noch im 19. Jahrhundert wie ein absolutistischer Monarch und erwartete von seinem Sohn die Fortsetzung dieser Politik.

Mann aus kaiserlichem Geblüt seine Titel und Vorrechte aufgab, um an der Seite einer Frau, die er liebte, das Leben eines Bürgerlichen zu führen. Nach Rudolfs Tod verwirklichte er diesen Gedanken mit der Tänzerin Milli Stubel, die er seit 1888 kannte und die für die Habsburger als Erzherzogin völlig inakzeptabel war. Johann Salvator hatte auch keine Scheu, seine kaiserliche Verwandtschaft und die österreichische Armeeführung zu kritisieren. Franz Joseph sorgte daraufhin dafür, dass er keinerlei Karriere machen konnte, weder beim Militär noch in der Verwaltung, und dass er möglichst weit weg von Wien war. Damit hoffte er auch den Kontakt Rudolfs zu diesem enfant terrible zu unterbinden.

Aber die Freunde fanden trotzdem Mittel und Wege, sich zu treffen und ihre politischen Pläne zu schmieden. Diese Unterredungen waren für Rudolf ein wichtiger Freiraum. Es war nur traurig, dass sie in aller Heimlichkeit stattfinden mussten – und dass Johann Salvator und Moritz Szeps sehr eigennützige Ziele verfolgten, denn für sie war Rudolf nur Mittel zum Zweck: Der eine spekulierte auf hohe Staatsämter, der andere brauchte ihn zur Durchsetzung seiner eigenen liberalistischen Vorstellungen.

DER KRONPRINZ UNTERM PANTOFFEL

Aber vor allem hatten die Möchtegern-Reformer Rudolf, Johann Salvator und Szeps mit einem ganz entscheidenden Hindernis zu kämpfen: Der Thron, den Rudolf dereinst erben würde, war altehrwürdig und mächtig. Unter Kaiser Franz Joseph war er in den Händen von Männern, die ihre Untertanen klein hielten. Ihre Lesart von »Regieren« war, durch Gewalt und Angst jede mögliche Art von Widerstand schon im Keim zu ersticken. Für sie waren die Liberalen nichts weiter als ein Krebsgeschwür, das die absolute Macht der Krone zerfressen würde, wenn man es weiterwuchern ließ. Franz Joseph war sich bewusst, dass seine Auffassungen und die seines Sohnes ganz gewaltig differierten; um des lieben Friedens willen redete man in der kaiserlichen Familie schon lange nicht mehr über Politik.

Das schloss natürlich nicht aus, dass der Monarch versuchte, seinen widerspenstigen Spross unter Kontrolle zu halten. So ließ er ihn in kein politisches Amt – mit der Begründung, wenn er von Machtausübung keine Ahnung habe, könne er sie auch nicht ausüben. Und um ihn wieder voll und ganz unter die kaiserliche Hausord-

Kronprinzessin Stephanie war die Tochter König Leopolds II. von Belgien. Rudolf hatte sie 1881 auf Druck seiner Familie geheiratet.

nung zu stellen, machte er für ihn eine »passende« Gemahlin ausfindig: die nicht gerade liebenswerte, aber höchst respektable Prinzessin Stephanie, die Tochter König Leopolds II. von Belgien. Im Jahr 1881 feierte man Hochzeit.

Dass die Ehe bald schon nicht mehr sehr glücklich war, fand man am Kaiserhof nicht weiter schlimm. Der Kronprinz würde sich halt mit der einen oder anderen Affäre trösten – aber das war bei weitem nicht so gefährlich, wie wenn ein lediger Thronfolger allzu weit herumkam und allen möglichen Einflüsterungen erlag. Als verheirateter Mann konnte sich Rudolf auch nicht mehr so leicht dem strengen Hofzeremoniell entziehen, das auf strikter Einhaltung des Protokolls, der Unantastbarkeit der Hierarchie und der unbedingten Unterwürfigkeit von Rangniederen beruhte. Wer nicht auf mindestens vier Generationen adeliger Vorfahren zurückblicken konnte, hatte zu den erlauchten Hofkreisen erst gar keinen Zutritt. Entsprechend steif ging es dort auch zu. Die etwas arrogante Stephanie passte viel besser in diese Umgebung als ihr Mann. Rudolf empfand all die zeremoniellen Regeln als reine Schikane. Trotzdem benahm er sich musterhaft und ließ sich keine Verstöße gegen die Etikette zuschulden kommen.

Der Kaiser legte natürlich Wert darauf, dass Rudolf für männlichen Nachwuchs sorgte, um das Haus Habsburg zu erhalten. Als Stephanie 1883 eine Tochter zur Welt brachte, erwartete man, dass bald auch ein Thronfolger folgen würde. Aber dazu kam es nicht. Nach 1883 scheint Rudolf seinen »ehelichen Pflichten« nur noch höchst selten nachgekommen zu sein – wenn überhaupt.

Das konnte man ihm eigentlich nicht übel nehmen; Stephanie wird als jähzornig, launisch und eifersüchtig beschrieben, und mit ihren ständigen Ansprüchen ging sie ihrem Mann gehörig auf die Nerven. Besonders unangenehm wurde sie, wenn Rudolf depressiv war. Solche Stimmungen hatte er häufig. Er litt unter dem Eindruck, dass er seine Zeit und Kraft in einer hohlen, leeren Welt verschwendete, die keine Zukunft mehr hatte.

Stephanie und Rudolf passten einfach nicht zusammen. Die anspruchsvolle, arrogante belgische Königstochter kam mit dem häufig depressiv gestimmten Kronprinzen nie zurecht.

Als Stephanie 1883 eine Tochter zur Welt brachte, erwartete man, dass bald auch ein Thronfolger folgen würde. Aber dazu kam es nicht. Nach 1883 scheint Rudolf seinen »ehelichen Pflichten« nur noch höchst selten nachgekommen zu sein – wenn überhaupt.

Darin ähnelte er seiner Mutter Elisabeth, der man heute manchmal nachsagt, sie hätte sich im Geheimen auf den Untergang des Habsburgerreiches gefreut. Rudolf neigte, wenn er in solcher Stimmung war, in erschreckender Weise zum Selbsthass. Stephanie hatte weder genügend Verstand noch genügend Einfühlungsvermögen, um zu begreifen, was in ihrem Mann vorging. Der Graben zwischen den beiden wurde dadurch nur noch tiefer.

DER PUTZ BRÖCKELT

Die Wiener waren gute Beobachter, und es war ihnen schnell klar, dass es zwischen Rudolf und Stephanie nicht mehr stimmte. Der deutlichste Beweis dafür erschien ihnen, dass der Kronprinz bei jeder sich bietenden Gelegenheit aus der Hauptstadt verschwand – viel öfter, als es seine Pflichten als Mitglied der kaiserlichen Familie und Offizier der österreichischen Armee erfordert hätten. Auf der Straße erzählte man sich, Rudolf hätte zwar vielleicht nicht gerade auf jedem Dorf eine Geliebte, aber doch mehr als genug im ganzen Reich.

Stephanie selbst war sich dessen sogar ziemlich sicher. Aber im Gegensatz zu anderen fürstlichen Gemahlinnen

---

Es war ein ungeschriebenes Gesetz in den ehrwürdigen Kreisen der Könige und Fürsten, dass die makellose Fassade immer gewahrt bleiben musste, egal, was sich hinter den Kulissen abspielte. In den Augen ihrer Standesgenossen hatte Stephanie ein Verbrechen begangen – ein viel schlimmeres als ihr untreuer Ehemann.

---

ihrer Zeit war sie nicht bereit, darüber großzügig hinwegzusehen. Vielleicht hätte sie sich zu diesem Zeitpunkt auch noch gar keine großen Sorgen machen müssen. Denn Rudolfs Liebschaften waren Eintagsfliegen. Es ging ihm wohl eher darum, vorübergehend einmal die raue Wirklichkeit zu vergessen, als um eine ernsthafte Beziehung. Aber Stephanie brachte im Jahr 1888 den ganzen Hof in Aufruhr. Denn sie machte Rudolf in aller Öffentlichkeit eine Szene, als er die Gräfin Czewucka besuchte. Diese schöne Polin wurde damals gerade von allen Männern angebetet, die etwas auf sich hielten. Die Kronprinzessin hatte damit einen entscheidenden Fehler begangen: Denn es war ein ungeschriebenes Gesetz in den ehrwürdigen Kreisen der Könige und Fürsten, dass die makellose Fassade immer gewahrt bleiben musste, ganz egal, was sich hinter den Kulissen abspielte. In den Augen ihrer Standesgenossen hatte Stephanie damit ein Verbrechen begangen – ein viel schlimmeres als ihr untreuer Ehemann.

Kaiser Franz Joseph tobte. Aber er hatte keine Chance, einen Skandal zu vermeiden. In Wien pfiffen es schon die

Spatzen von den Dächern, was sich im Kaiserhaus abgespielt hatte. Jetzt tat es dringend not, öffentlich zu demonstrieren, dass beim Thronfolgerpaar alles in bester Ordnung war. In Wien veranstaltete man zu diesem Zweck am besten einen Ball. Denn das war die Art von gesellschaftlichem Ereignis, die man hier liebte: elegante Kleider, exquisite Delikatessen, und mittendrin Rudolf und Stephanie in trauter Harmonie.

Dann war Wien wirklich Wien, die Stadt der Lebensfreude, wo die unsterblichen Melodien der Familie Strauß den Takt angaben – bevorzugt war es der Dreivierteltakt. Auch Rudolf war hier in seinem Element. Man merkte dann nichts von Depression und selbstquälerischen Anwandlungen. Er zeigte sich an seinen guten Tagen gesellig und voller Lebenslust. Er ging ins Theater, war gern gesehener Gast in den edlen Salons, besuchte Pferderennen oder ritt im Prater spazieren, dem Wiener Vergnügungspark, wo die feinen Damen und Herren flanierten, um zu sehen und gesehen zu werden.

EINE TEENAGER-SCHWÄRMEREI

Den Kronprinzen zu sehen, oder vielmehr, von ihm auch wahrgenommen zu werden, wünschten viele aus Wiens besserer Gesellschaft. Manche gingen überhaupt nur deswegen in den Prater. So auch Baronesse Mary Vetsera, ein Spross aus niederem ungarischem Adel. Die Sechzehnjährige hatte Rudolf bei einem Pferderennen im April 1888 gesehen und war seitdem völlig in ihn verliebt. Offenbar muss aber auch das schöne Mädchen Rudolf recht beeindruckt haben, denn sein Blick blieb immerhin einige Sekunden an ihr hängen.

Man kann es einem halbwüchsigen Mädchen vielleicht nachfühlen, dass ein solches Erlebnis tiefe Spuren in seiner Seele hinterließ. Es gab eine ganze Reihe von jungen Männern, die sich für Mary Vetsera interessierten – aber sie hatte jetzt für keinen von ihnen mehr Augen und dachte Tag und Nacht nur noch an den Kronprinzen, ihren edlen Ritter, die Verkörperung aller männlichen Vorzüge.

Zunächst reichte es Mary, ihr Idol aus der Ferne zu verehren. Ähnlich wie es manche heutigen Teenager mit Pop- oder Sportstars tun, nutzte sie jede Möglichkeit, um etwas über ihn zu erfahren, und sammelte Bilder von ihm. Sie drängte ihre Mutter, mit ihr ins Theater oder in die

Oper zu gehen oder in den Prater zu fahren, um ihren Angebeteten einmal »live« erleben zu können.

Mary wusste, dass sie sich nicht die geringste Hoffnung machen durfte, jemals offiziell bei Rudolf eingeführt zu werden. Sie konnte sich einfach nicht mit jener illustren Ahnenreihe brüsten, die nötig gewesen wäre, um ihr Zutritt bei Hofe zu verschaffen. Selbst dass ihre Mutter das Kaiserpaar persönlich kannte, würde ihr nichts nützen. Da war die »zufällige Begegnung« immer noch die aussichtsreichste Methode.

Ihre Hartnäckigkeit zahlte sich schließlich aus. In den ersten Maitagen des Jahres 1888 fand am Burgtheater eine Aufführung von Shakespeares Tragödie *Hamlet* statt, und Mary bekam heraus, dass der Kronprinz dabei anwesend wäre. Sie konnte ihre Mutter überreden, sie hinzubegleiten – denn dass ein Mädchen von Stand allein bei einer solchen Veranstaltung erschien, war zur damaligen Zeit undenkbar –, und in der Theaterpause stand sie dann ihrem Idol tatsächlich Aug in Auge gegenüber. Rudolf musterte sie mit Wohlgefallen und lächelte sie an, worauf

Eine winterliche Kutschfahrt. Kronprinz Rudolf (links) hat sich mit einer Wolldecke gegen die Kälte geschützt.

sie über und über rot wurde und sich vor lauter Verlegenheit in einen anderen Raum flüchtete.

Ein paar Tage später hatte sie schon wieder Glück: Als sie mit der Kutsche ihrer Mutter im Prater spazieren fuhr, ritt er vorbei. Er betrachtete das Mädchen eingehend und mit unverhohlenem Interesse, und wie zur Bestätigung blieb sein Blick noch einmal länger an ihr haften, als er auf dem Heimweg die Kutsche wieder passierte.

Nun war Mary hoffnungslos verliebt – aber ohne von ihrem Prinzen mehr zu wollen, als ihn verehren und von ihm träumen zu dürfen. Obwohl Rudolf es noch nicht wusste – vermutlich war er hier zum ersten Mal in seinem Leben einem Menschen begegnet, der keine eigennützigen Absichten verfolgte, als er sich ihm näherte.

Mary verbrachte einige Monate in diesem Zustand unschuldiger Schwärmerei, bis sich im September 1888 die Chance bot, Rudolf wirklich näherzukommen.

VON DER SCHWÄRMEREI ZUR ROMANZE

Eines Vormittags kam Marys Mutter vom Einkaufen zurück. Sie hatte eine Freundin dabei: die Gräfin Larisch,

Links: Kronprinz Rudolf in Militäruniform. Sonst neigen die Porträtisten dazu, gekrönte Häupter zu idealisieren; aber Rudolf scheint hier ganz realistisch dargestellt – nervös und melancholisch.

eine Cousine Rudolfs. Die kannte den Kronprinzen von Kindheit an und wurde von Mary gleich mit Fragen über alles und jedes bestürmt, was mit dem Thronfolger zusammenhing. Die Larisch merkte sehr schnell, was da los war, und erzählte Rudolf bei der nächsten sich bietenden Gelegenheit, er habe eine heimliche Verehrerin. Damit war Rudolfs Neugierde geweckt, und er wollte den Namen wissen. Als er ihn erfuhr, hatte er gleich wieder das Bild des netten Teenagers mit den dunklen Haaren und den eisblauen Augen vor sich, der ihm vor ein paar Monaten so positiv aufgefallen war.

Mary fiel fast in Ohnmacht, als die Gräfin ihr kurz darauf schöne Grüße von Rudolf ausrichtete. Aber immer noch scheint ihr der nächste Schritt nicht einmal im Traum in den Sinn gekommen zu sein: ein Treffen mit dem Prinzen. Sie verlegte sich wieder wie bisher darauf, »zufällige Begegnungen« mit ihm herbeizuführen.

Bei der nächsten »zufälligen Begegnung« ging der Prinz mehr aus sich heraus, als sie zu hoffen gewagt hatte: Im Prater grüßte er sie mit einer nur angedeuteten, aber unmissverständlichen Verbeugung.

Bei der nächsten »zufälligen Begegnung« ging der Prinz mehr aus sich heraus, als sie zu hoffen gewagt hatte: Im Prater grüßte er sie mit einer nur angedeuteten, aber unmissverständlichen Verbeugung. Ein paar Tage später, am 21. Oktober, erhielt sie einen Brief, in dem alles stand, was sie sich erträumt hatte – wenn nicht noch mehr. Rudolf lud sie für den nächsten Tag zu einem Treffen im Prater ein. Er verehre sie schon lange, so schrieb er, und halte die Zeit für gekommen, jetzt ihre Bekanntschaft zu machen.

Marys Antwort sagte wesentlich mehr über sie aus, als in diesen Zeilen tatsächlich stand. Sie könne sich doch nicht, schrieb sie, ganz alleine, ohne Begleitung, mit ihm treffen! So etwas hatte Rudolf noch nie erlebt. Er war an weltgewandte Frauen gewöhnt, die keine solchen Hemmungen kannten, meistens aufdringlich waren und oft weniger an ihm selbst interessiert als an den Vorteilen, die sie sich durch die Bekanntschaft mit ihm versprachen. Und da gab es ein Mädchen, das so viel Sinn für Anstand hatte, dass sie sich nur in Begleitung mit dem Thronfolger treffen wollte! Das war herzerfrischend. Und es kam in einem

Augenblick, als Rudolf eine solche Art der Ablenkung von den harten Realitäten bitter nötig hatte.

Der Kronprinz wurde damals mit einer höchst beunruhigenden Angelegenheit konfrontiert: Wenn die überlieferten Aussagen einiger Zeitgenossen stimmen, plante Johann Salvator einen Staatsstreich gegen Kaiser Franz Joseph und hatte deswegen schon Kontakte mit den unzufriedenen Ungarn aufgenommen und in Armeekreisen vorgefühlt. Rudolf sollte ebenfalls mitspielen, aber für ihn war die Loyalität zu seinem Vater ein wichtiger Wert – wie unterschiedlich ihre politischen Vorstellungen auch immer sein mochten. Er war in einem furchtbaren Konflikt. Verlor er jetzt durch diese revolutionären Pläne seinen wichtigsten Freund: Johann Salvator, den einzigen Menschen, mit dem er offen über alles hatte reden können? Und wie stand es um seine eigenen Überzeugungen? Wenn er jetzt den Hochverrat gegen seinen Vater ablehnte, hieß das nicht, dass er im entscheidenden Augenblick versagte, dass er nicht bereit war, seine Ideale auch in die Tat umzusetzen, wenn es drauf ankam?

LIEBE AUF ÄRZTLICHEN RAT

Die kaiserlichen Spitzel hatten ihre Augen und Ohren überall, das wusste Rudolf. Er musste befürchten, dass Johann Salvators Pläne entdeckt und er mit in das Komplott hineingezogen würde. Auf der anderen Seite fand er es einfach nur noch strapaziös, sich bei Hofe mit diesen reaktionären alten Eseln abgeben und sich mit den Kinkerlitzchen herumschlagen zu müssen, die für den aufgeblasenen bürokratischen Apparat des Reiches anscheinend so ungeheuer wichtig waren. Die Ängste und Strapazen begannen sich bei ihm körperlich auszuwirken. Der Kaiser war beunruhigt, dass sein Sohn so blass und mager aussah, und ließ ihn vom Leibarzt untersuchen. Der stellte bei ihm etwas fest, das man heute als »Burnout« bezeichnen würde, und verordnete ihm Ruhe und Entspannung. Das war sicher gut gemeint, aber bei Rudolfs zahlreichen Pflichten schlicht unrealistisch. Deswegen verordnete sich der Kronprinz jetzt selbst eine andere Therapie: die junge, unschuldige Mary Vetsera.

Kaum hatte Rudolf den Antwortbrief des Mädchens erhalten, bestellte er die Gräfin Larisch umgehend nach Wien, damit sie diese Mary bei ihm einführe. Die eilte weisungsgemäß herbei und tat wie ihr geheißen. So erschien Mary, begleitet von der Gräfin, in der Hofburg und stand ihrem angebeteten Herrn gegenüber.

Offenbar fand jeder von den beiden im anderen genau das, was er suchte. In Marys träumerischen Augen war

> Und so geschah es: Der Prinz war auf der Stelle ebenso verliebt in Mary wie sie in ihn. Schon bald fasste er den Plan, sich von seiner sauertöpfischen Gemahlin scheiden zu lassen und Mary zu heiraten.

der Prinz noch netter, als sie es sich ausgemalt hatte. Und für Rudolf war sie nicht bloß ein wunderschönes und dabei auch noch bescheidenes und zurückhaltendes Mädchen. Vor allem war hier endlich jemand, der nichts zu tun hatte mit dem Sumpf des politischen Tagesgeschäfts, in dem er ständig herumwaten musste, und auch nichts mit dieser widerlichen »besseren Gesellschaft«, mit der er dauernd umzugehen gezwungen war, obwohl das bei ihm bloß noch Übelkeit hervorrief. Und so geschah es: Der Prinz war auf der Stelle ebenso verliebt in Mary wie sie in ihn. Schon bald fasste er den Plan, sich von sei-

ner sauertöpfischen Frau scheiden zu lassen und Mary zu heiraten. Ihm war klar, dass in der Hofburg die Wände Ohren hatten und dass es nicht lange dauern würde, bis der Kaiser über ihre Beziehung Bescheid wusste. Aber das war ihm egal. Er wollte nur noch Mary.

Am 13. Januar war es so weit. Er schenkte Mary sogar einen Ring, in den dieses Datum eingraviert war. Alles weist darauf hin, dass es für ihn mehr war als eine Affäre. Doch bald holte die Realität ihn wieder ein.

Am 26. Januar 1889 erhielt Kaiser Franz Joseph ein Schreiben von Papst Leo XIII. Darin konnte er lesen, dass sich Rudolf direkt an Rom gewandt hatte mit der Bitte, seine Ehe mit Stephanie für ungültig zu erklären. Diese direkte Kontaktaufnahme war ein Verstoß gegen das Protokoll, und Franz Joseph wurde bewusst, wie ernst die Angelegenheit mit Mary war. Für den Kaiser kam eine Aufhebung der Ehe nicht infrage. Eine stabile Einheit im Kaiserhaus gewährte die Einheit des ganzen Reiches.

Das kaiserliche Jagdschloss Mayerling liegt idyllisch vor den Toren Wiens. Hier erschoss Rudolf zuerst Mary und dann sich selbst.

So stellt sich der Zeichner die Auffindung der beiden Leichen in Mayerling vor. Die Wirklichkeit sah anders aus – nicht nur blutiger, auch lag Rudolf im Bett und war nicht gegen einen Stuhl gelehnt.

IN DER SACKGASSE

In diesem Augenblick zeigte sich, wie sehr Rudolf seinem Vater ausgeliefert war und wie wenig Mut er hatte, ihm ernsthaften Widerstand zu leisten. Franz Joseph bat seinen Sohn zu einer Unterredung und verlangte von ihm, er solle versprechen, sich von Mary zu trennen. Der Kronprinz ergab sich völlig in sein Schicksal und versprach es. Er erbat sich nur, Mary noch ein einziges Mal sehen zu können. Der Kaiser, der erreicht hatte, was er wollte, gewährte seinem Sohn den Wunsch gern. Dessen depressive Stimmung nahm er gar nicht wahr.

Zwei Tage später verließ Prinz Rudolf Wien und fuhr zum Jagdschloss in Mayerling – anscheinend zur Winterjagd. Mary Vetsera war ebenfalls dort. Am 29. Januar machten die beiden einen langen Spaziergang im Wald. Wahrscheinlich hat Rudolf ihr dabei vorgeschlagen, gemeinsam Selbstmord zu begehen. Für ihn war es der einzige Ausweg aus der Sackgasse seines sinnlosen Lebens.

> In diesem Augenblick zeigte sich, wie sehr Rudolf seinem Vater ausgeliefert war und wie wenig Mut er hatte, ihm ernsthaften Widerstand zu leisten.

Anscheinend war Mary einverstanden. Für sie bedeutete es, im Tod auf ewig mit dem Geliebten vereint zu sein – und ihre schwärmerische Natur hinderte sie daran, sich klarzumachen, was dieses Abenteuer wirklich bedeutete. In der gleichen Nacht schrieb jeder von ihnen einen Brief an die Mutter. Rudolf bat Kaiserin Elisabeth, dafür zu sorgen, dass er und Mary nebeneinander im Dorffriedhof im nahen Alland begraben würden – ein letzter Wunsch, den man ihm nicht erfüllt hat.

Anschließend verriegelte Rudolf die Schlafzimmertür von innen. In den frühen Morgenstunden, als Mary

Der aufgebahrte Leichnam Rudolfs. Die Bandage um seinen Kopf verdeckt die Schussverletzung.

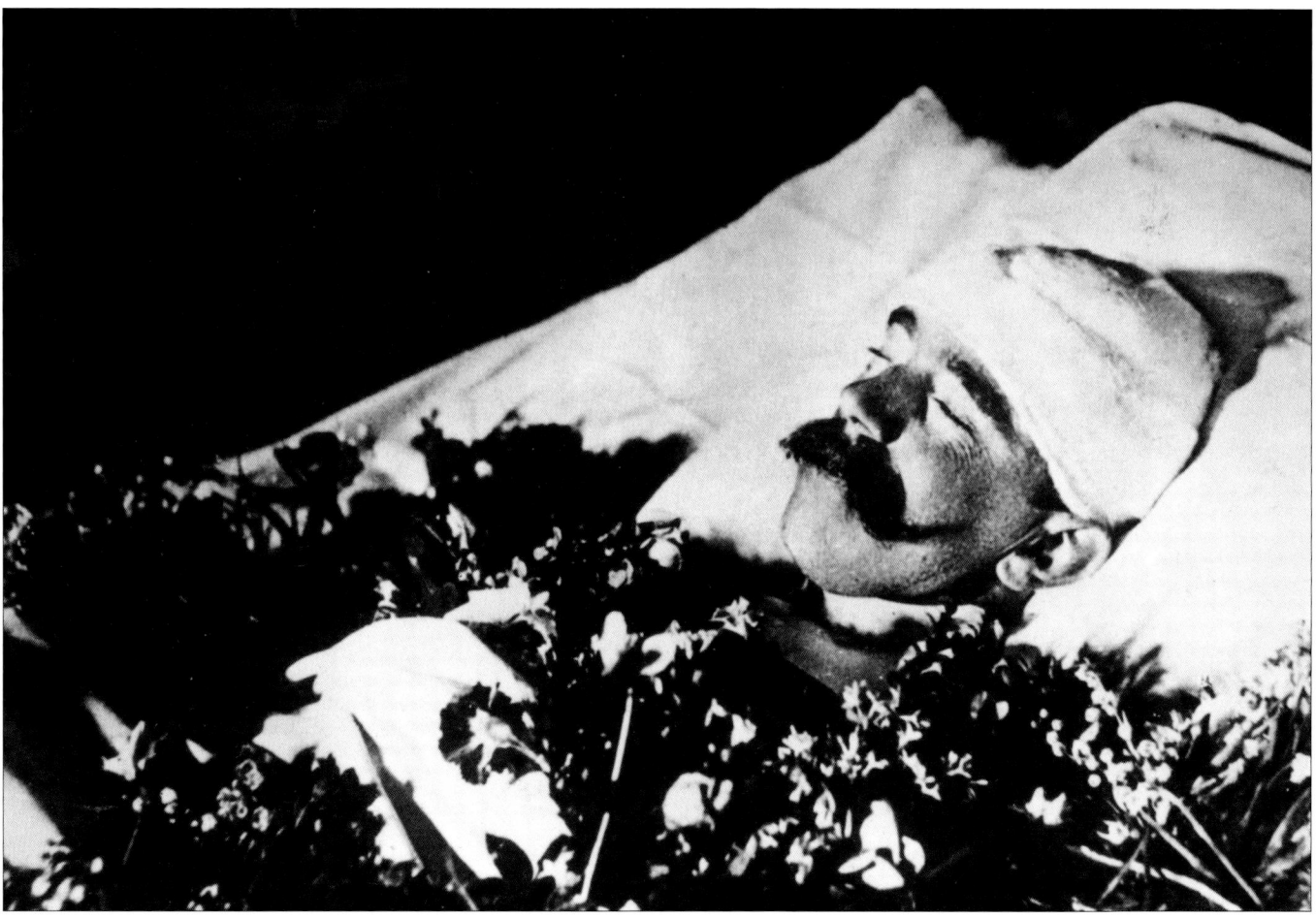

Mary Vetsera wurde im nahen Heiligenkreuz beerdigt. Rudolfs Wunsch, neben ihr begraben zu sein, blieb unerfüllt.

Selbstmord gilt nach der katholischen Lehre als Todsünde. Man bemühte sich daher, die wahren Umstände von Rudolfs Tod zu verschleiern. Zunächst gab man von offizieller Seite als Todesursache einen Schlaganfall an.

schlief, nahm er seinen Revolver aus der Schublade und schoss ihr aus geringer Entfernung hinter dem linken Ohr in den Kopf. Sie war sofort tot. Sein Diener Loschek, der den Schuss gehört hatte, stand auf und rannte zu Rudolfs Schlafzimmer. Als er an der Tür angekommen war, hörte er von drinnen einen zweiten Schuss. Es war zu spät.

LÜGEN UND SPEKULATIONEN

Selbstmord gilt nach der katholischen Lehre als Todsünde. Man bemühte sich daher, die wahren Umstände von Rudolfs Tod zu verschleiern. Zunächst gab man von offizieller Seite als Todesursache einen Schlaganfall an. Von anderer Seite hieß es, Rudolf sei von Konservativen erschossen worden, die verhindern wollten, dass seine liberalen Ideen umgesetzt würden. Um dieses Gerücht zu entkräften, wurde schließlich zugegeben, dass er Selbstmord begangen hatte, aber es war jetzt von einer Geisteskrankheit als Ursache die Rede. Dass er noch einen zweiten Menschen mit in den Tod gerissen hatte, wurde weiterhin verschwiegen. Schließlich glaubte keiner mehr irgendetwas, das amtlicherseits über Rudolfs Ende verkündet wurde.

Dafür machten allerhand Verschwörungstheorien die Runde. Sie erwiesen sich als wesentlich interessanter als die Wahrheit und sind auch höchst zählebig geblieben. So gibt es noch heute eine ganze Reihe von meist widersprüchlichen Spekulationen über die tragischen Ereignisse, die sich vor mehr als einem Jahrhundert in dem kleinen Jagdschloss in Mayerling abspielten.

Rudolfs Begräbnis fand in Wien statt, wo er gemäß der Familientradition der Habsburger in der Kapuzinergruft beigesetzt wurde.

KAISER MAXIMILIAN VON MEXIKO

Erzherzog Ferdinand Maximilian (1832–1867), der jüngere Bruder von Kaiser Franz Joseph I., war nur eine Marionette in einem Spiel, das sich Kaiser Napoleon III. von Frankreich im Jahr 1863 ausgedacht hatte. Mit seiner Hilfe wollte man die Schulden, die der mexikanische Staat bei Frankreich hatte, zurückbekommen. Auch die katholische Kirche und die reichen Großgrundbesitzer in Mexiko waren von dem liberalen Präsidenten Benito Juárez enteignet worden und wollten ihr Vermögen zurückhaben. Nur widerwillig stimmte Franz Joseph dem Plan zu, seinen jüngeren Bruder als Maximilian I. zum »Kaiser von Mexiko« zu machen. Der Erzherzog selbst war dazu bereit. Doch die Sache hatte einen Haken: Maximilian war ein naiver Idealist. Sein Bestreben, Millionen benachteiligter Menschen von Hunger, Armut und Seuchen zu erlösen, hat seine Auftraggeber bald zur Verzweiflung gebracht.

EIN IDEALISTISCHER TRÄUMER

Maximilian kam im Jahr 1864 in seinem »Reich« an, in Begleitung eines beachtlichen französischen Truppenkontingents und seiner Frau Charlotte, der Tochter des belgischen Königs Leopolds I. Sie sah in ihrem Mann einen Engel, der von Gott dazu ausersehen war, der Menschlichkeit zum Sieg zu verhelfen. Napoleon III. und Franz Joseph sahen in ihm eher einen idealistischen Träumer, der ihnen nichts als Scherereien machte. So weigerte sich Maximilian, den enteigneten Kirchenbesitz zurückzugeben, mit der Begründung, die Kirche gehöre dem Volk. Auch den Großgrundbesitzern restituierte er nicht ihre Ländereien.

Außerdem beschäftigte sich der Monarch mit völlig utopischen Projekten, wie einem Nationaltheater für Mexiko und einer Weltflotte. Er ging fast ohne Begleitschutz durch die Straßen von Mexiko City und verwickelte Passanten in freundliche Gespräche. Seine ganze Wesensart

war so entwaffnend, dass sogar Benito Juárez und seine Anhänger sich schwer damit taten, ihn zu hassen. Aber Maximilians Herrschaft konnte Juárez dennoch nicht akzeptieren. Als Maximilian ihn nach Mexiko City einlud, um ihm ein Amt in der neuen Regierung anzubieten, lehnte der Mexikaner ab. Daraufhin brach das Chaos aus. Diverse Gruppen von Partisanen und auch ganz gewöhnlichen Banditen machten das ganze Land unsicher. Juárez hatte viele bewaffnete Kräfte zu seiner Verfügung, die darauf brannten, die fremden Invasoren zu bekämpfen und aus dem Land zu jagen. Die USA forderten Frankreich auf, seine Truppen zurückzuziehen und Maximilian gleich mitzunehmen. Der lehnte es zunächst strikt ab, aufzugeben, aber als die Amerikaner immer mehr Druck ausübten, wurde er wankend.

Seine Frau Charlotte wollte nicht so schnell aufgeben. Sie reiste im August 1866 nach Europa, um dort um

Maximilian, der jüngere Bruder von Kaiser Franz Joseph I., war ein – manchmal reichlich naiver – Idealist.

Unterstützung zu bitten, stieß aber überall auf taube Ohren. Preußen hatten gerade den Krieg gegen Österreich gewonnen. Napoleon III. fürchtete, dass nun seine Ostgrenze bedroht sein könnte und beschloss, seine Truppen zurück nach Frankreich zu holen. Er ließ Maximilian fallen. Charlotte erlitt daraufhin einen Nervenzusammenbruch. Als Maximilian davon erfuhr, wollte er schnellstmöglich zu ihr reisen. Aber dann besann er sich eines anderen. Jetzt seine Untertanen im Stich zu lassen, wäre feige und ehrlos. Aus dem gleichen Grund lehnte er es ab, seine Krone niederzulegen, obwohl ihn sein Bruder Franz Joseph dazu drängte.

EIN UNERSCHROCKENER MÄRTYRER

Bis Januar 1867 hatten alle französischen Truppen das Land verlassen. Juárez' Armee stieß ungehindert vor und nahm Maximilian schließlich fest. Angesichts seines stets noblen Verhaltens wollten ihm die Mexikaner die Möglichkeit zur Flucht geben, aber er lehnte ab. Der Märtyrertod war in seinen Augen der einzig ehrenhafte Ausweg.

Am 19. Juni 1867 erwartete Maximilian auf dem »Glockenhügel« bei Querétaro das Erschießungskommando. So sollte sich auf eine makabere Weise der Wunsch erfüllen, den Maximilian als junger österreichischer Erzherzog einmal in einem Gedicht geäußert hatte: »Auf einem Berge will ich sterben.«

Nach zehn Tagen traf die Nachricht von seiner Erschießung in Europa ein. Aber erst neun Monate später wagte man es, sie seiner Frau Charlotte zu überbringen. Sie überlebte ihn um 40 Jahre, die sie meistens damit verbrachte, vor sich hin murmelnd Selbstgespräche zu führen oder stumm Bilder von Maximilian anzustarren. Dann bekam sie wieder Tobsuchtsanfälle, bei denen sie alles zertrümmerte, was irgendwie zerbrechlich war, und bei denen Vorhänge, Polster und selbst Teppiche in Fetzen gingen. 1927 starb sie, immer noch in völliger geistiger Umnachtung.

Die Erschießung Kaiser Maximilians hat den französischen Künstler Édouard Manet sehr beschäftigt: Es gibt vier Gemälde und eine Lithographie, die das Geschehen vom 19. Juni 1867 darstellen.

VII

WAHNSINN IN DER SPANISCHEN KÖNIGSFAMILIE

Der Wahnsinn Königin Johannas von Kastilien (1479–1555) äußerte sich in verschiedener Weise. Mitunter kauerte sie reglos auf dem Boden ihrer Zelle, dann wieder floh sie mit wilden Blicken in eine Ecke, als wolle sie die Wände abschmelzen, um den Dämonen zu entkommen, die niemand außer ihr sah. Sie verweigerte das Essen, sobald ihr jemand dabei zusah. Alle Speisen mussten ihr außerhalb ihrer Zelle gereicht werden. Dann schoss sie hinaus, schnappte sich die Platte und huschte zurück in das Zimmer. Wenn sie fertig war, versteckte sie die Platte unter ihrem Bett oder zerschlug sie unter irrem Gelächter an der Wand.

Johanna hatte ihren erschreckenden Geisteszustand von ihrer Großmutter Isabella von Portugal geerbt, die als zweite Gemahlin Johanns II. von Kastilien 1447 den Wahnsinn in die spanische Königsfamilie eingeschleppt hatte. Ihr Hang zur Melancholie verschlimmerte

Links: Nach dem Tod ihres Bruders Johann und ihrer Schwester Isabella folgte Johanna ihrer Mutter auf den Thron Kastiliens.
Oben: Königin Johanna war das erste Opfer des erblichen Wahnsinns, den ihre Großmutter in die Familie eingeschleppt hatte.

sich 1451 nach der Geburt ihrer Tochter Isabella, der künftigen Königin von Kastilien. Danach wirkte Isabella von Portugal abwesend. Stundenlang pflegte sie bewegungslos dazusitzen und ins Leere zu starren. Später litt sie unter hysterischen Wutanfällen, und 1452 sah man sich am Hof gezwungen, ihr die Tochter wegzunehmen. Die Nonnen des Klosters von Avila nahmen sich ihrer an. Isabella verfiel nun zusehends. Ihre Schwermut entwickelte sich zum Wahnsinn, und bald erkannte sie niemanden. Sie wusste nicht einmal mehr, wer sie selbst war.

1520 stellten sich bei ihrer Enkelin Johanna die gleichen Symptome ein, und lange Zeit war sie nur noch dem Namen nach Königin. Der wahre Herrscher über Spanien und sein an Gold und Silber so reiches Imperium war ihr Sohn Karl. Johanna hatte 1479 als drittes Kind Königin Isabellas I. von Kastilien und König Ferdinands V. von Aragón das Licht der Welt erblickt. Nachdem ihre ältere Schwester, ebenfalls mit Namen Isabella, 1498 im Kindbett verstorben war, stieg sie zur Thronerbin auf. Johanna schien die Idealbesetzung für diese Rolle. Sie war ein fröhliches, hübsches, sprachgewandtes Kind, und ihre

Johanna war ein fröhliches, hübsches Kind, und ihre Eltern blickten mit Stolz auf sie, wenn sie bei Hof in fließendem Latein mit Klerikern parlierte oder ihr Können auf der Gitarre und dem Clavichord bewies. Aber hinter diesen Begabungen verbargen sich starke Stimmungsschwankungen.

Eltern blickten mit Stolz auf sie, wenn sie bei Hof in fließendem Latein mit Klerikern parlierte oder ihr Können auf der Gitarre und dem Clavichord unter Beweis stellte. Aber hinter diesen Begabungen verbargen sich starke Stimmungsschwankungen und ein Hang zur Einsamkeit. Von einem Augenblick zum anderen wechselte sie von ruhigem und beherrschtem Verhalten zu extremer Reizbarkeit.

EINE GEPLANTE HOCHZEIT

Wie die meisten europäischen Prinzessinnen sollte auch Johanna mit einem passenden Gemahl aus königlichem Haus vermählt werden. Die Wahl ihrer Eltern fiel auf den Habsburger Erzherzog Philipp, Graf von Flandern und Herzog von Burgund. Er war Sohn und Erbe Kaiser Maximilians I. und bot von allen Prinzen Europas die glänzendsten Perspektiven. Später erwies sich diese Wahl freilich als Katastrophe, aber das war 1489, als die beiden einander versprochen wurden, noch nicht absehbar. Philipp war zu diesem Zeitpunkt elf, Johanna gerade mal zehn Jahre alt. 1496 fand eine Prokurahochzeit statt, und Johanna, nunmehr 16 Jahre alt, machte sich auf den Weg nach Flandern. Begleitet wurde sie von einer glänzenden Flotte, die aus 130 Schiffen bestanden haben soll. Nach einer stürmischen Überfahrt ging Johanna von Bord, gezeichnet von Seekrankheit und einer heftigen Erkältung. Dennoch glich ihr Einzug in Antwerpen einem Triumphzug. In golden schim-

Isabella von Portugal, die schwermütige und möglicherweise wahnsinnige Gemahlin König Johanns von Kastilien belastete das spanische Königshaus über Generationen mit ihrer unseligen Veranlagung.

Rechts: Diese Illustration aus dem Gebetbuch Königin Johannas zeigt sie zwischen ihren Eltern König Ferdinand von Aragón und Königin Isabella von Kastilien, beide mit segnender Gebärde.

Die Verheiratung Johannas mit Philipp dem Schönen wurde für die spanische Königsfamilie zum Dilemma, denn Philipp manipulierte seine kranke Gemahlin für seine machtpolitischen Zwecke.

Philipp war 18 Jahre alt und mit seinem goldenen Haar ungewöhnlich hübsch. Sie bewunderte seine kraftvolle Gestalt, die wohlgeformten Beine, die jugendliche Lebenslust und verliebte sich auf der Stelle in ihn.

mernden Gewändern ritt sie durch die blumengeschmückten Straßen und nahm die Huldigungen der Menge entgegen. Einen Monat später, am 19. Oktober 1496, erreichten Johanna und ihr Gefolge das im heutigen Belgien gelegene Lierre, wo sie Philipp zum ersten Mal begegnete. Dieses Treffen scheint beide verzaubert zu haben. Der erste Eindruck, den Johanna von ihrem Bräutigam gewann, bestätigte all die begeisterten Beschreibungen, die sie vernommen hatte. Er war 18 Jahre alt und mit seinem goldenen Haar ungewöhnlich hübsch. Sie bewunderte seine kraftvolle Gestalt, die wohlgeformten Beine, die jugendliche Lebenslust und verliebte sich auf der Stelle in ihn. Auf beiden Seiten war es Liebe auf den ersten Blick.

BLINDE LEIDENSCHAFT
Zunächst mussten lästige Zeremonien ertragen, Würdenträger und Adelige begrüßt werden. Aber sobald diese Pflichten absolviert waren, griffen sich die beiden den nächstbesten Geistlichen, den Dekan von Jaen, und befahlen ihm, die Prokurahochzeit sofort und auf der Stelle in eine gültige Ehe umzuwandeln. Kaum war die eilige Zeremonie beendet, zogen sich die beiden ins nächstbeste Gemach zurück, rissen sich die Kleider vom Leib und gaben sich ihrer Liebe hin. Erst am folgenden Tag besiegelte ein feierlicher Trauungsgottesdienst den bereits mit Leidenschaft vollzogenen Bund. Johanna war Philipp verfallen, und das sollte so bleiben. Wie im Rausch gingen die ausgiebigen Feierlichkeiten zu Ehren dieser Hochzeit, darunter ein zeremonielles Ritterturnier, an ihr vorüber, die erfüllt war von der Sehnsucht nach dem wunderbaren Wesen, das sie im unberechenbaren Lotteriespiel fürstlicher Eheschließungen gewonnen hatte. Philipp schien zunächst von demselben Verlangen erfüllt, und dieser Umstand verbarg einstweilen, dass Johanna und Philipp grundverschiedene Persönlichkeiten waren. Philipp begehrte ihren Körper, Johanna suchte

die vollkommene Gemeinschaft ohne Eigenleben, ohne Mätressen. Sie war zu jung und zu verliebt, um erkennen zu können, dass Philipp ihr das nie würde bieten können. Lange bevor er Johanna traf, hatte er jungen Mädchen den Kopf verdreht und dabei auch ein uneheliches Kind gezeugt. Die Flamen jener Zeit waren hedonistisch, Promiskuität war weit verbreitet und nahezu alle fleischlichen Gelüste wurden stillschweigend geduldet. Die Kirchenbücher verzeichneten zahllose uneheliche Geburten. Es war nicht verwunderlich, dass Philipp in diesem gesellschaftlichen Umfeld keinen Grund sah, seinen lockeren Lebenswandel aufzugeben.

AUFKEIMENDER EHRGEIZ
1498 schockierte Philipp seine spanischen Schwiegereltern mit einer unverschämten Forderung nach der Krone Spaniens, indem er sich selbst zum ersten Aspiranten auf

Ein Portrait Ferdinands II. von Aragón wahrscheinlich von dem baltischen Maler Michel Sittow, der in den Niederlanden ausgebildet wurde und für den spanischen Hof arbeitete.

Philipp der Schöne war ein Sohn Maximilians I., Kaiser des Heiligen Römischen Reiches Deutscher Nation, und Maria von Burgunds.

Philipp verärgerte nicht nur seine Schwiegereltern durch seinen rüden Griff nach der spanischen Krone. Kaum zwei Jahre nach ihrer Hochzeit verzehrte sich Johanna vor Eifersucht wegen der ständigen Liebesaffären ihres Gemahls. Das Hin und Her zwischen Leidenschaft und Hass begann ihre Seele zu zerfressen. Johanna war ihrem Gemahl so vollständig verfallen, dass sie die Zeichen der Zeit nicht erkannte. Seit Jahren schon wetteiferten Frankreich und Spanien um die Hegemonie in Europa. Philipp, der Gemahl der künftigen Königin von Spanien, aber war dank des Einflusses der profranzösisch gesinnten Stände

Saragossa war zwischen dem 12. und dem 15. Jahrhundert die Hauptstadt des Königreichs Aragón. Im Vordergrund der Turm der Magdalenenkirche, dahinter die vier Türme der Kathedrale del Nuestra Señora del Pilar.

die Throne Kastiliens und Aragóns erklärte. Diesem Anspruch fehlte jegliche Rechtsgrundlage. Entsetzt über diese Anmaßung bewogen Ferdinand und Isabella 1499 die Cortes, ihren Enkel Miguel, Sohn der jüngeren Isabella, zum Thronerben zu erklären. Damit waren Philipp und Johanna aus dem Rennen, doch nicht für lange. Denn der kleine Miguel starb schon im Folgejahr, und Johanna stand in der Erbfolge wieder an erster Stelle, und nun hatte Philipp das Recht auf seiner Seite, denn der Gemahl einer regierenden Königin konnte deren Titel für sich beanspruchen, zumindest zu deren Lebzeiten. Ohnehin arbeitete Philipp bereits fleißig an der Gründung einer neuen Dynastie: 1498 gebar Johanna ihr erstes Kind, Eleonore, zwei Jahre später Karl und bis 1505 drei weitere Nachkommen.

> Der Gemahl einer regierenden Königin konnte deren Titel für sich beanspruchen, zumindest zu deren Lebzeiten.

Kaum zwei Jahre nach ihrer Hochzeit verzehrte sich Johanna vor Eifersucht wegen der ständigen Liebesaffären ihres Gemahls. Das Hin und Her zwischen Leidenschaft und Hass begann ihre Seele zu zerfressen.

Flanderns ausgesprochen frankophil. Denn bei allem Glanz, der seine Person umgab, war er leicht zu manipulieren. Als Thronerbin hätte Johanna dies erkennen müssen. Der einzige Mensch, der sie dazu bewegen konnte, den Tatsachen ins

Auge zu schauen, war Juan de Fonseca, Bischof von Córdoba und langjähriger Freund der königlichen Familie, der auf Takt und Diplomatie setzte. Als er in Brüssel eintraf, fand er Johanna schwermütig, zu nervösen Ohnmachtsanfällen neigend, abgeschieden vom höfischen Leben. In diesem Zustand war Johanna seinen Worten zugänglich, und sie verstand, wie die profranzösische und antispanische Haltung der Flamen ihren Gatten prägte.

TRAURIGES SARAGOSSA

1501 machten sich Philipp und Johanna auf zu einem Besuch in Spanien. Er hasste das Land seiner Gemahlin und den Hauch der Melancholie, der über ihm lag. Er verabscheute die Karg-

Königin Isabella von Kastilien herrschte souverän über ihr Reich und konnte ihre Krone souverän vererben. Als sie 1504 starb, erbte ihre Tochter Johanna den Thron, doch Isabellas Gemahl Ferdinand von Aragón behielt weiterhin die Regentschaft inne.

heit, den Anblick religiöser Fanatiker, die nach Vergebung ihrer Sünden schrien und sich dabei bis aufs Blut geißelten. Die Sommerhitze brannte wie ein Glutofen und der aufgewirbelte Staub machte das Atmen schwer. Es war so anders als in Flandern: statt sattem Grün nur Halbwüsten und düstere Berge. Selbst der Königshof erschien in düsteren Farben. Während Philipp seinen Schwiegereltern in Gewändern von Samt und Brokat in fröhlichen Farben seine Aufwartung machte, wirkten Isabella und Ferdinand in ihren düsteren Roben wie Mönche.

Zweck dieses Staatsbesuchs war es, die Cortes dazu zu bewegen, Johanna und Philipp offiziell als Thronfolger anzuerkennen, doch dies erwies sich als schwierig. Philipp zog sich übellaunig und schmollend zurück, als die Cortes den Fortgang der Dinge verzögerten und unangenehme Bedingungen stellten. Nur zu Lebzeiten Johannas wollte man Philipp als deren Gemahl anerkennen, und für den Fall, dass Isabella starb und Ferdinand sich wieder vermählte, so sollten Nachkommen aus dieser Verbindung Vorrang haben. Und selbst wenn Philipp diese Kröte geschluckt hätte – die nächste Forderung der Cortes, Mittel bereitzustellen zum Krieg gegen sein geliebtes Frankreich, war für ihn völlig unannehmbar. Von diesem Punkt an wollte Philipp mit der spanischen Ständeversammlung nichts mehr zu schaffen haben und eröffnete Isabella und Ferdinand, dass er und Johanna, die wieder schwanger war, nach Flandern zurückkehren würden. Allzu lange sei er seinem Fürstentum schon ferngeblieben.

ES GEHT ABWÄRTS

Vergebens versuchten Isabella und Ferdinand, Philipp von diesem Beschluss abzubringen. Ihr Hauptargument war Johannas Schwangerschaft. Die lange und beschwerliche Reise mitten im Winter würde Mutter und Kind gefährden. Isabella setzte auf

> Vergebens versuchten Isabella und Ferdinand, Philipp von diesem Beschluss abzubringen. Ihr Hauptargument war Johannas Schwangerschaft.

Philipps Liebe und Fürsorge für seine Gemahlin, aber sie hatte sich verrechnet. Philipp war nur zu gern bereit, Johanna in Spanien zurückzulassen. Diese reagierte hysterisch, als sie von den Absichten ihres Gemahls erfuhr, aber weder Szenen noch Tränen, Klagen oder Flehen konnten diesen von seinem Entschluss abbringen. Am 19. Dezember 1503 verließ er Spanien. Er vertrödelte über ein Jahr auf dieser Reise, ehe er über Frankreich, die Schweiz, Bayern und Savoyen wieder in Brüssel eintraf.

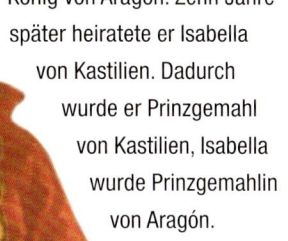

Ferdinand II. wurde 1469 König von Aragón. Zehn Jahre später heiratete er Isabella von Kastilien. Dadurch wurde er Prinzgemahl von Kastilien, Isabella wurde Prinzgemahlin von Aragón.

In Spanien versank Johanna mittlerweile in dumpfes Grübeln, wenn sie über ihre Ehe nachdachte. Nach der Geburt ihres vierten Kindes, Ferdinand, Anfang 1503 zeigte sie zunehmende Anzeichen von Wahnsinn. Sie verfluchte Priester, die sie zu beruhigen versuchten, misshandelte die Dienerschaft, beleidigte ihre Mutter mit so üblen Worten, dass selbst die weltläufige Isabella schockiert war. Juan de Fonseca wurde auf Schloss La Mota zitiert, wo sich Johanna aufhielt, um sie zur Vernunft zu bringen, aber sie bedrohte ihn mit Tod und Folter für den Fall, dass er sie davon abhalten wolle, zu Philipp zurückzukehren.

> Philipp hatte sich mittlerweile eine Mätresse gesucht. Johanna geriet außer sich, griff sich eine Schere, packte die Frau bei den Haaren und versuchte sie zu skalpieren. Diese entkam, blutend und ziemlich kahl geschoren.

Fonseca zog sich entsetzt zurück, Johanna aber verfolgte ihn, und es gelang ihm mit Mühe, das Schlosstor zwischen sich und die Rasende zu bringen. Johanna warf sich gegen die Eisenstäbe, kreischte und brüllte, bis sie erschöpft zu Boden sank. Dort blieb sie die ganze kalte Nacht über völlig geistesabwesend liegen. Ferdinand und Isabella glaubten zu erkennen, dass Johannas Wahnsinn Ausdruck ihrer sexuellen Frustration sei und hofften, sie würde genesen, wenn Philipp sie wieder befriedigte. So ließen sie ihre Tochter ziehen.

AUSTAUSCH VON BELEIDIGUNGEN

Im April 1504 kehrte Johanna zu Philipp zurück, doch alle Hoffnungen auf Genesung wurden enttäuscht. Philipp hatte sich mittlerweile eine Mätresse gesucht. Johanna geriet außer sich, griff sich eine Schere, packte die Frau bei den Haaren und versuchte sie zu skalpieren. Die Mätresse entkam, blutend und ziemlich kahl geschoren. Philipp trat dazwischen, es kam zu einem heftigen Wortwechsel, und schließlich schlug er sie ins Gesicht. Das schien sie zur Besinnung zu bringen. Sie ließ von der Rivalin ab und zog sich für Tage in ihr Bett zurück.

Aber die Phase der Ruhe war nur von kurzer Dauer. Unter Johannas Gefolge befanden sich auch eine Reihe maurischer Sklaven, die sie schon 1496 auf ihrer ersten Reise nach Flandern begleitet hatten. Mit ihren dunklen Gesichtern und ihrem Geschick im Mischen von Liebestränken und verführerischen Duftwässern erschienen diese geradezu wie leibhaftige Teufel. Philipp beschloss, sie vom Hof zu entfernen. Johanna wehrte sich, aber es gelang ihm, sie dennoch loszuwerden. Darauf ergoss sich eine wahre Lawine von Beleidigungen und Verwünschungen über sein Haupt, wobei Philipp, keineswegs auf den Mund gefallen, wacker dagegenhielt. Schließlich trat Johanna in einen Hungerstreik. Er ließ sie hungern und ignorierte es, wenn sie auf den Boden ihres Schlafzimmers schlug, das über dem seinen lag. Nach einer Weile ging sie dazu über, mit einem Stein auf den Boden zu trommeln und schließlich bearbeitete sie ihn mit einem Messer. Die ganze Nacht und in den Morgen hinein setzte sich dieses Getöse fort, und als Philipp hinaufging, um sie zur Rede zu stellen, fand er sie erschöpft, aber noch immer aufsässig.

ZUNEHMENDE ISOLATION

Das war ein offener Ehekrieg, und Johannas Mutter erfuhr alles, als sie, unfähig zu helfen, im Schloss La Mota im Sterben lag. Die Königin starb Ende 1504 und hinterließ eine brisante Situation. Johanna war nun Königin von Kastilien, aber Ferdinand der Regent, und dies auf ausdrücklichen Wunsch seiner verstorbenen Gemahlin. Er würde es auch bleiben, sofern sich Johanna als unfähig oder unwillig zur Regierung erwiese. Ferdinand aber tat noch mehr. Er sorgte dafür, dass seine Tochter wegen ihrer seelischen und emotionalen Labilität regierungsunfähig blieb. Damit aber hatten sich auch Philipps Ansprüchen auf den kastilischen Thron erledigt.

Auch Philipp wollte Johanna aus dem Weg haben – aber nur um seinerseits Ansprüche auf den kastilischen Thron anzumelden. So hatten sich also Johannas Vater und ihr Ehemann gegen sie verschworen. Jeder verfolgte ruchlos seine eigenen Ziele, und es war nur eine Frage der Zeit, bis es dem einen oder dem anderen gelingen würde, sie enterben zu lassen. In diesem Spiel tat Philipp den ersten Zug, indem er Johanna – möglicherweise unter Anwendung physischer Gewalt – dazu zwang, einen Brief an ihren Vater zu schreiben, in dem sie ankündigte, sie werde mit Philipp nach Spanien reisen, um dort den Thron zu besteigen. Daraufhin wurde sie im Palast zu Brüssel weg-

Ferdinand und Isabella trafen 1486 mit Christoph Kolumbus zusammen (links). Der Genueser warb damals an mehreren Königshöfen um Unterstützung für sein Projekt, den Seeweg nach Indien zu finden. Schließlich war es Isabella, die seine Reise finanzierte.

geschlossen und rund um die Uhr bewacht. Nun begann Philipp, Verbündete gegen Spanien zu sammeln. Zu diesem Zweck schloss er einen Vertrag mit Ludwig XII. von Frankreich und seinem Vater, Kaiser Maximilian, in dem alle drei Signatare schworen, eine Regierung Ferdinands in Kastilien zu unterbinden.

Damit war Ferdinand ausmanövriert, aber ihm blieb noch ein Ausweg: eine zweite Ehe, aus der ein neuer Thronerbe hervorgehen konnte. So tat er in diesem Spiel den zweiten Zug und warb ausgerechnet bei Philipps neuem Verbündeten Frankreich um die Hand einer Nichte des Königs. Im Oktober 1505 wurde die Prokurahochzeit zwischen Ferdinand und Germaine feierlich begangen. Nun war Philipp aus dem Rennen, und zu seinem Verdruss weigerte sich Johanna, sein Spiel mitzuspielen, indem sie öffentlich bekannte, die Wiederverheiratung ihres Vaters nicht zu verurteilen. Die Situation trieb auf einen Krieg zu. Dieser schien unmittelbar bevorzustehen, als Philipp, der Wortgefechte müde, Anfang

> Johanna weigerte sich, Philipps Spiel mitzuspielen, indem sie öffentlich bekannte, die Wiederverheiratung ihres Vaters nicht zu verurteilen. Die Situation trieb auf einen Krieg zu.

1506 ein Heer anwarb und zusammen mit Johanna in Richtung Spanien die Segel setzte. Ferdinand rief nun seinerseits das Aufgebot von Aragón zu den Waffen und stationierte es zusammen mit seiner Artillerie bei Medina del Campo, wo er die Landung der Flamen vermutete.

LIST UND INTRIGE

Als Philipps Flotte vor la Coruña an der Nordwestküste Spaniens ankerte, erkannte Ferdinand, dass ihm der Gegner an Zahl und Artillerie weit überlegen war. So nahm er Zuflucht zu einer List. Wenig später wurden Philipp Meldungen zugetragen, nach denen in Andalusien und Leon große Truppenbewegungen beobachtet worden seien und dass Ferdinands Heer langsam gegen seine Stellungen vorrücke. Philipp musste befürchten, eingeschlossen zu werden. Am 19. Juni 1506 waren Ferdinands Truppen nur noch zehn Kilometer entfernt. Die Falle schien zuzuschnappen, aber es gab keine Kämpfe. Trotzdem verlor Philipp die Nerven und stimmte einem Treffen mit seinem Schwiegervater zu. Das Ergebnis waren zwei Verträge: Der eine verpflichtete Ferdinand, seine Truppen aus Kastilien zurückzuziehen, der zweite enthielt eine geheime Übereinkunft, dass Johanna niemals den Thron besteigen dürfe.

Die Tinte unter den Verträgen war kaum getrocknet, da brach Ferdinand bereits sein Wort und erklärte, Johanna sei nach wie vor die rechtmäßige Königin von Kastilien. Das anders lautende Abkommen habe er unter Zwang abgeschlossen. Unterdessen sah sich Philipp bereits als Sieger. Vom Ruf der Durchtriebenheit, der dem alten Fuchs vorauseilte, hatte er offenbar noch nichts gehört. Philipp wollte Johanna loswerden, aber diese war kein leichtes Opfer mehr, hatte sie doch inzwischen erkannt, dass ihr Gemahl gegen ihre Interessen handelte. Außer-

Maximilian I., Johannas Schwiegervater, der Erzherzog von Österreich, wurde 1493 zum Kaiser gekrönt. Man nannte ihn den »letzten Ritter«, weil er die mittelalterlichen Ideale des höfischen Rittertums in Ehren hielt.

Johanna die Wahnsinnige war besessen von der Leidenschaft für ihren Gemahl Philipp den Schönen. Die Ehe wurde bereits am Tag ihres ersten Zusammentreffens und noch vor den offiziellen Hochzeitsfeierlichkeiten vollzogen.

Das Kloster Santa Clara in Tordesillas war Endstation für Johanna. Von 1509 bis zu ihrem Tod 1555 wurde sie dort weggesperrt.

dem wünschte sie die Aussöhnung mit dem Vater. Dies konnte sie nur erreichen, indem sie aus dem Bannkreis Philipps entkam, was ihr im dritten Anlauf auch gelang. Während Philipp die Cortes dazu zu bewegen suchte, Johanna für verrückt zu erklären, gedachte ihr Cousin Fadrique Enriquez, Admiral von Kastilien, sich selbst ein

Bild von ihrem Geisteszustand zu machen. Er verbrachte volle zehn Stunden mit ihr und fand sie ruhig und kontrolliert. Bei ihrer Unterhaltung war sie eine intelligente und scharfsinnige Gesprächspartnerin. Es gebe keinen Grund, erklärte er Philipp später, sie für regierungsunfähig zu erklären. Der Admiral verteidigte sie so eloquent, dass die Cortes Philipps Ansinnen zurückwiesen. Wütend und enttäuscht zog er sich mit seinem Heer nach Burgos zurück, und dort griff das Schicksal ein und löste das Gerangel um den kastilischen Thron auf perfekte, wenn auch tragische Weise.

> Die Tinte unter den Verträgen war kaum getrocknet, da brach Ferdinand bereits sein Wort und erklärte, Johanna sei nach wie vor die rechtmäßige Königin von Kastilien.

Am 17. September 1506 spielte Philipp mit einem seiner Gefolgsmänner eine Partie Pelota, bei der er sich völlig verausgabte. Schweißgebadet schüttete er einen Krug Wasser in sich hinein und setzte sich in der Hoffnung auf Abkühlung dem kalten Wind aus, der von den Bergen herabpfiff. Noch in der gleichen Nacht fühltc er sich krank und am nächsten Morgen hatte er Fieber. Seine Kehle schwoll an, und am 24. September erschienen überall auf seinem Körper schwarze und rote Flecken. Wenig später fiel er ins Koma und zwei Tage später starb er.

Drei Stunden lang nahm Johanna, erneut schwanger, Abschied, bevor sie ihrer Dienerschaft erlaubte, den Leichnam zur Bestattung vorzubereiten. Anschließend legte sie schwarze Keider an und saß dumpf und teilnahmslos in ihren Gemächern.

EIN TRAURIGER ZUG

In den wenigen klaren Momenten, die Johanna hatte, bestand sie darauf, dass Philipps Leichnam nach Granada zur Bestattung überführt werden müsse. Im trüben Winternebel setzte sich ein schauriger Zug in Bewegung. Johanna ging hinter dem Leichenkarren. Sie bewältigte 61 Kilometer durch bergiges Gelände, ehe Erschöpfung und die einsetzenden Wehen sie in Torquemada zum Innehalten zwangen. Dort gebar sie Anfang 1507 ihr sechstes Kind, eine Tochter, die sie Katharina nannte.

In dieser Zeit musste in der Kirche täglich die Totenmesse gelesen werden, und Tag und Nacht standen Höflinge als Ehrenwache am Sarkophag. Als im April 1507 in Torquemada die Pest ausbrach, befahl Johanna den Aufbruch. Der Zug machte sich auf den Weg und erreichte als nächstes Ziel das kleine Dorf Hornillos. Philipp war nun sieben Monate tot – genug Zeit, um reißerische Gerüchte über Johannas Geisteszustand in Umlauf zu bringen. Es hieß, sie warte auf die Auferstehung ihres Gemahls, weil ihr ein Mönch von einem Toten erzählt habe, der nach 14 Jahren wieder zum Leben erwacht sei. Noch übler waren Gerüchte, die besagten, Johanna lasse täglich den Sarg öffnen, um sexuelle Handlungen an den sterblichen Überresten vorzunehmen.

Tatsächlich ließ Johanna den Sarg von Zeit zu Zeit öffnen, aber sie tat wenig mehr, als auf das zu starren, was von ihrem Gemahl noch übrig war. Im späten August 1507 – Philipp war noch immer unbestattet – brach Johanna endlich zu dem ersehnten Wiedersehen mit ihrem Vater auf. Als sie vor ihm stand, fiel sie vor ihm auf die Knie und versuchte ihm die Füße zu küssen. Angesichts ihres abgehärmten Zustands brach er in Tränen aus.

DER ABSTURZ

Dieser Moment der Rührseligkeit bedeutete freilich nicht, dass Ferdinand nun den treusorgenden Vater gespielt hätte. Es scheint, als hätte Ferdinand in der nun folgenden langen Unterhaltung versucht, Johanna zum freiwilligen Verzicht auf die Herrschaft über Kastilien zu bewegen. Auf lange Sicht hatte er jedenfalls erreicht, was er wollte, und nun ging es nur noch darum, Johanna aus dem Weg zu räumen, da er ihrer nicht mehr bedurfte.

Es dauerte lange, bis Johanna dieser Sachverhalt bewusst wurde. All die Ehrerbietung, die sie erfahren hatte, hatte man der Königin von Kastilien gezollt, nicht ihr. Selbst

> Im trüben Winternebel setzte sich ein schauriger Zug in Bewegung. Johanna ging hinter dem Leichenkarren.

Germaine, die zweite Gemahlin ihres Vaters, hatte ihr gehuldigt. Aber dann wurde ihr bewusst, dass der neue Hofstaat, den ihr Ferdinand beigeordnet hatte, diesem weit mehr Loyalität entgegenbrachte als ihr, dass sie eher von Agenten umgeben war als von Dienern. Im Frühjahr 1508 zeigte Ferdinand allmählich sein wahres Gesicht. Zunehmend setzte er sie unter Druck, sie solle sich wieder verheiraten. Der König von England, Heinrich VII., habe um ihre Hand angehalten. Johanna schien es, als diene diese Werbung des Fürsten eines so weit entfernten Reiches dazu, sie auf einfache Weise aus Spanien zu entfernen. So lehnte sie ab, und Ferdinand verlor die Geduld.

Er war im Begriff, nach Córdoba in Südspanien aufzubrechen, um sich dort mit einem rebellischen Adeligen zu beschäftigen, und gab vor, Johanna während seiner Abwesenheit in Sicherheit wissen zu wollen. Ferdinand dachte dabei an die feuchte, gefängnisartige Burg von Tordesillas. Johanna flehte ihren Vater an, sie nicht dort einzusperren, und dieser gab nach kurzem Streit nach, rächte sich aber für die Unbotmäßigkeit, indem er Johannas fünfjährigen Sohn Ferdinand gleichsam als Geisel nahm.

AUFFÄLLIGES VERHALTEN

Nachdem Vater und Sohn sie verlassen hatten, verfiel Johanna in eine Art Starre, und ihr Verstand, lange an der Grenze zum Wahnsinn, begann zu schwinden. Ihr Verhalten wurde zunehmend auffällig. Sie weigerte sich, die Kleidung zu wechseln oder sich zu waschen, wurde inkontinent. Als Ferdinand Anfang 1509 von Córdoba zurück-

Karl I. von Spanien folgte seiner in Wahnsinn gefallenen Mutter Johanna 1516 auf die Throne von Kastilien und Aragón. Drei Jahre später wurde er in der Nachfolge seines Großvaters Maximilian als Karl V. zum Kaiser des Heiligen Römischen Reiches Deutscher Nation gekrönt.

Ihr Vater hat sie noch zweimal besucht: im Oktober 1509 und im November 1510. Beim letzten Mal war er in Begleitung einer Gruppe von Adeligen, die sich seiner Regierungsübernahme in Kastilien widersetzten. Johanna wurde von diesem Besuch überrascht. Plötzlich öffneten sich die Türen zu ihren Gemächern, und die Würdenträger standen in tiefer Bestürzung vor der eingefallenen, verwahrlosten Königin von Kastilien, die sie, übelriechend und in Lumpen gekleidet, mit wirren Blicken betrachtete. Ferdinand hatte ganze Arbeit geleistet. Eindrucksvoll hatte er den Würdenträgern des Reiches den Verfall seiner Tochter demonstriert und ihnen bewiesen, dass sie für die Krone verloren war.

Ferdinand starb 1515, und nominell folgte ihm Johanna auf den Thron des Königreichs Aragón. Aber die neue Doppelkrone von Kastilien und Aragón hatte für sie keine Bedeutung mehr. Ihr ältester Sohn Karl handelte an ihr nicht weniger schändlich, als sein Vater und Großvater es getan hatten. Der Preis, der ihn lockte, war extrem hoch – ganz Spanien und Spanisch-Amerika, und dazu halb Europa – und die Gier siegte über das Gewissen. Doch Karl konnte die ausgedehnten Territorien mit ihren unermesslichen Reichtümern nur in Besitz nehmen, wenn seine Mutter zu seinen Gunsten verzichtete. Es war nicht allzu schwer, sie davon zu überzeugen. Johanna war inzwischen so in ihrem Wahn gefangen, dass sie widerstandslos aufgab und zustimmte, dass Karl in ihrem Namen regierte.

Nachdem Karl bekommen hatte, was er wollte, deckte er den Mantel des Schweigens und des Vergessens über sie. Jeglicher Kontakt zur Außenwelt wurde ihr auf sein Geheiß verwehrt, ihr Lebensraum auf ihre Kammer und ihr Bett beschränkt. Selbst die Messe durfte sie nicht in der Burgkapelle hören. Sie wurde eigens für sie in einem Nebenzimmer gelesen.

kehrte, gab es genügend Hinweise darauf, dass sie dem Wahnsinn verfallen war. Ferdinand befahl daraufhin, Johanna unter schwerer Bewachung nach Tordesillas zu schaffen. Mit ihr kamen ihre zweijährige Tochter Katharina – und Philipps Sarkophag. Man schloss sie ein hinter den Mauern der düsteren Burg, und es gab wenige Demütigungen, die sie nicht erleiden musste. Sie wehrte sich in der für sie typischen Weise, verweigerte die Nahrung, den Schlaf, die Körperpflege, und es gibt Hinweise darauf, dass sie geschlagen wurde, um sie gefügig zu machen.

Die Würdenträger standen in tiefer Bestürzung vor der eingefallenen, verwahrlosten Königin von Kastilien.

BEMITLEIDENSWERTE GESTALT

Ungeachtet ihres wahrhaft unglückseligen Zustands war Johanna durchaus in der Lage, über eine Flucht nachzudenken. Hierzu ergab sich sogar eine konkrete Gelegenheit, als 1519 Nachrichten über ihre Gefangenschaft in Tordesillas an die Öffentlichkeit kamen. Unzufrieden mit der rigiden Steuerpolitik König Karls marschierte eine Gruppe von Aufständischen vor das Schloss und es gelang ihnen sogar, bis in den Schlosshof vorzudringen. Dies gab Johanna Gelegenheit, ihre Zelle zu verlassen und die Huldigungen der Rebellen entgegenzunehmen, die sie als ihre rechtmäßige Königin feierten. Aber sie war zu verwirrt, um die Tragweite dieses Vorgangs erkennen zu können. Mit leerem Blick starrte sie auf ihre Möchtegern-Streiter und ließ es widerstandslos geschehen, dass man sie wieder einschloss – dieses Mal in einer fensterlosen, dunklen Zelle.

Diese durfte sie nur gelegentlich verlassen, etwa 1525, als ihre Tochter Katharina aus der Stadt zog, um König Johann II. von Portugal zu heiraten. Johanna verfolgte den Zug durch ein vergittertes Fenster, das verhindern sollte, dass sie sich hinausstürzte.

Noch weitere dreißig Jahre vegetierte sie hinter den Mauern von Tordesillas, und immer tiefer versank sie in ihren Wahnvorstellungen. Nachdem sie zwei Drittel ihres Lebens in Gefangenschaft verbracht hatte, wurde sie 1555 im Alter von 76 Jahren vom Tod erlöst. Man bestattete sie in der Königsgruft von Granada neben Philipps Leichnam, dessen groteske Odyssee erst 1525 geendet hatte, und nahe bei ihren Eltern. Deren Statuen zeigen wie jene Philipps den üblichen Ausdruck von Demut und Frömmigkeit. Johannas Abbild aber trägt – Zeichen posthumer Genugtuung – das königliche Zepter als Symbol einer Macht, die sie im Leben nie besessen hatte.

Das Grabmal Johannas der Wahnsinnigen und Philipps des Schönen in Granada. Sie starb 1555.

WAHNSINN AUF SPANIENS THRON

Die Veranlagung zum Wahnsinn, die Isabella von Portugal im 15. Jahrhundert in die spanische Königsfamilie eingeschleppt hatte, suchte diese noch über Generationen heim, verschonte viele, schlug andere aber mit umso größerer Grausamkeit. Die im Zuge der habsburgischen Heiratspolitik gepflogene Inzucht tat ein Übriges und hatte ein Horrorszenario zufolge, das einzig ist unter den europäischen Adelsgeschlechtern. Am dramatischsten zeigte sich dies bei Don Carlos (1545–1568) sowie, Generationen später, bei König Karl II. (1661–1700).

Don Carlos war ein erschreckendes Beispiel für die verheerende Wirkung der Inzucht und mit mehreren Behinderungen geschlagen. Seine Eltern waren Cousins zweiten Grades und zwei seiner Urgroßmütter Schwestern. Eine davon war Johanna die

Links: König Karl II. war geistig immerhin gesund genug, um die Symptome des Wahnsinns wahrzunehmen, der sich seiner bemächtigte, obwohl er diese für das Ergebnis von Hexerei hielt. Sein Vorfahre Don Carlos (oben) litt ähnlich und starb ebenfalls in jungen Jahren.

Wahnsinnige, die, tief versunken in ihre Wahnvorstellungen, noch immer in ihrer Zelle in Tordesillas verkümmerte, als Carlos 1545 geboren wurde. Es war eine so schwere Geburt, dass sie seine Mutter, die erst 18-jährige Prinzessin Maria Manuela, nur um vier Tage überlebte. Seiner Statur nach war Carlos ein Monster, bucklig und mit unterschiedlich langen Beinen. Geistig war er zurückgeblieben und begann erst mit fünf Jahren zu sprechen. Und auch dann hinderten ihn Missbildungen in seinem Mund daran, die Laute »l« und »r« korrekt auszusprechen, sodass es schwierig war zu verstehen, was er sagte. Das Problem verschärfte sich, als er auch noch ein ausgeprägtes Stottern entwickelte. Mag sein, dass das Leiden an diesen Behinderungen seinen Hang zur Gewalt verstärkte. Schon als Säugling zeigte er unkontrollierte Gewaltausbrüche. So biss er seine Ammen so fest in die Brüste, dass drei von ihnen fast an ihren Wunden gestorben wären.

EINE UNHALTBARE POSITION

Ungeachtet seines körperlichen und geistigen Zustands – Carlos war der einzige männliche Erbe seines Vaters, des Infanten Philipp, und musste als Thronfolger anerkannt werden. Doch dieser schob die Zeremonien ein ums andere Mal hinaus in der trügerischen Hoffnung, der Zustand seines Sohnes könnte sich bessern. Er besserte sich nicht. 1555 dankte Philipps Vater, Kaiser Karl V., ab, und der Infant folgte ihm ein Jahr später als König Philipp II. auf den spanischen Thron. Ungeachtet seiner Behinderungen und seines furchterregenden Verhaltens war Carlos damit nur noch einen Schritt vom Thron entfernt. So wurde er offiziell als Thronfolger anerkannt, und in dieser Funktion wurde von ihm erwartet, dass er eine

> Schon als Säugling zeigte er unkontrollierte Gewaltausbrüche. So biss er seine Ammen so fest in die Brüste, dass drei von ihnen fast an ihren Wunden gestorben wären.

Familie gründete, um selbst Thronerben hervorzubringen. So nahm er beizeiten seinen Platz auf dem Heiratsmarkt des europäischen Hochadels ein.

Unter den verschiedenen Heiratskandidatinnen war auch Elisabeth I. von England, die freilich 14 Jahre älter war als der spanische Bräutigam. Ansonsten hätten sich noch Königinwitwe Johanna von Portugal oder seine Cousine, die Erzherzogin Anna von Österreich, angeboten. Eine Verbindung mit der Letztgenannten erschien aber selbst dem spanischen Hof allzu inzestuös: Ein weiterer Fall von Inzucht war das Letzte, was man in der spanischen

Der melancholische, wortkarge Philipp II. bestieg den spanischen Thron 1556, nachdem sein Vater, Kaiser Karl V., abgedankt hatte. Sein missratener Sohn Carlos war die große Tragödie seines Lebens.

EINE NEIGUNG ZUR FOLTER

In der Annahme, dass der Mangel an männlicher Gesellschaft und entsprechenden Vorbildern negative Auswirkungen auf seine Entwicklung haben könnte, wurde Carlos mit sieben Jahren aus seinem weiblich geprägten, von Ammen und Erzieherinnen dominierten Umfeld gerissen. Doch sein Hang zu Gewalt und Grausamkeit wurde dadurch nur noch schlimmer. Mit neun Jahre quälte er Diener und kleine Mädchen. Und es wurde immer schlimmer. Er verstümmelte die Pferde in den königlichen Stallungen so grausam, dass zwanzig von ihnen getötet werden mussten. Auch liebte er es, Kleintiere, bevorzugt Hasen, aufzuspießen oder lebendigen Leibes zu braten.

Der Wahnsinn, unter dem der spanische Infant Don Carlos litt, äußerte sich unter anderem in einem Hang zu extremem Sadismus. Sein Vater, König Philipp II., hoffte vergebens auf Besserung. Es wurde gemunkelt, er habe bei Carlos' Tod nachgeholfen.

Dieses Portrait des Infanten Don Carlos verbirgt geschickt seine wahre Missgestalt. Der Mantel täuscht über den Buckel hinweg, der sich darunter verbarg, die Stellung der Beine lässt nicht erkennen, dass eines davon krankhaft verkürzt war.

Königsfamilie brauchen konnte, und es war sicher ein Glück, dass alle Bemühungen, Carlos zu verheiraten, scheiterten. Tatsächlich hat der Infant nie geheiratet, und das war auch gut so, denn auch ohne sich zu vermehren hat er genug Unglück über seine Familie gebracht.

Zu den zahlreichen Defiziten, die Carlos aufwies, gehörte auch sein Widerwille gegen jede Form von Unterricht. Seine Interessen konzentrierten sich auf Wein, Frauen und überreichliches Essen, das aus dem zarten Knaben bald einen übergewichtigen Erwachsenen machte. In der aussichtslosen Hoffnung, dass höhere Bildung seine Lust am Lernen wecken würde, sandte man ihn 1562 an die Universität von Alcala de Henares. Dort zeigte er zwar keine Neigung zu studieren, verliebte sich aber heftig in die Tochter eines der Universitätsdiener.

Eines Tages lief Carlos eine schlecht beleuchtete Treppe hinunter, stolperte und fiel. Man fand ihn bewusstlos mit einer klaffenden Kopfwunde. Diese entzündete sich, und in der Folge schwoll sein Kopf so gewaltig an, dass er zeitweilig erblindete.

BESORGTER VATER

Als der König von diesem Unfall hörte, eilte er sofort nach Alcala voller Sorge, er könnte seinen einzigen Erben verlieren. Tag und Nacht betete er für seine Genesung. Philipp entließ die Ärzte, die seinen Sohn ohne Erfolg behandelt hatten, und suchte die Hilfe von Quacksalbern, die aber noch viel weniger auszurichten vermochten –

Man fand Carlos bewusstlos mit einer klaffenden Kopfwunde. Diese entzündete sich, und in der Folge schwoll sein Kopf so gewaltig an, dass er zeitweilig erblindete.

---

obgleich sich ihre Kuren nicht sehr von denen der Mediziner und Magier unterschieden. Als Don Carlos hohes Fieber bekam und sein Zustand hoffnungslos schien, wandte sich Philipp in seiner Verzweiflung an einen Konvent von Franziskanermönchen, die eine besondere Reliquie ihr Eigen nannten: den mumifizierten Körper des heiligen Didakus, der rund ein Jahrhundert zuvor verstorben war. Die Brüder legten die Mumie ins Krankenbett des Infanten, und in dieser Nacht, so schien es, träumte Carlos von dem Heiligen. Von da an ging das Fieber allmählich zurück, der Herzschlag wurde gleichmäßig, und zwei Monate später war Carlos in der Lage, einige Schritte zu gehen. Aber noch war die Krise nicht vorüber. Der Sturz und dessen Nachwirkungen hatten im verwirrten Geist des Infanten großen Schaden angerichtet. In der Folge saß er oft stundenlang ruhig da und brütete vor sich hin, um dann unkontrolliert vor sich hin zu plappern. Noch beunruhigender war, dass sein Hang zu

> Der Infant hat nie geheiratet, und das war auch gut so, denn auch ohne sich zu vermehren hat er genug Unglück über seine Familie gebracht.

Gewaltausbrüchen weiter zunahm. So griff er ohne jeden Anlass sowohl Diener als auch hohe Würdenträger des Hofes an, und einen von diesen hätte er um ein Haar aus dem Fenster des Palastes gestürzt. Einen Schuster, der ihm ein Paar Stiefel brachte, die ihm nicht gefielen, zwang er, diese in Stücke zu schneiden und zu essen. Waffen aller Art faszinierten ihn, und einmal griff er unvermutet den kraftvollen und selbstbewussten Fernando Alvarez de Toledo, dritter Herzog von Alba, mit dem Degen an. Der Herzog freilich wich keineswegs zurück, sondern packte Carlos derb am Arm und schlug ihm die Waffe aus der Hand.

ZUNEHMENDE GEWALT

Hatte man bis zu diesem Zeitpunkt das merkwürdige Verhalten des Infanten noch verbergen können, so war es mit der Geheimhaltung vorbei, als dieser mehr und mehr in Wahnsinn fiel. Mit seiner Aggressivität, seiner Arroganz und den plötzlichen Gewaltausbrüchen machte er seinem Vater und allen anderen das Zusammenleben immer schwerer. Gegen Ende Dezember 1567 überschritt er unwiderruflich die Grenze dessen, was Philipp hinzunehmen bereit war, als er seinem Beichtvater bekannte, er wolle einen Mann töten, und dieser Mann sei sein Vater.

Philipp II, der Vater des unglücklichen Don Carlos, ist hier zwischen sechs Wappenschilden abgebildet, die für die spanischen Provinzen stehen.

Eine solche Äußerung war glatter Hochverrat. Ob das Beichtgeheimnis gebrochen wurde oder ob Carlos diese Aussage vor anderen Zeugen wiederholte – jedenfalls kamen seine Worte rasch zu Ohren des Königs. Philipp hielt sich zu dieser Zeit in den Spanischen Niederlanden auf, aber als er am 17. Januar 1568 wieder nach Spanien zurückkehrte, handelte er ohne Zögern.

In dieser Nacht schlief Carlos in seinem Gemach inmitten zahlreicher Waffen, als plötzlich die Tür aufgestoßen wurde. Im Dämmerlicht erkannte er, dass drei Männer im Türrahmen standen: sein Vater, einer seiner Räte und sein Beichtvater.

Carlos warf sich verzweifelt vor seinem Vater auf die Knie und flehte ihn an, sein

Leben auf der Stelle zu beenden. Als Philipp sich weigerte, versuchte er sich in die Flammen des Feuers zu stürzen, das im Kamin brannte, aber man hielt ihn mit Gewalt zurück.

Carlos warf sich verzweifelt vor seinem Vater auf die Knie und flehte ihn an, sein Leben auf der Stelle zu beenden.

Carlos wurde gefangen gesetzt und unter schwerer Bewachung im Turm der Burg Arévelo bei Madrid eingekerkert. Nur ein kleines Fenster weit oben, unerreichbar für den Häftling, spendete tagsüber ein wenig Licht. Für Philipp II. aber existierte sein Sohn von nun an nicht mehr. Niemand am Hof durfte seinen Namen erwähnen, nach seinem Aufenthaltsort fragen oder auch nur in der Kirche für ihn beten.

In den Monaten seiner Gefangenschaft verwirrte sich der Geist des Infanten zunehmend. Er trat in einen Hungerstreik, sodass ihm die Wachen gewaltsam seine Suppe einflößen mussten, um ihn am Leben zu halten. In der Überzeugung, dass Diamanten giftig seien, verschluckte er in selbstmörderischer Absicht einen Diamantring.

Am 9. Juli 1568 wurde schließlich die Rechtsgrundlage für seine Inhaftierung geschaffen. Carlos wurde wegen Hochverrats und Verschwörung zum Königsmord angeklagt, ohne dass ihm ein Rechtsbeistand zur Verteidigung gewährt worden wäre. Der Spruch lautete auf Tod. Das war eine reine Formalität. Philipp hatte nicht die Absicht, seinen Sohn hinrichten zu lassen. Aber er gab zu erkennen, dass er nicht beabsichtigte, die Einhaltung der stren-

Im 17. Jahrhundert war die Medizin noch weit entfernt von einer systematischen Diagnostik und wusste wenig über die Ursachen einer Erkrankung. Vielfach versuchte man die bösen Geister auszutreiben. Geholfen hat es Karl II. wenig.

gen Diätvorschriften, die dem Infanten auferlegt worden waren, zu überwachen. Und wenn man zuließ, dass er seiner krankhaften Fressgier freien Lauf ließ, mochte dies sein Ableben beschleunigen.

Tagelang zog sich der ohnehin verschlossene König in seine Gemächer zurück, um dort vor sich hin zu brüten, während Carlos im strengen Arrest rasch verfiel. Er bekam hohes Fieber und erbrach unablässig. Um ihn zu kühlen, bedeckte man den Boden der Zelle mit Eis und entkleidete ihn, damit er sich hineinlegen konnte. Tagelang weigerte er sich, irgendetwas anderes als Obst zu essen. Schließlich bat er um etwas Süßes, und als man ihm einen großen Gewürzkuchen brachte, verschlang er ihn in einem Zug und spülte ihn mit über zehn Liter Wasser hinunter. Daraufhin erkrankte er schwer. Am 24. Juli 1568 starb Don Carlos im Alter von 23 Jahren. Eine kryptische Verlautbarung zu seinem Tod ließ durchblicken, er sei an den Folgen seiner eigenen Exzesse verschieden. Aber schon bald machten Gerüchte die Runde, denen zufolge er vergiftet worden sei.

EIN SPRUNG VON HUNDERT JAHREN

Philipp II. musste zehn Jahre warten, bis ihm ein weiterer Sohn geboren wurde, der als Philipp III. den spanischen Thron besteigen würde. Aber wieder drohte Gefahr, denn die Mutter war Anna von Österreich, einst Don Carlos versprochen, und eine Nichte des Königs. Und die Risiken des Inzests steigerten sich noch unter Philipp IV., der mit Maria Anna ebenfalls eine seiner Nichten heiratete.

Der Sohn Philipps IV. und Maria Annas bestieg 1665 als König Karl II. im Alter von erst vier Jahren den spanischen Thron und erhielt bald den Spitznamen El Hechizaldo, *der »Verhexte«.*

Deren Sohn bestieg 1665 als König Karl II. im Alter von erst vier Jahren den spanischen Thron und erhielt bald den Spitznamen *El Hechizaldo*, der »Verhexte«. Seinen erschreckenden körperlichen und geistigen Zustand schrieb man, dem Geist der Zeit folgend, üblem Hexenwerk zu, und Karl selbst war ebenfalls davon überzeugt: »Viele Leute sagen mir, dass ich verhext sei«, sagte er. »Ich glaube dies wohl, denn genau das ist es, was ich erfahre und worunter ich leide.«

Im 18. Jahrhundert wurden die Kinder der höheren Stände, wie der spätere König Karl II., herausgeputzt wie kleine Erwachsene.

Um ihn zu heilen, bemühte man Exorzisten, doch die »Dämonen«, von denen sie ihn besessen wähnten, zeigten sich nicht, und die Bemühungen wurden eingestellt.

KÖRPERLICHE DEFORMATIONEN

Der unglückliche Karl war mit allen denkbaren Übeln geschlagen. So war schon sein Kopf viel zu groß und missgestaltet. Hinzu kam als unglückliches Familienerbe die

IMPOTENZ UND TOD

Als der behinderte und verwachsene Karl II. zum Mann heranwuchs, wurde er mit einer neuen körperlichen Unzulänglichkeit konfrontiert: Er war unfähig, ein Kind zu zeugen. Dieser Defekt sei bereits bei seiner Geburt erkannt worden. Nichtsdestoweniger wurde er 1679 mit Marie Louise von Frankreich in erster Ehe verheiratet. Die Braut war verständlicherweise nicht begeistert, als sie ihr Onkel Ludwig XIV. über die glänzende Partie unterrichtete, die er für sie arrangiert hatte. Nach einigen Ehejahren erzählte sie dem französischen Botschafter, dass sie zwar keine Jungfrau mehr sei, aber nicht auf Kindersegen hoffen könne. Irgendwie verschaffte sich der Botschafter getragene Unterwäsche des Königs und ließ sie von Ärzten auf Spermaspuren untersuchen, aber die Wissenschaftler konnten sich auf kein Ergebnis einigen.

Marie Louise starb 1689 – kinderlos –, und drei Monate später heiratete Carlos Maria Anna von Pfalz-Neuburg. Sie entstammte einer durchaus vermehrungsfreudigen Nebenlinie des Hauses Wittelsbach. Obwohl

kein Zweifel an ihrer Fruchtbarkeit bestand, versuchte man mit Exorzismus diese noch zu fördern. Doch auch die Geistlichkeit konnte dem König nicht zu dem ersehnten Thronfolger verhelfen. Dieser verfiel in den folgenden Jahren zusehends. Bis 1696 waren ihm Haare und Zähne ausgefallen und sein Augenlicht schwand dahin. Zwei Jahre später bekam er zwei epileptische Anfälle und wurde taub. Er lahmte und litt unter Schwindelattacken. Seine Ärzte waren ratlos. Sie legten ihm die dampfenden Eingeweide von Tieren auf den Bauch, um ihn zu wärmen, doch vergebens. Im Jahr 1700 starb er im Alter von nur 39 Jahren.

Der grostesk verunstaltete König Karl II. von Spanien hier in der prunkvollen Robe des Ordens vom Goldenen Vlies, eines 1430 von Herzog Philipp dem Guten von Burgund gegründeten Ritterordens. Karl II. war der letzte spanische Habsburger, der diese Robe trug.

sogenannte Habsburgerlippe, eine ungewöhnlich stark ausgeprägte Unterlippe. In Karls Fall war auch der Unterkiefer so unnatürlich vergrößert, dass die untere Zahnreihe nicht mit der oberen fluchtete, sodass er kaum imstande war zu kauen. Die Zunge war ebenfalls ungewöhnlich groß und quoll aus seinem Mund, sodass es auch für seine Vertrauten schwierig war zu verstehen, was er sagte. Außerdem sabberte er ohne Unterlass. Die Beine hingegen waren so schwach, dass er weder richtig gehen noch stehen konnte und immer wieder hinfiel, wenn er es

Philipp V. war der erste Bourbone auf dem spanischen Thron. Obwohl bei ihm die ererbte Veranlagung zum Wahnsinn weniger folgenreich war, litt auch er unter Melancholie und Wahnvorstellungen.

Gekrönt wurde Karls desaströses Erbgut von einer *Lues connata*, einer angeborenen Syphilis, die er möglicherweise den gelegentlichen Besuchen seines Vaters in den Madrider Bordellen verdankte.

versuchte. Seine überbesorgten Eltern verboten ihm daher bis fast zum Erwachsenenalter, ohne Hilfe zu gehen. Bis zum sechsten Lebensjahr konnte er nicht einmal selbstständig essen, sondern wurde von Ammen genährt. Man

hielt ihn für so schwächlich, dass er nicht einmal dazu angehalten wurde, sich sauber zu halten oder zu kämmen. Und als ob dies alles noch nicht ausgereicht hätte, kam zu seinen zahlreichen körperlichen Defekten auch noch eine ausgeprägte Akromegalie hinzu. Diese seltene Erkrankung wird durch die Überproduktion eines Wachstumshormons hervorgerufen und bewirkt eine unnatürliche Vergrößerung der Körperendglieder und aller vorstehenden Körperteile. Gekrönt wurde Karls desaströses Erbgut von einer *Lues connata*, einer angeborenen Syphilis, die er möglicherweise den gelegentlichen Besuchen seines Vaters in den Madrider Bordellen verdankte.

Um die bedrohliche Erblast zu ergänzen, stammte die Mutter Philipps V., Maria Anna von Bayern, aus dem Haus Wittelsbach und damit aus einer der ältesten Dynastien Europas.

Gegenüber seinen körperlichen Defekten erschienen König Karls geistige Behinderungen vergleichsweise gering. So war er zum Beispiel ungeheuer abergläubisch. Sein offenkundiger Mangel an Intellektualität aber scheint eher eine Folge von Erziehungsfehlern gewesen zu sein als von Störungen seiner Gehirnfunktion. Denn die königliche Familie wagte es offenbar nicht, das schwächliche Kind in irgendeiner Weise zu fordern und ließ ihn daher auf einem Bildungsstand, auf dem er kaum lesen und schreiben konnte. Kein Wunder, dass Karl außerstande war, die Welt, in der er lebte, zu verstehen. Seine wenigen Kenntnisse standen in Zusammenhang mit dem Aberglauben, der einen starken Einfluss auf ihn ausübte.

EINE NEUE DYNASTIE

Karl II. war der letzte aus der spanischen Linie des Hauses Habsburg. Sein erbloser Tod im Jahr 1700 war der Auftakt zu einer Folge von Fraktionskämpfen, die sich schließlich zu einem allgemeinen Krieg ausweiteten. Der Kampf um die Nachfolge auf dem spanischen Thron, bekannt als Spanischer Erbfolgekrieg, endete erst 1713 mit dem Sieg einer anderen mächtigen europäischen Adelsdynastie, der französischen Bourbonen. Unglücklicherweise aber brachte Philipp V., der erste Bourbonenkönig in Spanien, ebenfalls schwere genetische Altlasten mit nach Spanien, denn Inzest war in allen Familien des

Bisweilen befiel ihn die für die Wittelsbacher typische Melancholie, und manchmal entwickelte er in diesem Zustand so wahnhafte Züge, dass er zu effizienter Regierungsarbeit nicht in der Lage oder auch schlicht regierungsunfähig war.

Hochadels üblich. Philipp war ein Enkel des Sonnenkönigs Ludwig XIV. und seiner habsburgischen Gemahlin Maria Theresia, die in direkter Linie und in der sechsten Generation von Johanna der Wahnsinnigen abstammte. Um diese bedrohliche Erblast zu ergänzen, stammte seine Mutter, Maria Anna von Bayern, aus dem Haus Wittelsbach und damit aus einer der ältesten Dynastien Europas. Zum Glück war Philipp V. psychisch und physisch stabil genug, um den spanischen Thron mit einer siebenmonatigen Unterbrechung volle 46 Jahre zu behaupten. Diese sieben Monate fielen in das Jahr 1724, vier Jahre nachdem Philipp, ein tiefgläubiger Mann, ein feierliches Gelübde abgelegt hatte, der Welt und mithin auch dem Thron zu entsagen. »Gott sei's gedankt, ich bin nicht mehr König«, seufzte er erleichtert, nachdem er am 14. Januar 1724 abgedankt hatte. »Den Rest meiner Tage will ich in der Einsamkeit dem Dienst an Gott widmen.«
Diese Hoffnung erwies sich freilich als verfrüht. Denn Philipps Sohn Ludwig, der nach ihm den Thron bestieg, starb schon im folgenden August an den Pocken, und sein Vater ließ sich mit einiger Mühe dazu überreden, die Regierung wieder zu übernehmen.

KRANK UND EXZENTRISCH

Ungeachtet der langen Regierungszeit, die angesichts der genetischen Voraussetzungen eine beträchtliche Leistung darstellt, wurde auch Philipps Herrschaft immer wieder von Fehlern unterbrochen, die wohlwollend als exzentrisch, weniger wohlwollend auch als schlichter Wahnsinn bezeichnet werden müssen. Bisweilen befiel ihn die für die Wittelsbacher typische Melancholie, und manchmal entwickelte er in diesem Zustand so wahnhafte Züge, dass er zu effizienter Regierungsarbeit nicht in der Lage

Philipp V. von Spanien (erster von links) mit seiner zweiten Gemahlin Elisabeth Farnese (dritte von links) und ihrem gemeinsamen Sohn (vierter von links), der als Ferdinand VI. den spanischen Thron bestieg.

oder auch schlicht regierungsunfähig war. In diesem Zustand zweifelte er auch selbst an seiner Fähigkeit zur Staatsführung. In solchen Phasen zog sich Philipp für längere Zeit wie ein Eremit in die Einsamkeit zurück. Jede menschliche Gesellschaft erschien ihm als Fluch. Er wurde argwöhnisch und vertraute niemandem, verlor sein Selbstbewusstsein und seine Selbstachtung – Charakterzüge, wie sie zumindest teilweise schon zwei Jahrhunderte zuvor an seinem Vorfahren Philipp II. beobachtet werden konnten.

EIN VERHEERENDER REGENT

1717 erlitt Philipp V. seinen ersten schweren Anfall, als er völlig in tiefe Melancholie versank, die an Hysterie grenzte und Schreckensvorstellungen hervorrief. Er berichtete, es hätte sich angefühlt, als wolle ihn ein rasendes Feuer von innen heraus verbrennen. Er befürchtete, im Zustand der Todsünde zu sterben, und verkroch sich in seinen Gemächern. Der einzige Mensch, der zu ihm vorgelassen wurde, war sein Beichtvater. Dieser hatte einen schweren Stand, denn der König war davon überzeugt, Gott strafe ihn wegen seiner Unzulänglichkeit. Heute würde man sagen, die Symptome wiesen auf eine manische Depression hin.

> Seine Stimmung schwankte zwischen Lethargie und wahnsinniger Erregung. Er glaubte, er könne nicht gehen, weil seine Füße unterschiedlich groß seien.

Obwohl er sich nach 1718 so weit erholte, dass er die Regierungsgeschäfte wieder aufnehmen konnte, hatte das Leiden seinen Tribut gefordert. Philipp war erst 35 Jahre alt, doch er wirkte wie ein alter Mann. Er war gebeugt, sein Körper wirkte eingefallen, und wenn man dem französischen Schriftsteller Louis de Rouvroi, Duc de Saint-Simon, glauben darf, hatte er eine merkwürdige Art zu gehen, bei der er die Knie weiter nach vorn schob als die Füße. »Seine Sprache war so schleppend«, fuhr Saint-Simon fort, »sein Blick so ausdruckslos, dass ich völlig entnervt war.«

König Ferdinand VI. war neurotisch, melancholisch und von ständiger Furcht vor einem schnellen Tod geplagt. Außerdem neigte er zu gewalttätigen Wutausbrüchen.

Als er zehn Jahre später den nächsten Schub seiner manischen Depression erlitt, schwankte seine Stimmung zwischen Lethargie und wahnsinniger Erregung. Er griff seine Ärzte und seine zweite Gemahlin, Elisabeth von Parma, körperlich an und prügelte sie grün und blau. Philipp litt unter Wahnvorstellungen. Er glaubte, er könne nicht gehen, weil seine Füße unterschiedlich groß seien und ließ sich weder den Bart scheren noch die Zehennägel schneiden. Es dauerte acht Monate, bis ihn sein Sohn dazu bewegen konnte, sich rasieren zu lassen.

SPANIEN KOMMT ZUM STILLSTAND

1772 zog sich Philipp in sein Bett zurück und weigerte sich aufzustehen. Er speiste im Bett, verweigerte aber die Körperpflege. Nur seine Gemahlin und sein Sohn durften zu ihm. Er wollte weder seine Minister empfangen noch irgendwelche Dokumente unterzeichnen. Angesichts dieser Regierung herrschte in ganz Spanien Stillstand. Zum Glück erholte sich Philipp nach rund sieben Monaten.

Es dauerte sechs Jahre, ehe sich die Krankheit wieder bemerkbar machte. Dieses Mal trat sie in Form eines furchterregenden Heulens auf, das schaurig durch die Räume und Fluren des Palastes hallte. Minister und Hofstaat waren verzweifelt bemüht zu verhindern, dass Nachrichten über diesen neuerlichen Anfall von Wahnsinn nach außen drangen.

Philipp V. wies jedoch noch eine andere Charaktereigenschaft auf, die so gar nicht zu seinem Wahnsinn passte. Denn von seinen bourbonischen Vorfahren hatte er eine geradezu unersättliche Gier nach Sex geerbt. Gleichzeitig aber hielten ihn seine strikten Moralvorstellungen davon ab, sich wie andere Fürsten seiner Zeit mit Mätressen zu vergnügen. Unentwegt wanderte er zwischen Bett und Beichtstuhl hin und her, und die Ansprüche, die er in dieser Hinsicht an seine erste Gemahlin Marie Louise von Savoyen stellte, waren exzessiv. Völlig ausgelaugt starb diese denn auch 1714 im Alter von nur 26 Jahren, und ein vor Schmerz nahezu rasender Philipp musste mit Gewalt von ihrem Totenbett entfernt werden.

Verzweifelt zog sich Philipp in den Palast von Medina Coeli in Andalusien zurück. Er weinte laut, lang und ausgiebig, denn er brauchte Sex zum Leben wie die Luft zum Atmen. Nach nur sieben Monaten verheiratete er sich neu mit Elisabeth von Parma, und zu den vier Kindern, die ihm die unglückliche Marie Louise geboren hatte, kamen im Lauf der nächsten Jahre weitere sieben von seiner zweiten Frau. Mag sein, dass sich die Gegensätze und die Unordnung, die Philipps Dasein prägten, verkürzend auf

sein Leben auswirkten. Am 9. Juli 1746 erlitt er einen Schlaganfall und verschied im Alter von 63 Jahren.

Auf den Thron folgte ihm sein dritter Sohn, Ferdinand VI., und unglücklicherweise konzentrierten sich in dessen Erbgut offenbar sämtliche Wahnsinnsgene aus den Ahnenreihen seiner Vorfahren. Ferdinand war 1713 geboren und bestieg den Thron im Alter von 33 Jahren. Anfangs schien es noch, als würde er Spanien in eine bessere Zukunft führen, denn er erwies sich als gütiger Fürst, der besorgt war um das Wohlergehen seiner Untertanen. Er verwendete große Summen für wohltätige Zwecke, und als Andalusien 1750 von einer großen Dürre heimgesucht wurde, half er der Bevölkerung mit Steuererlassen.

GLANZ UND PRACHT

Ferdinand war ein eifriger Förderer von Kunst und Wissenschaft. Er gründete die Königliche Akademie der Schönen Künste von San Fernando in Madrid und ein astronomisches Observatorium. Sein Lieblingszeitvertreib war die Oper, die er zusammen mit seiner Gemahlin Maria Theresia Barbara genoss, und gern ließ er sich auf einer luxuriösen Barke, die ein in Rot und Silber gehaltener Pavillon zierte, den Fluss hinab rudern. Die Geleitboote der königlichen Barke hatten die Form von Pfauen und Hirschen. Barbara liebte Pracht und Luxus, Musik und die Oper und war selbst eine begabte Cembalistin.

Nicht nur der König, sondern auch die Königin, die dem portugiesischen Hause Braganza entstammte, zeigten ein neurotisches, melancholisches Gemüt und eine manische Furcht vor einem plötzlichen Tod.

Auf ihren Ausfahrten genossen sie den Gesang des Kastraten Farinelli, eines großartigen Countertenors, der zu den Favoriten des Königspaars zählte.

Ferdinands Auftreten sicherte ihm verdientermaßen die Liebe seines Volkes und einen hohen Rang unter den regierenden Häuptern Europas. Aber Glanz und königliche Jovialität der spanischen Bourbonen hatten eine düstere Kehrseite. Nicht nur der König, sondern auch die

Ferdinand VI. wie auch seine Gemahlin Barbara liebten die verschwenderische Zurschaustellung königlicher Pracht. Das Bild zeigt sie 1756 in den Gärten des Palasts von Anranjuez bei Madrid.

DAS ENDE DES WAHNSINNS

Mit Ferdinand VI. endete die lange und tragische Geschichte des Wahnsinns am spanischen Hof. Auf Ferdinand folgte dessen Halbbruder Karl III., der die unselige Kette des erblichen Irrsinns unterbrach, obwohl das Familienproblem nach ihm wieder virulent wurde. Denn Karls ältester Sohn und Thronerbe Don Felipe war geistig zurückgeblieben, und manche Ärzte stuften ihn als geradezu schwachsinnig ein. Außerdem litt er unter Epilepsie. In der Zeit der Aufklärung genügten diese Mängel, um ihn von der Erbfolge auszuschließen. Don Felipe wurde also übergangen

zugunsten seines jüngeren, aber gesunden Bruders Karl, der 1788 nach seinem Vater als Karl IV. den Thron bestieg. 300 Jahre hatte es gedauert, bis die Spanier begriffen, dass absolutistische Herrscher zwar von Gottes Gnaden regierten, dass manchmal aber auch irdische Zwänge über das Gottesgnadentum gestellt werden mussten.

König Karl III. von Spanien war ein Herrscher des aufgeklärten Absolutismus, der seinem Halbbruder Ferdinand VI. 1758 auf dem Thron folgte. Mit ihm endete die Reihe der wahnsinnigen Könige.

Königin, die dem portugiesischen Hause Braganza entstammte, zeigten ein neurotisches, melancholisches Ge-

> Mehrfach versuchte Ferdinand, sich das Leben zu nehmen. Er bat um Gift, versuchte sich mit einer Schere zu erdolchen oder an zusammengeknoteten Servietten oder Vorhängen zu erhängen.

müt und eine manische Furcht vor einem plötzlichen Tod. Barbara konnte aufgeschlossen und lebhaft sein, aber Ferdinand, der größere Erblasten mit sich herumtrug, verwandelte sich in einen zweiten Philipp V., nur schlimmer. Von Natur aus neurotisch und argwöhnisch, neigte er zu plötzlichen gewaltsamen Wutanfällen. Täglich plagte ihn die Furcht vor einem plötzlichen Tod. Ohne Vorwarnung konnte er aggressiv werden. In seiner Sehnsucht nach Einsamkeit zog er sich bisweilen hinter Klostermauern zurück, wo er für seine Minister unerreichbar war. Wie sein Vater weigerte er sich, Dokumente zu unterzeichnen oder auch nur zu sprechen. Mit den Jahren wurden seine Wutanfälle immer rasender. Dabei schlug er in wilder Verzweiflung mit dem Kopf gegen die Wand, ehe er zusammenbrach und über Stunden unansprechbar an Ort und Stelle liegenblieb. Einerseits war er davon überzeugt, dass er sterben würde, sobald er sich niederlegte, andererseits kam er tagelang nicht aus dem Bett.

Zwischen diesen Anfällen konnte der König wach und freundlich sein, aber als seine geliebte Königin 1758 starb, versank er unwiderruflich im Wahnsinn. Sobald irgendjemand von einer Wiederverheira-

Auch Königin Barbara entstammte einer mit psychischen Problemen vorbelasteten Familie, den portugiesischen Braganzas. Mit ihrem Tod 1758 verfiel König Ferdinand VI. endgültig dem Wahnsinn.

tung sprach, redete er irre. Er verweigerte jede Körperpflege, ging zehn Nächte lang schlaflos auf einem Flur hin und her, griff Mitglieder seines Gefolges ohne Vorwarnung an, wobei er sie meist mit seinen Exkrementen bewarf. Hatte er anfangs noch Suppe gegessen, so nahm er bald keinerlei Nahrung mehr zu sich. Rasch magerte er in beängstigender Weise ab und war schließlich nur noch Haut und Knochen. Mehrfach versuchte er sich das Leben zu nehmen. Er bat um Gift, das man ihm selbstverständlich verweigerte, versuchte sich mit einer Schere zu erdolchen oder an zusammengeknoteten Servietten oder Vorhängen zu erhängen. Nach einiger Zeit plagten ihn Krämpfe, und diese führten schließlich zum Tod. Ferdinand VI. von Spanien starb am 10. August 1759 im Alter von 46 Jahren.

IX

CHRISTINA VON SCHWEDEN: EINE FRAGE DES GESCHLECHTS

Als Königin Christina von Schweden (1626–1689) in Stockholm geboren wurde, war nicht ganz klar, welchem Geschlecht sie angehörte. Das vierte und einzige überlebende Kind König Gustav Adolfs II. und Königin Maria Eleonoras hielt man zunächst für einen Jungen, ehe man den Irrtum bemerkte. Wie es zu dieser Fehleinschätzung kommen konnte, war und ist ein Rätsel.

Möglicherweise kam Christina mit gewissen Missbildungen an den Genitalien zur Welt, anhand derer zunächst auf ein männliches Kind geschlossen wurde. Wie auch immer – ihre

Links und oben: Königin Christina von Schweden war die Thronerbin des Kriegshelden Gustav Adolf II. Sie wurde erzogen wie ein Prinz, den sich der König eigentlich gewünscht hatte. Sie selbst hasste alles Weibliche und gebärdete sich wie ein Junge.

Geschlechtszugehörigkeit blieb ihr Leben lang umstritten und führte später zu Spekulationen, sie sei ein Hermaphrodit – teils männlich, teils weiblich – gewesen, bisexuell oder lesbisch. Ihr allgemeiner Habitus – ihr Auftreten, ihr Gang, die Gestik, die Art zu gehen, zu reiten, zu sprechen – war ohne Zweifel eher männlich geprägt. Außerdem war sie ein Weiberfeindin.

»Als junges Mädchen«, schrieb Christina später, »hatte ich eine unglaubliche Aversion gegenüber allem, was

Frauen taten und sagten. Ich wollte diese peniblen, eng anliegenden Kleider nicht tragen. Mein Teint oder meine Figur waren mir ebenso egal wie mein übriges Aussehen … ich verachtete alles, was mit dem weiblichen Geschlecht zusammenhing.«

Obwohl sie sich von der weiblichen Seite des Lebens geflissentlich fernhielt, gebärdete sich Christina keineswegs als ungestümer Wildfang. Schon als Kind studierte sie sechs Tage pro Woche jeweils zwölf Stunden. Sie behauptete, nicht mehr als vier Stunden Schlaf zu brauchen, und stand um vier Uhr morgens auf, um ihr Tagewerk zu beginnen. Mit 15 Jahren beherrschte sie bereits fünf Sprachen: Französisch, Deutsch, Italienisch, Spanisch und Latein, die Gelehrtensprache ihrer Zeit. Sie las viel, und ihre Helden waren die Großen der Antike:

Gustav Adolf II., der »Löwe aus Mitternacht«, rettete im Dreißigjährigen Krieg die deutschen Protestanten vor der totalen Niederlage.

Alexander der Große und Julius Cäsar. In ihrer spärlichen Freizeit widmete sie sich anstrengenden Leibesertüchtigungen wie dem Reiten und der Bärenjagd.

EIN VORBESTIMMTES LEBEN

Es war Gustav Adolf selbst, der verfügt hatte, dass Christina diese harte und weitreichende Erziehung erhalten solle, wie sie üblicherweise nur Prinzen zuteilwurde. Christina aber unterzog sich ihr mit Vergnügen. Mit ihrer

---

Es war Gustav Adolf selbst, der verfügt hatte, dass Christina diese harte und weitreichende Erziehung erhalten solle, wie sie üblicherweise nur Prinzen zuteilwurde.

---

hervorragenden Intelligenz und robusten Physis nahm sie jede Herausforderung an. Es war ihr gleichgültig, wenn am schwedischen Hof gemunkelt wurde, ihr lebhaftes Interesse an unweiblichen Beschäftigungen, wie Literatur, Politik, Staatskunst, Philosophie und zu allem Überfluss auch noch der Antike, sei abartig. Es schien, als sei sie dazu bestimmt, ihren eigenen Weg zu gehen, denn

Im Alter von nur 38 Jahren fiel Gustav Adolf bei einer persönlich geführten Kavallerieattacke in der Schlacht bei Lützen.

die Sachverhalte, mit denen sie bereits in ihrer Jugend konfrontiert wurde, zwangen sie dazu, schnell erwachsen zu werden und in sehr jungen Jahren den schwedischen Thron zu besteigen, um selbst die Verantwortung zu übernehmen. Denn 1632 fiel ihr Vater Gustav Adolf in der Schlacht bei Lützen, einem der entscheidenden Ereignisse des Dreißigjährigen Krieges. So wurde Christina bereits im zarten Alter von fünf Jahren Herrin über das Königreich Schweden. Ihre Mutter Maria Eleonora, die zur Hysterie neigte, reagierte auf die Nachricht vom frühen Tod ihres Gemahls mit abgründiger Verzweiflung, die sie weithin paralysierte. In besitzergreifender Weise klammerte sie sich an die kleine Christina und zwang sie dazu, ihr Leben der Trauer zu weihen und inmitten aller Attribute der Trauer zu verbringen. Die königlichen Gemächer wurden mit schwarzem Tuch verhängt, die Fenster abgedunkelt, sodass kein Tageslicht eindringen konnte. Tag und Nacht stimmten Geistliche Totengebete und Trauergesänge an. Maria Eleonora verlangte, dass die Tochter in ihrem Schlafgemach nächtigte, in dem ein Schrein stand, der das Herz des Königs enthielt.

Christina hat diese makabre Erfahrung, die sie für drei Jahre zur Leibeigenen ihrer labilen Mutter machte, nie vergessen. In späteren Jahren hatte sie eine gewisse Entfremdung zum lutherischen Glauben, in Schweden Staatsreligion, zur Folge, das ihr allzu düster und auf die Sündhaftigkeit des Menschen fixiert erschien. Bereits mit neun Jahren stellte sie nicht nur die Berechtigung des Luthertums infrage, sondern bestand darauf, in Glaubensfragen selbst zu entscheiden. Die Pflichten einer Königin erfüllte sie mit einer für ihr Alter ungewöhnlichen Selbstsicherheit. Ihr hoheitsvolles Auftreten und würdevolles Betragen nötigte Höflingen und Ministern gleichermaßen Respekt ab. Obwohl Gustav Adolf fünf Regenten eingesetzt hatte, die während seiner Abwesen-

In ihren Portraits wird Christina häufig in Frauenkleidung und weiblicher Haartracht gezeigt. In Wahrheit bevorzugte sie kurze Haare und Männerkleidung mit dem Degen an der Seite.

heit und im Falle seines Todes die Regierungsgeschäfte führen sollten, nahm Christina bereits mit 13 Jahren an den Sitzungen dieses Regentschaftsrates teil und machte sich mit der Rolle des Monarchen vertraut. Mehr noch, sie war fest davon überzeugt, von Gott selbst mit der Herrschaft über Schweden beauftragt zu sein, und zwar mit allen Funktionen eines Königs. So träumte sie davon, nach dem Vorbild ihres Vaters selbst ihr Heer in die Schlacht zu führen.

DER ERWARTETE WEG

Obwohl Christina so altklug und allem Weiblichen abhold war, wurde natürlich von ihr erwartet, dass sie heiratete und Thronerben gebar, während ihr Gemahl mit ihr oder an ihrer Stelle regierte. Die kleine Prinzessin war gerade vier Jahre alt, als schon die ersten Heiratspläne geschmiedet wurden. Der favorisierte Bräutigam, ihr Cousin Friedrich Wilhelm, war gerade elf. Der Plan schlug ebenso fehl, wie die zwei Jahre darauf ins Auge gefasste Verbindung mit Ulrich, dem Sohn des dänischen Königs Christian IV., der 15 Jahre älter war als sie. Wie sie später bekannte, war Christina nie darauf erpicht, sich zu verheiraten, geschweige denn die Macht mit einem Ehemann zu teilen.

Christina war nie darauf erpicht, sich zu verheiraten, geschweige denn die Macht mit einem Ehemann zu teilen.

Dessen ungeachtet warf sie mit 16 Jahren ein Auge auf ihren hübschen, dunkeläugigen Vetter Karl Gustav, den Sohn des Pfalzgrafen Johann Kasimir von Zweibrücken-Kleeburg. Mit diesem verband sie eine Kinderfreundschaft, doch als diese Freundschaft zur Romanze wurde, war sie für Christina eher eine Sentimentalität als eine Liebesaffäre. Christina liebte die konspirativen Rendezvous, die verschlüsselten, leidenschaftlichen Liebesbriefe, die Beschwörungen der ewigen Liebe und der Treue bis zum Tod, aber sie mied zu große Nähe und ließ sich nicht zu Versprechungen verleiten.

Dementsprechend gab es keinerlei Anzeichen für eine bevorstehende Königshochzeit, als sie 1644 mit 18 Jahren volljährig wurde, den Regentschaftsrat entließ und selbst die Regierung übernahm. Karl Gustav machte sich weitere fünf Jahre vergebliche Hoffnungen, aber 1649 konnte er den Preis für seine Treue in Gestalt eines außer-

Karl Gustav in kriegerischer Pose zu Pferd – im 17. Jahrhundert die bevorzugte Darstellungsweise für fürstliche Häupter. Karl Gustav war Christinas Vetter und folgte ihr nach ihrer Abdankung auf den Thron.

gewöhnlichen Angebots einheimsen: Es war zwar nicht die Hand der Königin, die ihm winkte, wohl aber die schwedische Krone; denn Christina erklärte Karl Gustav offiziell zum Thronerben.

Was dieser Schritt im Klartext bedeutete, musste jedem klar sein. Nachdem sie ihren Beschluss einem schockierten Reichstag verkündet hatte, versetzte sie den indignierten Würdenträgern mit deutlichen Worten den nächsten Schlag: »Ich erkläre euch hiermit, dass es mir nicht möglich ist, eine Ehe einzugehen. Dessen bin ich mir absolut sicher. Ich habe inbrünstig zu Gott gebetet, Er möge meine Veranlagung ändern, aber ich kann nicht heiraten.«

UNPASSENDE VERBINDUNGEN

Dennoch war die Königin nicht ohne Privatleben, und dies sorgte von Zeit zu Zeit für Skandale. So suchte sie 1645 die Gesellschaft schillernder Abenteurer und verliebte sich sogar in einen davon. Graf Magnus Gabriel de la Gardie,

»Ich erkläre euch hiermit, dass es mir nicht möglich ist, eine Ehe einzugehen.«

franko-schwedischer Abstammung, war ein gutaussehender Charmeur, dessen Vater zu den Favoriten Gustav Adolfs gezählt hatte. Er strebte nach Reichtum, und die Gerüchte, nach denen die Königin schwer in ihn verliebt sei, erhöhten seine Anziehungskraft auf gewisse Kreise. Magnus wurde Obrist der königlichen Garde und außerordentlicher französischer Botschafter. Er brach in einer üppig mit Gold und Silber geschmückten Kutsche nach Paris auf, begleitet von einem 300 Köpfe starken Gefolge und ausgestattet mit einem üppigen Spesenkonto, dessen Ausschöpfung ihn binnen weniger Jahre zum reichen Mann machte. Mit seiner königlichen Liebhaberin verband ihn die Neigung, sich kopfüber in wilde Extravaganzen zu stürzen, und diese schützte ihn vor seinen Gläubigern, bis das Verhältnis 1651 endete.

Denn inzwischen hatte sich Christina in eine neue und nicht minder anstößige Liaison gestürzt. Die Auserwählte war eine ihrer Kammerfrauen, die hübsche Ebba Sparre, die von der Königin nur »Belle« genannt wurde. Belle war das schiere Gegenstück zu Christina: schüchtern, wo die Königin freimütig war, ohne intellektuelle Interessen und mit jenem zaghaft weiblichen Habitus, den die Königin eigentlich verabscheute, in einer von ihr dominierten Beziehung aber durchaus zu schätzen wusste. Christina und Belle schliefen häufig in einem Bett, und die Königin brachte den sittenstrengen englischen Botschafter Bulstrode Whitelocke in größte Verlegenheit, als sie ihm erzählte, dass Belle von innen genauso schön sei wie von außen. Der Botschafter war so schockiert, dass er rote Ohren bekam.

Obwohl man sie heftig diskutierte, brachten Liebschaften und abartige sexuelle Praktiken üblicherweise keinen Thron ins Wanken. Das galt auch für andere Eigenarten Christinas, etwa ihre Gewohnheit, Adelstitel zu verkaufen, um finanzielle Krisen zu meistern oder ihre Ausschweifungen zu finanzieren. Weniger gut gelitten war Christinas unverhohlene Sympathie für die römisch-katholische Kirche, die im lutherischen Schweden nicht zugelassen war. Nichtsdestoweniger fasste sie 1651 den

Vorsatz zu konvertieren, wobei ihr wohl bewusst war, dass sie als Katholikin nicht Königin von Schweden bleiben konnte. Im Reichstag kam es zu Tumulten, als sie ihre Entscheidung bekanntgab, aber kaum einer klagte oder flehte sie an, diese zu revidieren.

Nach ihrer Abdankung zog sich Christina inkognito aus Schweden zurück nach Dänemark. Sie reiste unter dem Namen eines ihrer Vertrauten, des gleichaltrigen Grafen Christoph von Dohna. In Männerkleidung machte sie

sich auf nach Westen und in Richtung auf Rom. Nur selten trat sie in Frauenkleidung auf. Meist sah man sie mit kurz geschnittenem Haar, den Degen an der Seite.

EIN NEUES LEBEN

Ende 1654 traf Christina nach einer langen Reise durch Deutschland in Brüssel ein, der Hauptstadt der Spanischen Niederlande. Dort wurde sie in einer privaten Zeremonie in die katholische Kirche aufgenommen. Um

DIE ABDANKUNG

Die Abdankungszeremonie fand am 6. Juni 1654 in der großen Halle von Schloss Uppsala statt. Als Christina befahl, ihr die Krone vom Kopf zu nehmen, fand sich indessen niemand, der vortrat, um sie ihr abzunehmen. Nach einer Weile ergriffen zwei von ihren Höflingen die Krone und legten sie auf ein Samtkissen. Anschließend wurden ihr die Zeremonialgewänder eines nach dem anderen abgenommen und beiseitegelegt, bis Christina zuletzt nur noch ein schlichtes weißes Gewand trug. Noch am gleichen Morgen wurde der zum Thronerben erklärte Karl X. Gustav zum König gekrönt. Wenige Tage später begab sich Christina zu Pferd nach Dänemark – ohne Zeremoniell und ohne Abschied und mit nur vier Begleitern. Ebba »Belle« Sparre, der einzige Mensch, den Christina ungern verließ, war nicht dabei.

ihre neue Konfession sowohl öffentlichkeits- als auch politisch wirksam zu präsentieren, wurde die Zeremonie anschließend in Innsbruck im großen Rahmen und mit solchem Pomp wiederholt, dass der Tiroler Hof dadurch in ernste finanzielle Schwierigkeiten geriet. Zu Ehren von Papst Alexander VI. nahm Christina daraufhin den zweiten Vornamen Alexandra an.

Christina begann ein Verhältnis mit einer ihrer Kammerfrauen, der hübschen Ebba Sparre, und oft schliefen die beiden in einem Bett.

Für die katholische Kirche war die Exkönigin von Schweden ein guter Fang, stärkte sie doch deren Position in einer Zeit, in der sie sich nach der Glaubensspaltung in der Folge der Reformation und den anhaltenden Religionskriegen bemühte, wieder zu alter Größe und Bedeutung aufzusteigen.

Schloss Uppsala nördlich von Stockholm. Das Schloss, dessen Bau 1549 begonnen wurde, war Schauplatz mancher historisch bedeutsamen Begebenheit. Dort verkündete 1654 Königin Christina von Schweden, dass sie die Absicht habe abzudanken.

Daher scheute man für die Feierlichkeiten weder Mühe noch Kosten. Die Glocken läuteten, aus den Kanonen donnerte der Salut, und all das war Musik in den Ohren der eitlen und nach Verehrung gierenden Christina. Ihre anschließende Reise nach Rom glich denn auch einem Triumphzug römischer Imperatoren, und ihrem Wunsch nach Luxus und Extravaganzen wurde in jeder Hinsicht Rechnung getragen. Bei Ferrari setzte sie in einer vergoldeten Barke über den Po, und als sie die Grenzen des Kirchenstaates erreichte, stand dort eine neue Karosse bereit, die ihr der Papst zu ihrem Empfang entgegengesandt hatte. Alexander schickte auch zwei baldachingekrönte Betten mit passenden Armsesseln, eine Garnitur exquisiten Tafelsilbers und einen berühmten Koch.

Ende 1654 traf Christina nach einer langen Reise durch Deutschland in Brüssel ein, der Hauptstadt der Spanischen Niederlande. Dort wurde sie in einer privaten Zeremonie in die katholische Kirche aufgenommen.

Am 10. Dezember traf Christina in Rom ein und wurde vom Papst in Privataudienz empfangen. Dass Frauen im Bannkreis des Vatikans nächtigen durften, war durchaus ungewöhnlich, aber der Papst erwies der einstigen Königin diese einzigartige Ehre und ließ für sie eine Suite prachtvoller Räume im Turm der Winde vorbereiten. Die Gemächer, aus denen sich ein herrlicher Blick über die Ewige Stadt bot, wurden mit Samt, Brokat, Spitzen und Stickereien ausstaffiert, die Wände mit Fresken verziert.

EIN RENAISSANCEPALAST
Nachdem sie einige Tage im Vatikan verbracht hatte, nahm Christina im Palazzo Farnese Quartier, einem der schönsten Paläste Roms, der teilweise noch von Michelangelo entworfen wurde. Die Räume dieses Glanzstücks der Renaissancearchitektur waren mit herrlichen Gemälden, Skulpturen und Gobelins geschmückt und die Galleria im ersten Stock mit bezaubernden Fresken von Annibale Carracci bemalt. Aber leider konnte Christina mit ihren oftmals rüden Manieren ein peinlicher Gast

Christina erfüllte sich 1655 den lange gehegten Wunsch, zur römisch-katholischen Kirche zu konvertieren. Auf diesem Bild wird sie von Papst Alexander II. gesegnet.

sein. Im Palazzo Farnese sorgte sie für unziemliche Enthüllungen nackter Körper, indem sie sorgsam drapierte Feigenblätter und andere der Keuschheit dienende Dekorationen entfernen ließ, sodass sich die sinnenfreudige Renaissancekunst in ihrer ganzen Pracht offenbarte. Darob zur Rede gestellt, erklärte Christina, sie lasse sich nicht durch pfäffische Regeln einengen.

EIN SCHRITT ZU WEIT
Dank dergleichen respektloser Attitüden blühte bald der Klatsch über Christina und ihr schockierendes Treiben. Als Frau hatte sie sich keusch, sittsam und bescheiden zu verhalten. Stattdessen gebärdete sie sich häufig rüde, aufdringlich und anspruchsvoll. Als Katholikin hatte sie sich der heiligen Mutter Kirche zu fügen und allen fleischlichen und sonstigen dreisten Versuchungen des Satans zu widerstehen. Christina aber liebte das Theater und dessen oft schlüpfrige Unterhaltung und gab sich mit einer Galerie von Liebhabern den verbotenen Genüssen der Fleischeslust hin.
Einer von ihnen war angeblich auch ihr Stallmeister Gian-Rinaldo Monaldeschi. Der Marchese stammte aus niederem italienischem Adel und entsprach genau jener Art von grobschlächtigen Schurken, wie sie Christina gefielen. Aber er war nicht vertrauenswürdig und die Exkönigin hielt ihn für den Verräter, der den Papst über ihre 1656 geschmiedeten Pläne informiert hatte, mit militärischer Hilfe Frankreichs die Krone des Königreichs Neapel zu gewinnen.

Im Palazzo Farnese sorgte sie für unziemliche Enthüllungen nackter Körper, indem sie sorgsam drapierte Feigenblätter und andere der Keuschheit dienende Dekorationen entfernen ließ, sodass sich die sinnenfreudige Renaissancekunst in ihrer Pracht offenbarte.

Neapel war im Besitz der spanischen Krone, lockte Christina aber in zweifacher Hinsicht: Denn dort konnte sie erstens wieder in den Besitz jener königlichen Macht kommen, die sie in Schweden aufgegeben hatte und nunmehr schmerzlich entbehrte. Und zweitens hätte sie ein solcher Aufstieg von ihren ständigen finanziellen Sorgen befreit. Zwar zahlte ihr das schwedische Schatzamt eine nicht unbeträchtliche Apanage, aber diese Gelder flossen nicht immer ganz zuverlässig. Das Hauptproblem aber bestand darin, dass sie niemals ausreichten, um den aufwendigen Lebensstil der ehemaligen Königin zu finanzieren. Aus diesem Grund lebte Christina auf Pump und

Der Maler Niclas Lafrensen (1737–1807) malte dieses Portrait Christinas. Anlässlich eines Krankenbesuchs bei dem französischen Gelehrten Claude Saumaise scherzt sie mit ihrer Favoritin »Belle«.

von Geschenken, oder sie verkaufte das Silber oder andere Pretiosen, die sie aus Schweden mitgebracht hatte. Monaldeschis Verrat hatte sie um alle Chancen auf die Krone Neapels gebracht, doch sie wartete mit ihrer Rache, bis sie in Frankreich wieder mit ihren Verbündeten zusammentraf, um über die Angelegenheit zu beraten. Am 10. Februar 1657 weilte die Exkönigin in Fontainebleau bei Paris. Dort gab sie Kavalieren ihres

Christina befiehlt den Mord an dem Verräter Monaldeschi. Dieses Motiv, hier in einer Interpretation von Eugène Delacroix (1798–1863), hat die Fantasie der Künstler immer wieder beflügelt.

Gefolges den Auftrag, den Verräter zu töten. Es dauerte 15 Minuten, bis der von Degenstößen in Kopf, Magen und Kehle verwundete Marchese das Zeitliche segnete. Die Franzosen waren empört über diesen grausamen Mord und mehr noch über Christinas herzloses Verhalten. Denn sie nahm ungeniert das Recht für sich in Anspruch, als absolutistische Herrscherin, für die sie sich hielt, Mitglieder ihres Gefolges nach Belieben zu bestrafen. Davon ließ sich freilich niemand beeindrucken. Die Exkönigin wurde alsbald von der Pariser Gesellschaft, vom Königshof und von der Kirche gemieden, und auch Papst Alexander ließ ihr mitteilen, dass sie in Rom unerwünscht sei. Mitte Mai 1658 kehrte Christina trotzdem zurück, musste aber feststellen, dass sie dort ebenso geächtet war wie in Paris. Papst Alexander forderte sie in einer Botschaft auf, unverzüglich wieder zu verschwin-

Am 10. Februar 1657 weilte die Exkönigin in Fontainebleau bei Paris. Dort gab sie Kavalieren ihres Gefolges den Auftrag, den Verräter zu töten. Es dauerte 15 Minuten, bis der von Degenstößen verwundete Marchese das Zeitliche segnete.

den. Obwohl er im Laufe der Zeit wieder nachgiebiger wurde, blieben die Beziehungen zwischen ihr und dem Vatikan von Misstrauen geprägt.

DER LETZTE GRIFF NACH DER MACHT

Christinas Abenteuerlust war durch dieses Debakel immer noch nicht erloschen. 1668 streckte sie zum letzten Mal die Hände nach einer Krone aus. Objekt ihrer Begierde war Polen-Litauen, damals einer der ausge-

dehntesten Staaten Europas. Der polnische Thron war vakant, und Christinas Anspruch war begründet, hatte das Haus Wasa doch schon mehrere polnische Könige gestellt. In Wahrheit aber standen ihre Chancen schlecht. Denn die Polen waren es gewöhnt, von Männern regiert zu werden. Außerdem war sie 1668 bereits 42 Jahre alt und immer noch unverheiratet, ein Thronerbe von ihr also nicht mehr zu erwarten. Hinzu kam ihr schlechter Leumund nach dem Monaldeschi-Skandal. Das Rennen machte mit Michael Korybut Wisniowecki, ein Kandidat polnischer Abstammung, der seine Herkunft von den Jagiellonen ableiten konnte, die Polen schon zwischen 1386 und 1572 regiert hatten.

Nach diesem letzten Griff nach der Macht zog sich Christina auf ihre intellektuellen Interessen zurück. Sie studierte Astronomie, unterhielt ein Observatorium im Palazzo Riario, gab dort zwei Astronomen Arbeit und Wohnung. Sie finanzierte archäologische Studien und begann 1670 ein Buch zu schreiben. Weiterhin engagierte sie sich in der Welt des Theaters, stellte ein Ensemble zusammen und inszenierte mehrere erfolgreiche Stücke, die für ihren schlüpfrigen Inhalt berüchtigt waren. Dem folgte das Teatro Tordinona, eines der ersten öffentlichen

Innozenz XI. war ein prüder Papst, der nach 1676 all jene ein wenig schlüpfrigen Theater schließen ließ, die Christina so sehr liebte.

Opernhäuser Roms, sowie Akademien für Literatur und Philosophie. Bald war Palazzo Riario ein Zentrum des römischen Geisteslebens. Aber auch diese Aktivitäten fanden keine allgemeine Billigung. Manch ein konservativer Papst setzte Theater mit Sünde gleich. Christinas Bühnen und andere Theater mussten auf Druck des prüden, 1676 gewählten neuen Papstes Innozenz XI. schließen, egal, ob die dort dargebotenen Stücke schlüpfrigen Inhalts waren oder nicht.

IN FRIEDEN STERBEN

Mit diesem Papst gab es weiterer Ärger, nachdem sich Christina dem Quietismus zuwandte, einer kontemplativen Form christlicher Mystik. 1687 wurde dies zu einer gefährlichen Angelegenheit, als der Begründer dieser Lehre, der spanische Theologe Miguel de Molinos, der Häresie bezichtigt und seine Lehre mit dem Bannfluch der katholischen Kirche belegt wurde.

Die passive Zurückgezogenheit des Quietismus passte so gar nicht zu Christinas turbulentem Leben und zu ihrem egozentrischen, energiegeladenen Wesen. Doch nachdem sie am 19. April 1689 in Rom am Fieber gestorben war, wurde offenbar, dass sie diese Frömmigkeit doch tief geprägt hatte. Denn in den Anweisungen für den Fall ihres Todes hatte sie bestimmt, dass ihr Begräbnis in

Christina (Mitte) trifft mit René Descartes zusammen, der ihr ein Dokument präsentiert. Der Philosoph und Mathematiker war einer der größten Geister des 17. Jahrhunderts.

EIN TREUER FREUND

Zu ihrem Glück fand Christina in Rom einen weitaus treueren Freund, als es die Begleiter ihrer Jugend gewesen waren. Kardinal Decio Azzolino war ihr Seelsorger seit 1656. Ihn verband eine leidenschaftliche, aber platonische Beziehung mit der Exkönigin, und in allen Wirrungen hielt er ihr die Treue. Er war es auch, der ihr den Palazzo Riario, eine charmante Renaissance-Villa, als Wohnsitz besorgte in einer Zeit, in der sie von der

römischen Gesellschaft gemieden wurde. Er versuchte Christinas Alltag zu ordnen und all jene Grobiane und Schmeichler aus ihrer Umgebung zu entfernen, die sich um sie geschart hatten. An deren Stelle engagierte Azzolino ehrbare Diener, manche davon aus dem Umkreis seiner eigenen Familie. Er hielt dennoch ein scharfes Auge auf sie, um zu verhindern, dass sie unziemlichen Profit aus ihrem Dienst zogen.

Form einer privaten Feier ohne ungebührliches Zeremoniell und ohne Pomp begangen werden solle. Auch auf die öffentliche Aufbahrung ihres Leichnams und andere Eitelkeiten solle verzichtet werden. Die Forderung, drei eigens angestellte Kapläne sollten im Petersdom nicht weniger als 20 000 Messen für sie lesen, entsprach schon eher ihrer Persönlichkeit.

Christinas Vertrauter, Kardinal Azzolino, wachte in ihrer letzten Nacht an ihrem Sterbebett. Obwohl er um ihre Wünsche wusste, brachte er es nicht fertig, sie in der Stille gehen zu lassen. Alle Welt sollte sehen, dass hier eine Königin dahingeschieden war, der auch in den anderen Welt Ehrerbietung zuteilwerden würde. Mit päpstlicher Erlaubnis wurde ihr einbalsamierter Leichnam im Palazzo Riario feierlich aufgebahrt. Man hatte ihr ein weißes mit Blüten besticktes Satingewand angelegt. Um ihre Schultern lag ein hermelinbesetzter Purpurmantel, auf dem Kopf trug sie ein kleines Silberkrönchen, in der Hand lag ein Silberzepter. Das Gesicht bedeckte eine silberne Maske. Sie sah prächtig aus, und ebendas hatte der tiefbetrübte Azzolino beabsichtigt.

Dieser Stich aus dem 18. Jahrhundert entstand zwar rund ein Jahrhundert nach Christinas Tod, zeigt aber ihr Interesse an der Wissenschaft und ihre Freude an geistiger Betätigung.

EHRERBIETIGE MÖNCHE

Karmelitermönche hielten die Totenwache, während das Volk still und ehrerbietig am Sarg von ihr Abschied nahm. Nach vier Tagen wurde der Leichnam in die Kirche Santa Maria in Vallicella bei Rom überführt. Im Licht von 300 Fackeln und Beisein von hunderten von Mönchen, anderen Klerikern und dem ganzen Kardinalskollegium wurde dort ein Requiem für sie gefeiert. Nur der todkranke Azzolino war zu geschwächt, um teilzunehmen. Anschließend wurde Christina im Beisein von Kardinälen, Diplomaten, Künstlern und Gelehrten im Petersdom beigesetzt – eine hohe Ehre für eine Frau und einmalig für eine Frau, die dereinst eine Krone getragen hatte. Azzolino, der nur sieben Wochen nach ihr starb, wusste wohl, was er Christinas Liebe zu Grandeur und Ehrerbietung schuldete. Das große Zeremoniell, das er zu ihrem Abgang inszenierte, war ein würdiger Abschied.

KÖNIG ERIK XIV. WASA (1533–1577)

König Erik XIV. Wasa heiratete im Jahre 1567 seine Mätresse Karin Mansdotter, die bürgerliche Tochter eines Kerkermeisters. Im darauffolgenden Jahr wurde Karin in den Adelsstand erhoben und zur Königin gekrönt.

Erik XIV. Wasa, der 1560 König von Schweden wurde, genoss die typische Erziehung eines Renaissanceprinzen, die vom Ideal des Universalgelehrten geprägt war. So studierte er Geschichte, Geografie und Politik. Er schlug die Laute, komponierte seine eigene Musik und beherrschte mehrere Sprachen. Allerdings wies er auch eine Charaktereigenschaft auf, die in striktem Gegensatz zu diesen gelehrten Idealen stand, und das war sein Hang zur Grausamkeit. Schon sein Vater Gustav I. Wasa war, dem Sohn ähnlich, bekannt für seine unbeherrschten Wutanfälle. Aus dieser Mischung aus Kultiviertheit und Wildheit resultierte ein merkwürdiger Charakter. Erik sollte Schweden zur Vormacht im Ostseeraum machen, aber er fühlte sich unwürdig wegen seiner Abstammung aus niederadeliger Familie. Dies hatte einerseits einen Minderwertigkeitskomplex zur Folge, führte aber andererseits zu der permanenten Furcht, dass eine edlere Sippe die seine aus der Macht drängen könnte. Aus diesem Grund wurde er paranoid und verdächtigte jeden adeligen Höfling der Verschwö-

rung. Jeder stand unter Verdacht, sobald er nur räusperte, hustete oder flüsterte. Außerdem streifte Erik mit blanker Klinge durch die Flure des Palastes, um jeden Höfling, Diener oder Pagen aufzuspüren, der die Unverschämtheit besitzen könnte, die Damen des Hofes zu belästigen.

EIN EXZENTRISCHER FANTAST

Um 1567 hatte Erik weitgehend die Fähigkeit verloren, Wahn und Wirklichkeit voneinander zu unterscheiden. Willkürlich befahl er die Vehaftung und Hinrichtung einiger Adeliger. Er setzte Svante Sure und dessen Sohn Niels gefangen und erdolchte Niels in seiner Zelle in Schloss Uppsala. Als Svante Sure wenig später starb, überkam den König die Reue und er stiftete beiden ein glanzvolles Begräbnis.

Schlussendlich wurde Erik 1569 abgesetzt und wegen seiner Verbrechen vor Gericht gestellt. Man sprach ihn schuldig und kerkerte ihn mit seiner Frau Karin und den Kindern ein, während sein Halbbruder Johann den Thron bestieg. In Gefangenschaft lebte Erik in ständiger Furcht vor gedungenen Mördern, und 1577 schließlich wurden seine Befürchtungen wahr. Er wurde mit einer vergifteten Erbsensuppe ermordet. Offiziell starb er »nach langer Krankheit«.

DIE BLUTERKRANKHEIT: EINE KÖNIGLICHE SEUCHE

Als die Bluterkrankheit in der britischen Königsfamilie zum ersten Mal auftrat, war es, als hätte die zehnte biblische Plage im Hause Hannover zugeschlagen. Wenn sie nicht noch schlimmer war: Denn bei den alten Ägyptern erschlug Gott immer den erstgeborenen männlichen Nachkommen; die tödliche Störung der Blutgerinnung, auch unter dem Namen Hämophilie bekannt, konnte dagegen jeden beliebigen Sohn treffen. Sie schlummerte in den Genen der Töchter, die sie wiederum auf die Enkel vererbten.

Bei den Kindern von Königin Viktoria und ihrem Mann, Prinz Albert von Sachsen-Coburg-Gotha, trat die Bluterkrankheit lange nicht in Erscheinung. Erst bei ihrem vierten und jüngsten Sohn Leopold schlug sie zu: Er wurde 1853 geboren, und drei Jahre spä-

Links: Zar Nikolaus II. mit seinem an Hämophilie erkrankten Sohn Alexej.
Oben: Die englische Königin Viktoria I. (in der Mitte, sitzend) im Kreis ihrer Familie. Viele von ihren Nachkommen waren von der Bluterkrankheit betroffen.

ter diagnostizierte man bei ihm die gefürchtete Erkrankung. An seinen Brüder Albert Eduard, Fürst von Wales (* 1841), Prinz Alfred (* 1844) und Prinz Arthur (* 1850) war der Kelch glücklicherweise vorübergegangen. Aber drei von Viktorias fünf Töchtern – nämlich Victoria, Alice und Beatrice – waren Überträgerinnen der Krankheit, ohne dass es jemand wusste. Alle drei heirateten europäische Fürsten und schleppten so die fatale Erbanlage in mehrere andere Königshäuser ein – mit furchtbaren Folgen für ihre Kinder und Enkelkinder.

Leopold, der vierte und jüngste Sohn von Königin Viktoria und Prinz Albert, sah wegen seiner Erbkrankheit sein Leben als verpfuscht an.

EINE FATALE ERBANLAGE

Leopolds Erkrankung war auch deswegen Anlass für große Besorgnis, weil man ihren Ursprung nicht kannte. Weder in der Familie von Königin Viktoria noch in der von Prinz Albert waren Fälle von Hämophilie aufgetreten. Die Mediziner der damaligen Zeit konnten das Phänomen nicht erklären. Heute weiß man, dass der Gendefekt, auf dem die Blutgerinnungsstörung beruht, nicht immer ererbt sein muss, sondern auch spontan auftreten kann. Eine solche sogenannte Spontanmutation kommt besonders häufig dort vor, wo der Vater schon älter ist. Deswegen erscheint es plausibel, dass Viktoria die Anlage zur Bluterkrankheit auf diesem Weg erworben hat: Ihr Vater Eduard, Herzog von Kent, der vierte Sohn Georgs III., war 51 Jahre alt, als im Jahr 1819 die spätere Königin auf die Welt kam.

Wie sein Vater, Prinz Albert, war Leopold blitzgescheit und ein unruhiger Geist, der vor Wissensdurst und Tatendrang beinahe platzte. Die Einschränkungen, die ihm seine Krankheit auferlegte, machten ihn fast wahnsinnig.

Das fürchterliche Erbe der Hämophilie zeigte sich bei Leopold schon bald anhand einer eigentlich harmlosen Kinderkrankheit, die wegen dieser Veranlagung einen lebensgefährlichen Verlauf nahm. 1861 grassierten bei den Kindern im Königshaus die Masern. Während Prinz Arthur und Prinzessin Beatrice mit der Infektion gut fertig wurden, wäre Leopold daran fast gestorben. Doch damals besaß der Körper des achtjährigen Prinzen noch genügend Selbstheilungskräfte, dass er überleben konnte.

MASSIVE BLUTUNGEN

In späteren Jahren kam Leopold mehrmals bei heftigen Blutungen nur knapp mit dem Leben davon – bis er im Jahr 1884, zehn Tage vor seinem 31. Geburtstag, sich innerhalb weniger Wochen zum zweiten Mal am Knie verletzte. Wo ein anderer eine Zeit lang mit einem dunkelblau geschwollenen Knie herumgehumpelt wäre, war er 24 Stunden später tot. Leopold wusste, dass er ständig mit dieser Gefahr rechnen musste, und betrachtete sein Leben daher von vornherein als verpfuscht.

Wäre Leopold ein Faulenzer oder ein Dummkopf gewesen, hätte er sich wahrscheinlich leichter in sein Schicksal gefügt. Aber wie sein Vater, Prinz Albert, war er blitzgescheit und ein unruhiger Geist, der vor Wissensdurst und Tatendrang beinahe platzte. Die Einschränkungen, die ihm seine Krankheit auferlegte, machten ihn fast wahnsinnig. Er wollte ein ganz normales Leben führen – trotz aller Risiken. Die erste Hürde auf diesem Weg war seine dominante Mutter. Viktoria erstickte ihn geradezu mit ihrer überängstlichen Fürsorge. Aber er schaffte es, sich freizuschwimmen: Er studierte an der Universität, nahm am gesellschaftlichen Leben teil, heiratete und bekam Kinder. Viktoria staunte – aber es gefiel ihr: Sie hatte sich

Rechts: Zarin Alexandra Fjodorowna von Russland mit Zarewitsch Alexej. Sie litt an fürchterlichen Schuldgefühlen, weil sie ihrem Sohn die Krankheit »übertragen« hatte.

Sterbefälle im Kindesalter waren zur damaligen Zeit keine Seltenheit … So sahen wohl auch Victoria und Alice, als sie ihre kleinen Söhne begruben, die Bluterkrankheit nur als eine von vielen Bedrohungen für das Leben ihrer Kinder an.

vorgestellt, dass so etwas für einen Bluter völlig unmöglich wäre.

Leopold war sich aber bei alledem immer bewusst, welches Damoklesschwert über ihm schwebte: Als seine Schwester Alice, Großherzogin von Hessen und bei Rhein, im Jahr 1873 ihren dreijährigen Sohn verlor, der aus dem Fenster stürzte, versuchte Leopold ihr klarzumachen, dass der frühe Tod vielleicht das Beste für den kleinen Friedrich Wilhelm gewesen sei: Auch er litt an der Bluterkrankheit, und das Unglück hatte ihm ein Leben voller Leiden und Angst erspart.

Schon sieben Jahre früher, 1866, hatte die Schwester von Alice, Kronprinzessin Victoria von Preußen, ebenfalls einen Sohn verloren. Sigismund war noch keine zwei Jahre alt gewesen. Auch Victorias jüngster Sohn Waldemar starb frühzeitig, nämlich im Jahr 1879 mit elf Jahren. In beiden Fällen war eine Infektionskrankheit die Ursache: Hirnhautentzündung beziehungsweise Diphtherie. Aber bei beiden Kindern hatte auch der Verdacht auf Hämophilie bestanden, und wenn das stimmte, konnte es den Verlauf der Krankheit verschlimmert haben.

Sterbefälle im Kindesalter waren zur damaligen Zeit keine Seltenheit. Zu den harten Realitäten des 19. Jahrhunderts gehörte es, dass in fast jeder kinderreichen Familie der Tod zuschlug – auf Grund von Unglücksfällen, aber sehr häufig auch auf Grund von Infektionskrankheiten, die durch die katastrophalen sanitären Verhältnisse verursacht waren. Man nahm das als traurige, aber unabänderliche Tatsache hin. Das galt für die Königs- und Fürstenhäuser in ganz ähnlicher Weise, obwohl bei Ersteren die Lebensbedingungen sicher in mancher Hinsicht besser waren. So sahen wohl auch Victoria und Alice, als sie ihre kleinen Söhne begruben, die Bluterkrankheit nur als eine von vielen Bedrohungen für das Leben ihrer Kinder an. Trotzdem war sie für den Hochadel mehr als eine normale Seuche: War sie erst einmal in eine Dynastie eingeschleppt, konnte sie deren Fortbestand gefährden.

EIN FLÄCHENBRAND

Das ganze Ausmaß dieser Katastrophe zeigte sich erst, nachdem Königin Viktoria, Victoria von Preußen und Alice von Hessen und bei Rhein schon tot waren und die Generation ihrer Töchter selbst Kinder hatte. Die Bluterkrankheit grassierte jetzt wegen Victoria im Geschlecht der Hohenzollern und wegen Alice im Haus Hessen-Darmstadt. Als Nächstes suchte sie die spanischen Bourbonen und die russische Zarenfamilie der Romanows heim, nachdem Enkelinnen von Königin Viktoria Zar Nikolaus II. und König Alfons XIII. von Spanien geheiratet hatten.

Die Frau von Nikolaus II. war Alix von Hessen und bei Rhein, die vierte Tochter von Alice. Als Zarin nannte sie sich Alexandra Fjodorowna. Die Hochzeit fand im Jahr 1894 statt; Nikolaus war gerade drei Wochen vorher Zar geworden. Beiden war bewusst, dass Alice eine Überträgerin der Bluterkrankheit war. Alexandras Schwester

Ihre ersten vier Kinder waren Töchter gewesen. 1904 kam dann ihr einziger Sohn zur Welt, der Zarewitsch Alexej. Dass er an Hämophilie litt, zeigte sich schon sechs Wochen nach seiner Geburt: Eine Blutung am Nabel hörte erst nach drei Tagen auf.

Irene hatte im Jahr 1889 einen Sohn mit Hämophilie geboren. Waldemar hatte allerdings Glück: Er wurde über 50 Jahre alt und lebte bis 1945. Sein jüngerer Bruder Heinrich (* 1900) starb dagegen schon mit vier Jahren, nachdem er sich den Kopf angeschlagen hatte.

Nikolaus und Alexandra waren schon zehn Jahre verheiratet, als sie selbst mit der furchtbaren Erbkrankheit konfrontiert wurden. Ihre ersten vier Kinder waren Töchter gewesen. 1904 kam dann ihr einziger Sohn zur Welt, der Zarewitsch Alexej. Dass er an Hämophilie litt, zeigte sich schon sechs Wochen nach seiner Geburt: Eine Blutung am Nabel hörte erst nach drei Tagen auf. Später bekam der Junge jedes Mal, wenn er hinfiel oder sich anstieß, ungewöhnlich ausgedehnte Blutergüsse, litt an inneren Blutungen oder Blutungen in den Gelenken, wenn er sich auch nur geringfügig verletzte.

Nikolaus und Alexandra waren bestürzt. Es war nicht nur ihre persönliche Tragödie. Für das Zarenreich war ein todkranker Thronfolger eine Katastrophe. Denn der Zar

Alexandra sah in Rasputin den Mann, den ihr Gott auf ihre Gebete hin gesandt hatte: Er könnte den Zarewitsch heilen – der nahe daran war, an der Krankheit zu sterben, und den die Ärzte schon aufgegeben hatten.

saß nicht sehr fest auf dem Thron. Zwar bemühte sich Nikolaus, den autokratischen, niemandem verantwortlichen Alleinherrscher zu spielen, aber überall erscholl der Ruf nach der Bildung eines Parlaments, einer »Duma«, wie es die Russen nannten, und Unruhen erschütterten das Reich. Alexandra, die eine pessimistische Natur war, verlegte sich aufs Beten. Sie wurde von furchtbaren Schuldgefühlen gequält, weil ihr klar war, dass nur sie die Krankheit auf ihren Sohn übertragen haben konnte. Bald klagte sie über Herzbeschwerden, Ischias und eine ganze Reihe anderer Symptome, bei denen man einen psychosomatischen Ursprung vermuten kann.

Ihre – berechtigte – Angst um den Sohn nahm fast wahnhafte Züge an. Zwei Matrosen folgten Alexej auf Schritt und Tritt, damit er sich nirgends wehtat. Aus politischen Gründen musste die Krankheit aber geheim bleiben. Ärzte, Diener und sonstige Angehörige des kaiserlichen Haushalts, die Bescheid wussten, wurden zu strengstem Stillschweigen verpflichtet. Doch das half wenig. Es war einfach nicht zu verhindern, dass die Leute ihre Schlüsse zogen, wenn der Thronfolger an Nasenbluten um ein Haar starb oder wochenlang im Bett bleiben musste, wenn er einmal hingefallen war.

EIN WUNDER

Im Jahr 1907 tauchte am Zarenhof ein *Starez* aus der Gegend am Ural auf: Grigorij Rasputin. Als Starez bezeichnete man im alten Russland einen Mann, der in unablässiger Askese und dauerndem Gebet eine besondere Beziehung zu Gott entwickelt hatte. Man sagte diesen Leuten die Fähigkeit zu Wunderheilungen nach, und so hielt sich manche Aristokratenfamilie einen solchen Bauernmystiker,

Grigorij Rasputin war ein *Starez*, ein »Mann Gottes«. Er hatte beachtlichen Einfluss auf die Zarin, nachdem sich Alexej mehrmals dank seines Eingreifens von schweren Blutungen erholt hatte.

um im Bedarfsfall auf seine Künste zurückgreifen zu können. Alexandra sah in Rasputin den Mann, den ihr Gott auf ihre Gebete hin gesandt hatte: Er könnte den Zarewitsch heilen, der nahe daran war, an der Krankheit zu sterben, und den die Ärzte schon aufgegeben hatten. Im Jahr 1907 war sein Zustand besonders ernst. Sein Bein schmerzte heftig und war geschwollen. Rasputin linderte Alexejs Beschwerden über Nacht, obwohl sich niemand dieses Wunder erklären konnte.

Der Zar, die Zarin und ihre Kinder wurden am 17. Juli 1918 samt ihrer Dienerschaft und ihrem kleinen Hund von kommunistischen Soldaten ermordet.

RASPUTIN AN DER MACHT

Von diesem Augenblick an waren Nikolaus und vor allem Alexandra ergebene Jünger Rasputins. Wo das strenge Hofzeremoniell allen Mitgliedern des kaiserlichen Haushalts äußerste Devotion abverlangte, genoss er eine unerhörte Freiheit und konnte sagen und tun, was er wollte. Alexandra wurde ihm regelrecht hörig – dachte sie doch, dass das Leben ihres Sohnes von ihm abhing, und tatsächlich soll Rasputin den Zarewitsch mehrmals in kritischen Situationen gerettet haben. Bald konnte der *Starez* auch politisch Einfluss nehmen und so seinen Freunden einige lukrative Posten zuschanzen.

Als der Erste Weltkrieg ausgebrochen war, musste der Zar an die Front reisen und ließ die Regierungsgewalt in den Händen Alexandras zurück. In Wirklichkeit wurde diese aber bald von Rasputin ausgeübt. Damit machte sich der Mann Gottes neue Feinde. Am Zarenhof neideten ihm viele seinen Einfluss, und darüber hinaus war er ein Kriegsgegner. So bildete sich im Jahr 1916 eine Gruppe von Verschwörern unter Fürst Felix Jussupow, der mit dem Zaren verschwägert war. Sie misshandelten Rasputin aufs Grausamste, töteten ihn und warfen seine Leiche in die Newa. Alexandra war schockiert. Sie hatte das Gefühl, dass Gott sie verlassen hatte und ihr Sohn verloren war. Russland, so prophezeite sie, sei nun verflucht und die ganze Zarenfamilie mit.

Bereits im März 1917, nur ein Vierteljahr nach Rasputins Tod, brachen Unruhen aus, die Truppen meuterten, und der Zar musste abdanken. Die Übergangsregierung unter Alexander Kerenskij wurde ein halbes Jahr später von den Bolschewiken unter Wladimir Iljitsch Lenin gestürzt. Damit war das Schicksal der Romanows besiegelt. Die ganze Familie wurde am 17. Juli 1918 in Jekaterinburg im Ural von kommunistischen Soldaten erschossen. Ironie des Schicksals: als Letztes starb Zarewitsch Alexej.

DIE BLUTERKRANKHEIT IN SPANIEN

In der Zeit, als Alexej zur Welt kam, wusste man schon recht viel über die Bluterkrankheit. Zwar gab es noch immer keine wirksame Behandlung gegen sie, aber man hatte das Schema entschlüsselt, nach dem sie sich vererbte. So wurde König Alfons XIII. von Spanien, als er im Jahr 1905 19-jährig auf Brautschau nach England kam, gewarnt, dass einige der englischen Prinzessinnen Trägerinnen der fatalen Erbanlage sein könnten.

Alfons' Kandidatinnen waren Prinzessin Patricia, Tochter von Prinz Arthur, Beatrice von Sachsen-Coburg, Tochter von Prinz Alfred, und Victoria Eugenie, Tochter von Königin Viktorias jüngstem Kind, Beatrice von Battenberg. Bei Beatrice von Sachsen-Coburg und Patricia konnte man fast ausschließen, dass sie das Bluter-Gen in sich trugen, da ihre Väter gesund waren. Aber unglücklicherweise suchte sich Alfons die falsche Braut aus: Victo-

ria Eugenie, auch bekannt als Ena, die den Defekt von ihrer Mutter ererbt hatte. Es war bereits sicher, dass Beatrice von Battenberg eine Trägerin der Hämophilie war: Ihr Sohn Leopold war erkrankt und sollte später auch daran sterben, im Jahr 1922, er war gerade 33 Jahre alt.

EINE UNVERANTWORTLICHE WAHL

Wenn man sich diese Tatsachen vor Augen hält, muss Alfons genau gewusst haben, welches Risiko er einging, wenn er Ena heiratete. Er wurde auch von mehreren Seiten ausdrücklich gewarnt: von seinem Außenminister, seiner Familie, von Enas Mutter, vom englischen König Eduard VII. – Enas Onkel – und sogar von der Braut selbst. Er hörte sich alle geduldig an und dachte sich: Lass sie reden. Denn er besaß das heiße Blut der Bourbonen und eine gehörige Portion jugendlichen Leichtsinn – und Enas Reize waren einfach zu verlockend. Und sicher würden sie ja mehrere Kinder miteinander haben, eines von ihnen würde schon davonkommen …

In der Zeit, als Alexej zur Welt kam, wusste man schon recht viel über die Bluterkrankheit. Zwar gab es noch immer keine wirksame Behandlung gegen sie, aber man hatte das Schema entschlüsselt, nach dem sie sich vererbte.

Doch dem folgte bald das böse Erwachen. Als er 1906 in den Hafen der Ehe einlief, zeigte sich schnell, dass er geradewegs Kurs auf eine Katastrophe genommen hatte. Der erste Sohn des Königspaares, Alfonsito, wurde 1907 geboren. Gemäß einer Tradition am spanischen Königshof wurde das Kind beschnitten. Zu ihrem Entsetzen mussten die Ärzte dabei feststellen, dass es danach stundenlang sehr stark blutete. Ein Fall von Hämophilie, daran gab es nichts zu deuten. König Alfons war verzweifelt. Er verfluchte Ena, seine Schwiegermutter, aber auch sich selbst und seine verdammte Gier nach dieser englischen Braut.

Dennoch probierte er es gleich wieder. 1908 kam ein weiterer Sohn zur Welt, Jaime. Er war kerngesund, und Alfons' Stimmung hob sich wieder. Er hoffte sogar, dass auch Alfonsito auf irgendeine wundersame Weise von seiner Krankheit geheilt werden würde – genauso wie es damals Prinz Albert bei Leopold gehofft hatte.

EINE ZERSTÖRTE EHE

In acht Ehejahren hatte Ena ihrem Mann, König Alfons XIII. von Spanien, sieben Kinder geboren – aber darunter nur einen gesunden männlichen Erben, Don Juan. Er kam 1913 auf die Welt und ist der Vater des spanischen Königs Juan Carlos. Von ihren anderen Söhnen waren zwei Bluter, ein weiterer, Don Jaime, war nach einer Operation seit 1911 taubstumm. Diese furchtbare Familienhistorie zerstörte die Ehe zwischen Alfons XIII. und Ena. Der König wandte sich seinen Mätressen zu und den gesunden Kindern, die sie ihm gebaren; Ena der Wohltätigkeit und dem sozialen Engagement. 1931, als in Spanien die Republik ausgerufen wurde und Alfons ins Exil ging, bemühte er sich sofort um eine juristische Trennung von seiner Frau. Die Ehe endete in einer Schlammschlacht aus gegenseitigen Anklagen und den Vorwürfen, der Partner habe Ehebruch begangen – was bei Alfons zweifellos der Fall war. Merkwürdigerweise hoffte Ena noch jahrelang auf eine Versöhnung – jedoch vergebens. Nicht einmal beim Tod der beiden hämophiliekranken, erwachsenen Söhne wurde die Chance genutzt, wieder aufeinander zuzugehen.

Prinzessin Victoria Eugenie von Battenberg, besser bekannt unter dem Namen Ena, war eine Enkelin der englischen Königin Viktoria. Der Gendefekt, auf dem die Bluterkrankheit beruht und den sie an drei ihrer Söhne weitergab, wurde ihr von ihrer Mutter Beatrice vererbt.

Alfons XIII. war bereits bei seiner Geburt König von Spanien. Er wollte die Warnungen seiner Braut, deren Mutter und vieler anderer vor der Bluterkrankheit nicht hören.

Und wie Leopold war auch Alfonsito, der als Thronfolger nach alter spanischer Tradition den Titel eines »Prinzen von Asturien« trug, ein hellwacher, intelligenter Bursche. Voller Hoffnung schrieb ihn sein Vater beim ersten Regiment der königlich spanischen Armee ein und schmiedete Pläne für seine Erziehung zum künftigen König von Spanien. Aber sosehr sich Alfons selbst in Sicherheit zu wiegen versuchte, was die Zukunft seines ältesten Sohnes und Erben anging – die Beziehung zu seiner Frau war seit der Diagnose der Bluterkrankheit zerstört. Jedes Mal, wenn er daran dachte, dass der Prinz vielleicht nicht überleben würde – und solche Anwandlungen hatte der labile König, dessen Stimmungen rasch wechselten, immer wieder –, fraßen ihn Hass, Bitterkeit und Wut auf Ena fast auf. Beim nächsten Kind erfüllten sich Alfons' schlimmste Befürchtungen: Der Sohn wurde tot geboren, und die Ärzte stellten fest, dass auch er Bluter gewesen wäre. Bluter war ebenso der letzte Sohn von Alfons und Ena, Gonzalo, der 1914 auf die Welt kam.

GIER NACH NORMALITÄT

Wie ihr verstorbener Großonkel, der englische Prinz Leopold, legten auch Alfonsito und Gonzalo Wert darauf, ein ganz normales Leben zu führen. Als ihr Vater im Jahr 1931 ins Exil ging, fielen auch für sie die royalen Verpflichtungen weg und sie konnten ihre eigenen Wege gehen. Gonzalo, bei dem die Krankheit weniger stark ausgeprägt zu sein schien, begann 1934 an der Katholischen Universität Löwen ein Maschinenbaustudium. Im August dieses Jahres machte Gonzalo eine Spazierfahrt mit seiner Schwester Beatrix. Als sie einem Radfahrer auszuweichen versuchten, fuhr der Wagen gegen eine Mauer. Beide schienen nur leicht verletzt zu sein, aber Gonzalo starb zwei Tage später an inneren Blutungen.

Alfonsito hatte man nach dem Abschied aus Spanien in einer Klinik in der Schweiz untergebracht. Aber wenn seine Eltern gehofft hatten, er würde dort bleiben, hatten sie sich getäuscht. Ungeachtet aller Risiken wollte er sein Leben genießen. 1933 hatte er sich in eine Mitpatientin verliebt und bestand gegen den erbitterten Widerstand des Vaters darauf, sie zu heiraten. Er verzichtete für sie auf alle seine Rechte als spanischer Thronfolger. Denn seine Braut, eine Kubanerin mit dem etwas bombastischen Namen Edelmira Sampedro-Ocejo y Robato, erachtete

Links: Alfons junior, Prinz von Asturien, war das erste Kind von König Alfons XIII. und Königin Ena – und gleichzeitig der erste Fall von Hämophilie im spanischen Königshaus.

man nicht als den passenden Partner für einen Prinzen, dessen Vater sich immer noch Hoffnungen machte, eines Tages die spanische Krone wiederzugewinnen.

Die Neuvermählten zog es in die Vereinigten Staaten, wo Alfons seinem Hang zum Dasein als Farmer freien Lauf lassen wollte. Stattdessen aber ließ er seinem Hang zu sexuellen Abenteuern freien Lauf. 1937 zerbrach seine Ehe. Noch im gleichen Jahr heiratete Alfons eine andere Kubanerin, auch diese Ehe hielt nur sechs Monate.

Im August 1934 machte Gonzalo eine Spazierfahrt mit seiner Schwester Beatrix. Als sie einem Radfahrer auszuweichen versuchten, fuhr der Wagen gegen eine Mauer. Beide schienen nur leicht verletzt zu sein, aber Gonzalo starb zwei Tage später.

In dem Bewusstsein, dass die Uhr tickte, stürzte sich der junge Mann nun ins pralle Leben. Er hatte eine ganze Reihe von Liebesaffären und schließlich eine Liaison mit Mildred Gaydon, ihres Zeichens Hostess in einem Nachtklub in Miami. Bei ihr dachte er wieder einmal an Heirat. Aber dazu kam es nicht mehr. 1938 hatte er einen Autounfall, als er Mildred nach Hause fuhr. Man brachte ihn ins Krankenhaus, wo er nach einigen Tagen verblutete. Er wurde 31 Jahre alt.

EIN HOFFNUNGSSCHIMMER

Die vielen ruinierten Leben und zerstörten Hoffnungen, die das spanische Königshaus der Bluterkrankheit verdankt, deuten auf kein Happy End hin. Doch die Fänge des Schicksals scheinen nicht so weit zu reichen, wie König Alfons das befürchtet hatte. Er fühlte sich jahrelang verpflichtet, jeden potentiellen Heiratskandidaten vor seinen Töchtern Beatrix und Maria Christina und der tödlichen Seuche zu warnen, die sie möglicherweise in sich trugen. Viele ließen sich dadurch abschrecken, das grausame Schicksal, das die Brüder der beiden Mädchen erleiden mussten, vor Augen.

Beatrix und Maria Christina waren beide attraktive und modebewusste junge Frauen. Zu Recht waren sie in europäischen Gesellschaftskreisen beliebt. Und nun mussten sie sich als Parias fühlen und damit rechnen, dass sie ohne eigenes Verschulden zu einem Dasein als alte Jungfern verdammt wären. Zu guter Letzt erlaubte ihnen Vater

Alfons doch noch zu heiraten – in einem für Prinzessinnen schon sehr späten Alter. Beatrix heiratete 1935 im Alter von 26 Jahren den Prinzen Alexander Torlonia von Civitella-Cesi. Maria Christina war noch ein Jahr älter, als sie 1940 die zweite Frau von Enrico Marone-Cinzano wurde – kein Prinz, aber immerhin der Chef des weltbekannten Wermut-Herstellers. Ihretwegen wurde er aber zum Grafen Marone ernannt und Maria Christina damit die erste Gräfin Marone. Beide Mädchen bekamen Kinder. Keines von ihnen war Bluter. Auch in der Enkelgeneration trat die Krankheit nicht mehr auf.

Trotzdem ist die schreckliche Bilanz der Bluterkrankheit beachtlich: In drei Generationen waren 16 Nachkommen von Königin Viktoria davon befallen, sie zerstörte zwei königliche Familien, brachte vielen einen frühen Tod und verpfuschte ganze Leben.

> Beatrix und Maria Christina waren beide attraktive und modebewusste junge Frauen. Zu Recht waren sie in europäischen Gesellschaftskreisen beliebt. Und nun mussten sie sich als Parias fühlen und damit rechnen, dass sie ohne eigenes Verschulden zu einem Dasein als alte Jungfern verdammt wären.

Königin Ena (Mitte) mit ihren Töchtern Beatrix (links) und Maria Christina (rechts). Die beiden Prinzessinnen konnten lange nicht heiraten, aber keines von ihren Kindern litt später an der Bluterkrankheit.

DIE GESCHICHTE DER BLUTERKRANKHEIT

Die Bluterkrankheit oder Hämophilie, eine Störung der Blutgerinnung, die nur bei Männern auftritt, wurde 1803 von dem amerikanischen Arzt John Conrad Otto aus Philadelphia zum ersten Mal wissenschaftlich erforscht. Bekannt war sie schon lange vorher: eine rätselhafte Krankheit, die bei den geringsten Anlässen heftigste Blutungen verursacht. Es gab Berichte über Knaben, die nicht mehr zu bluten aufhörten, nachdem sie zu heftig am Zahnfleisch gerieben hatten. Schon eine kleine Schnittwunde konnte tödlich sein. Ein aufgeschlagenes Knie, wie es sich Kinder beim Spielen ab und zu zuziehen, war lebensgefährlich. Selbst scheinbar harmlose Prellungen waren nicht zu unterschätzen: Sie setzten sich meist als bedrohliche innere Blutung fort.

SCHMERZEN UND ERKRANKUNGEN

Die Gefahr eines frühen Todes war bei Blutern sehr hoch. Aber auch Kranke, die ein normales Alter erreichten, mussten viel aushalten. Sie litten heftige Schmerzen, bis die Blutungen zum Stillstand kamen – bei einem Bluter dauert das mindestens 30 Minuten, oft aber mehrere Stunden, während sich bei Gesunden eine Wunde innerhalb von fünf bis 15 Minuten schließt. Bei Blutern wurde darüber hinaus der ganze Organismus von der Hämophilie in Mitleidenschaft gezogen, sodass häufig Folgeerkrankungen auftraten, vor allem Arthrose und Anämie. Diese schwächten die Abwehrkräfte, sodass sie normalen Infektionskrankheiten fast schutzlos ausgeliefert waren.

Gegen die Schmerzen konnte man Morphium verabreichen, das aber süchtig machte, oder warten, bis der Kranke vor Qualen ohnmächtig wurde. Bis zur Mitte des 20. Jahrhunderts gab es keine Therapie, die wissenschaftlichen Ansprüchen standhielt. In den 1930er Jahren wurden Eiweiß, Erdnussmehl und Schlangengift als Mittel gegen Hämophilie angepriesen, aber der medizinische Durchbruch erfolgte erst 20 Jahre später.

Man fand heraus, dass bei der häufigsten Form, der sogenannten Hämophilie A, durch eine Mutation des X-Chromosoms der Blutgerinnungsfaktor VIII fehlt, der auch »antihämophiles Globulin« genannt wird. Zwar ist die Krankheit weiterhin unheilbar, aber durch die intravenöse Zufuhr des fehlenden Globulins können Bluter heute ein relativ normales Leben führen.

Der Sarg des hämophiliekranken Prinzen Leopold, Herzog von Albany, des jüngsten Sohnes von Königin Viktoria, liegt mit Kränzen und Blumen geschmückt in der Villa Nevada in Cannes.

KÖNIGE UND KOMMUNISTEN: CAROL II. VON RUMÄNIEN

Georg V. von England, mit dem er verwandt war, sagte über ihn, er sei ein »richtiger Schurke«: König Carol II. von Rumänien (1893–1953) wurde zweimal aus seinem Land vertrieben, sorgte mit seinen Skandalen für dicke Schlagzeilen und war dreimal verheiratet, zweimal mit »nicht standesgemäßen« Frauen. Er starb im Exil, von aller Welt vergessen. Nur zwei Familienmitglieder folgten seinem Sarg.

Eigentlich konnte keiner ernsthaft damit rechnen, dass Carol II. von Rumänien »ganz normal« leben und regieren würde. Dazu geriet er einfach zu sehr nach seiner Mutter. Marie von Edinburgh, eine Enkelin von Königin Viktoria, neigte zu Leidenschaft und dramatischen Gesten. Diese resolute Person hatte

Links und oben: König Carol II. von Rumänien war keine Schönheit – aber die Frauen liebten ihn. Mit seinen Eskapaden machte er in ganz Europa Schlagzeilen.

nie Skrupel, zu schockieren. Als Carol gerade fünf Jahre alt war, hatte sie ihren ersten Liebhaber – es war keineswegs der letzte.

Carols Vater Ferdinand, bei der Geburt des Sohnes noch Kronprinz und später König von Rumänien, war das glatte Gegenteil seiner Frau. Scheu, fast übertrieben bescheiden und nachgiebig, ordnete er sich völlig dem Willen seines Onkels, des Königs Carol I., unter. Anders als Marie, die den Konflikt mit Carol dem Schrecklichen nicht scheute, ließ Ferdinand seinen Onkel über sich bestimmen. Er agierte bei offiziellen Anlässen wie eine Marionette und selektierte seine sozialen Kontakte ganz nach dessen Wünschen. Das war oft sehr hart, aber lehr-

Carols Mutter, Königin Marie, war eine Enkelin der englischen Königin Viktoria. Genau wie später ihr Sohn, scheute sie keinen Skandal und hatte eine ganze Reihe von Liebhabern.

reich. Wichtig war am Hof Carols I. vor allem die Erkenntnis, dass »der Onkel« – so nannte man den König ehrfurchtsvoll – es stets besser wusste. Sein Credo bestand aus Disziplin, Gehorsam, Unterwerfung unter den Willen der Obrigkeit und treuer Pflichterfüllung. Diesen preußischen Tugendkanon hatte er, als er im Jahr 1866 die Regierung in Rumänien antrat, aus seiner Heimat mitgebracht, stammte er doch aus dem Haus Hohenzollern (wenn auch aus der schwäbischen Linie der Hohenzollern-Sigmaringen). Als König war es für ihn selbstverständlich, auch die Erziehung von Ferdinands Sohn Carol in die Hand zu nehmen. Er engagierte ein englisches Kindermädchen, Mary Green, die sich wunschgemäß als Musterexemplar der robusteren Gattung der *Nanny* erwies. Als Carol älter wurde, fand der König ebenfalls geeignete Zuchtmeister, die diesen Erziehungsstil planmäßig fortsetzten.

LAUNISCH UND UNZUGÄNGLICH

Carol wuchs in einer spannungsgeladenen häuslichen Atmosphäre auf – zwischen einem schwachen Vater, einer ruhelosen Mutter und einem dominanten Großonkel. Das blieb nicht ohne Folgen. Der »furchtbar liebe« Bub, wie ihn Marie einmal genannt hatte, als er noch ganz klein war, wurde eigensinnig, launisch und unzugänglich, neigte aber auch zu Melancholie und Depression.

1913 kam er auf Vorschlag seiner Mutter auf die Potsdamer Militärakademie – eine Idee, der sein Großonkel begeistert zugestimmt hatte. Carol unterzog sich bereitwillig dem militärischen Drill, ja, ihm schien der strenge preußische Geist, der hier herrschte, sogar zu gefallen. Bald nach dem Ausbruch des Ersten Weltkrieges, im Oktober 1914, starb der alte König Carol I., und Ferdinand wurde sein Nachfolger. Unter seiner Regierung fiel 1916 die Entscheidung, auf der Seite der Alliierten gegen Deutschland in den Krieg einzutreten.

HEIMLICHE HOCHZEIT

Als Kronprinz und Thronerben hielt man Carol fern vom Schlachtengetümmel. Er blieb in Bukarest, wo er sich in Ioana Lambrino, genannt Zizi, verliebte, eine Offizierstochter, deren Familie am rumänischen Königshof aus und ein ging. Carol wollte sie heiraten, aber das war nach dem Gesetz nicht erlaubt: Seit Carol I. im Jahr 1881

Rechts: Carol mit seiner ersten Frau Ioana Lambrino, genannt Zizi. Es war eine morganatische Verbindung, und Zizi konnte nicht Königin werden, wenn Carol die Thronfolge antrat.

den Königstitel angenommen hatte, durften die Angehörigen des Herrscherhauses keine Ehe mit Rumänen eingehen.

Um das zu umgehen, schmuggelte er Zizi über die russische Grenze und heiratete sie dort heimlich. Die Hochzeit fand am 31. August 1918 in einer Kirche in der Nähe von Odessa statt. Als alles vorbei war, informierte Carol seinen Vater per Telegramm, er sei jetzt verheiratet. In Bukarest war man bestürzt. König Ferdinand weinte und überlegte zusammen mit seinen Ministern, wie man Carol zu einer Trennung von Zizi zwingen könnte. Schließlich verurteilte er seinen Sohn zu 75 Tagen Haft in einem Kloster in den Ostkarpaten bei Bicaz. Um das Gesicht zu wahren, verschwieg man den wahren Grund und behauptete, Carol habe seine Einheit verlassen und ohne Erlaubnis die russische Grenze überschritten.

Da Carol sich noch in Russland aufhielt, hatte das Urteil keine praktischen Folgen. Aber irgendwie schaffte man es, ihn und Zizi in einen Zug Richtung Bukarest zu verfrachten. Dort angekommen, redete man Tag und Nacht auf ihn ein, sich von dieser Frau zu trennen. Zuerst weigerte er sich, aber am 20. September 1918 hatte man ihn

---

Er schmuggelte Zizi über die russische Grenze und heiratete sie dort heimlich. Die Hochzeit fand am 31. August 1918 in einer Kirche in der Nähe von Odessa statt.

---

schließlich weichgekocht: Er stimmte einer Annullierung seiner Ehe zu. Die Situation schien gerettet. Doch die Seufzer der Erleichterung kamen zu früh.

NEUAUFLAGE EINER KRAFTPROBE

Der Konflikt brach sofort wieder aus, als Zizi verkündete, sie sei schwanger. Carol stellte sich sogleich auf ihre Seite – bereit, dafür auch seinen Thronanspruch aufzugeben. Er ging so weit, dass er sogar zweimal einen Versuch zur Selbstverstümmelung unternahm: Er warf sich unter ein Pferd und schoss sich ins Knie.

Aber das war nicht die Art von Heldentum, die in dieser Zeit gefordert war. 1919 hatte Rumänien sein Territorium erheblich vergrößern können, aber das brachte auch Probleme. Unruhige nationale Minderheiten mussten integriert werden, und das Nachbarland Ungarn, auf dessen Kosten ein großer Teil der rumänischen Gebietsge-

winne ging, war ein Pulverfass. Wenn der Thronfolger sein Land in dieser kritischen Situation im Stich ließ, war das gefährlich – für den Staat wie für die Dynastie. Letztlich erreichten die politischen Wirren, was Carols Vater nicht geschafft hatte: Als Rumänien gegen Ungarn kämpfte – dort versuchte 1919 eine kommunistische Räteregierung, die Revolution auch in Nachbarländer zu exportieren –, rückte der Königssohn zum Militärdienst ein und ließ Zizi zurück. Carols Eltern nutzten die Gunst der Stunde und sorgten dafür, dass er ununterbrochen im Felde stand. So hofften sie ihn zur Räson zu bringen.

DER KRONPRINZ KAPITULIERT

Allmählich bröckelte Carols Widerstand, bis er zuletzt, in der Weihnachtszeit 1919, Zizi einen Brief schrieb, in dem er mit ihr brach und sie im Stich ließ – wie sie es sah. Nur zwei Wochen danach, am 8. Januar, kam ihr Kind zur Welt, ein Sohn, den sie Carol Mircea nannte. Der Kronprinz machte nicht einmal einen Versuch, das gemeinsame Kind zu sehen. Offensichtlich hatte er nicht mehr vor, seine für illegal und nichtig erklärte Ehe mit Zizi fortzusetzen, und als seine Eltern darangingen, eine Heirat mit Prinzessin Helene von Griechenland zu arrangieren, war er einverstanden. Schon eine Woche nachdem sich die beiden in der Schweiz zum ersten Mal getroffen hatten, bat sie der impulsive Carol um ihre Hand. Seine Mutter Marie war überglücklich. Der Sohn schien gerettet und auf Dauer rehabilitiert.

Aber das war Wunschdenken. Schon bald nach der Hochzeit am 10. März 1921 zeigte sich, dass Carol und Helene wenig gemeinsam hatten. Ihr Sohn Michael kam am 25. Oktober 1921 als Frühgeburt zur Welt. Die Geburt hatte die Mutter körperlich stark belastet, und auch das wirkte sich ungünstig auf die Beziehung aus. Außerdem litt Helene furchtbar an Heimweh. So fuhr sie in der ersten Jahreshälfte 1922 mit ihrem Sohn nach Athen. Volle vier Monate sah man sie nicht mehr in Rumänien.

In dieser Zeit musste ihr Vater, König Konstantin I. von Griechenland, abdanken und ins Exil gehen. Auch seine Frau Sophie und Helenes jüngere Schwestern flohen ins Ausland. Ihre erste Station war Rumänien, wo sie mit Helene eintrafen. Doch die Entfremdung zwischen Carol und Helene war unübersehbar. Dafür gab es allerdings recht handfeste Gründe. Denn der Kronprinz hatte es mit der Treue nie so genau genommen – auch während seiner Zeit mit Zizi Lambrino nicht. Und bald muss Helene auch zu Ohren gekommen sein, dass ihr

1921 Carol ging eine neue Ehe ein, die aus dynastischer Sicht in Ordnung war: mit Helene von Griechenland. Bereits nach sieben Monaten kam Sohn Michael (rechts) zur Welt, der letzte rumänische König.

Mann eine neue Flamme hatte und dass wohl mehr dahintersteckte als eine flüchtige Affäre. Diese Frau war Elena Lupescu.

Diskretion war Carol fremd, und so zeigte er sich mit seiner neuesten Eroberung ungeniert in der Öffentlichkeit – mit dem Effekt, dass bald das ganze Land über Lebensgeschichte und Persönlichkeit der Lupescu Bescheid wusste. Die Zeitungen weideten sich daran, und ihre Berichterstattung war nicht gerade freundlich.

MAGISCHE ANZIEHUNGSKRAFT

Die rothaarige, grünäugige Elena Lupescu, genannt Magda, wurde 1896 als Tochter eines jüdischen Apothekerpaares in Iasi geboren. Als Carol sie kennenlernte, war sie noch die Frau des rumänischen Leutnants Ion Tampeanu. Dieser ließ sich später wegen Ehebruchs von ihr scheiden. Magda war eine ständige Gefahr für die Ehen diverser bedauernswerter Frauen, die alle Hände voll zu tun hatten, ihre zum Streunen neigenden Männer an die Leine zu legen. Dabei war sie weder besonders schön noch übermäßig charmant. Aber mit ihrem Sex-Appeal übte sie eine magische Anziehungskraft auf Männer aus, die dafür empfänglich waren. Das war Carol in hohem

Maße, und so dauerte es nicht lange, bis sie ihn eingefangen hatte. Das war eine Steilvorlage für alle seine Feinde, die bald nur noch von dessen »jüdischer Hure« sprachen. Aber nicht nur seine Affäre, sondern auch seine politischen Fehler machten Carol angreifbar. Er überwarf sich

Elena Lupescu, genannt Magda, war Carols große Liebe. Sie lernten sich 1923 kennen und blieben bis zu seinem Tod im Jahr 1953 ein Paar.

mit den Nationalliberalen, die seit 1922 das Land regierten. Einmal drohte er, die Partei zu verbieten und Ministerpräsident Ion Bratianu auszuweisen, sobald er König wäre. Nicht nur Bratianu geriet in die Schusslinie des Kronprinzen, sondern auch dessen Anhänger und Schwager Barbu Stirbey, der noch dazu ein langjähriger Liebhaber der Königin war. Angeblich war er sogar der Vater von Maries jüngstem Sohn Mircea.

EINE GÜNSTIGE GELEGENHEIT

Es war dumm von Carol, einen mit allen Wassern gewaschenen Politiker wie Bratianu mit offenem Visier anzugreifen. Der alte Fuchs schlug nicht offen zurück – aber umso bösartiger. Der Antisemitismus war in Rumänien weit verbreitet, und so war schnell eine Kampagne gegen Magda Lupescu im Gange – mit der man natürlich auch den Kronprinzen traf. Der fand sich 1924 plötzlich aus dem Kronrat ausgeschlossen, als seine Eltern gerade auf Auslandsreise waren; normalerweise hätte er das Gremium in diesem Fall leiten sollen. Dann warf Bratianu dem Luftfahrtminister Bestechlichkeit bei der Beschaffung neuer Flugzeuge für die rumänische Luftwaffe vor. Auch hier saß Carol indirekt mit auf der Anklagebank, denn er war Generalinspekteur der Luftwaffe. Zwar ergaben die Ermittlungen, die man einleitete, keinerlei Anhaltspunkte für eine Schuld des Ministers – aber auch das konnte nicht verhindern, dass die Saat des Misstrauens aufging, die Bratianu ausgestreut hatte.

In kürzester Zeit hatte es der Ministerpräsident geschafft, dass jeder, der in Rumänien etwas zu sagen hatte, Carols Feind war. Die Götterdämmerung begann, als der Thronfolger im November 1925 als Repräsentant Rumäniens beim Begräbnis seiner Großtante Alexandra, der Witwe des englischen Königs Eduards VII., erscheinen sollte. Er wollte nicht riskieren, Magda länger allein zu lassen und vielleicht zu verlieren. Also sorgte er dafür, dass sie nach Paris kam. Als das Begräbnis vorüber war, trafen sich die beiden dort und reisten nach Italien weiter. Die Bombe platzte dann im Dezember: König Ferdinand erhielt einen Brief seines Sohnes aus Venedig. Darin stand zu lesen, dass er auf sein militärisches Kommando, seinen Thronfolgeanspruch und die Anerkennung als Mitglied des rumänischen Königshauses verzichte. Er bat seinen Vater sogar um eine Namensänderung.

EIN NEUES LEBEN BEGINNT

Man nötigte ihn, nach Rumänien zurückzukommen und sich alles noch einmal zu überlegen. Aber dieses Mal gab er nicht nach, zumal auch Magda ihn dazu beschwor. Schließlich sahen alle Beteiligten ein, dass nichts zu machen war. Am 20. Juli 1927 starb König Ferdinand. Carols fünfjähriger Sohn wurde sein Nachfolger. Dessen Onkel, Prinz Nikolaus, übernahm die Regentschaft. Unterdessen lebte Carol unter dem neuen Namen Caraiman in Paris, war glücklich mit seiner Magda und beschäftigte sich mit Briefmarkensammeln, Musik und schnellen Autos. Trotzdem hatte er Sehnsucht nach Rumänien und verzehrte sich nach einem Wink aus der Heimat, der ihm die Rückkehr nahelegen würde.

Und seine Chance kam. 1927 starb Bratianu, und der Niedergang seiner Partei war damit besiegelt. Ende des darauffolgenden Jahres wurde Iuliu Maniu, der Führer der Bauernpartei, der mit Carol sympathisierte, Ministerpräsident. Aber bevor dieser aus seinem Exil zurückkehren konnte, musste man erst einmal ausloten, ob er

---

Elena Lupescu war weder besonders schön noch übermäßig charmant. Aber mit ihrem Sex-Appeal übte sie eine magische Anziehungskraft auf Männer aus, die dafür empfänglich waren.

---

auch eine Machtbasis im Land hatte. Darüber vergingen noch einmal 18 Monate, doch als Carol am 6. Juni 1930 auf dem Bukarester Flughafen Baneasa wieder heimatlichen Boden betrat, wurde er von den Rumänen jubelnd empfangen.

Maniu wollte Carol wieder in den Kronrat aufnehmen, aber der hatte ganz andere Pläne: Sobald er sich einigermaßen sicher fühlte, erklärte er sich zum König mit allen Rechten – und das waren nach seiner Lesart die Rechte eines Alleinherrschers.

CAROLS RACHEFELDZUG

Zum ersten Mal in seinem Leben konnte der knapp 37-Jährige jetzt nach Gutdünken schalten und walten. Und was ihm gut dünkte, war zunächst einmal die Rache für alles, was man ihm früher angetan hatte. Das erste Opfer war seine Mutter. Er hatte ihr die Rolle nie verziehen, die sie bei der Zerstörung seiner ersten Ehe gespielt hatte. Deswegen umgab er sie jetzt mit Spitzeln, kürzte ihr die Apanage und schloss sie von jeglicher Mitwirkung am politischen Geschehen aus.

Marie entzog sich den Schikanen, indem sie ins Ausland reiste und jahrelang nicht mehr zurückkam. Nach langer Krankheit lag sie 1938 in einem Dresdner Krankenhaus und fühlte ihr Ende nahen. Nun hatte sie doch den Wunsch, zu Hause zu sterben, doch Carol weigerte sich ihr ein Flugzeug zur Verfügung zu stellen. Mit letzter Kraft überstand sie die Bahnfahrt nach Rumänien. Noch am Abend ihrer Ankunft, am 18. Juli, schloss sie im Pelisor-Palast für immer die Augen.

Aber Carol hatte noch mehr vor. Im April 1937 verwies er seinen Bruder Nikolaus mitsamt seiner Frau Ioana des Landes. Mit verblüffender Scheinheiligkeit warf er ihm genau dasselbe »Verbrechen« vor, das er selbst begangen hatte: Denn Ioana war Rumänin, genauso wie Zizi Lambrino – und Carol machte seinem Bruder klar, dass eine solche Ehe nicht rechtens sei, erkannte ihm seine Titel ab und schickte ihn ins Exil.

Kurz nach Carol kam auch Magda wieder nach Rumänien, wahrscheinlich im August 1930. Sie bekam ein wunderschönes Haus in einem Nobelvorort von Bukarest, und auch sonst gab der König ein Vermögen für sie aus. Schmuck vom Feinsten, eigens für sie angefertigt, wurde aus Antwerpen eingeflogen. Jeden Abend besuchte Carol seine Mätresse. Allerdings hatte er genug Gespür,

Mit Ion Bratianu, dem liberalen Ministerpräsidenten, stand Carol auf Kriegsfuß: Er drohte ihm, er werde ihn des Landes verweisen, sobald er König sei.

um keinen Anstoß zu erregen – bei offiziellen Anlässen musste sie zu Hause bleiben. Aber Magda war nicht geschaffen für eine Existenz im Verborgenen. Bald hatte sie ihre eigene »Hofhaltung« und umgab sich mit Industriekapitänen – bevorzugt solchen aus der Rüstungsindustrie – und einer bunten Mischung aus jüdischen Freunden und, absurderweise, Faschisten. Carol war in

> Magda war nicht geschaffen für eine Existenz im Verborgenen. Bald hatte sie ihre eigene »Hofhaltung«.

sie vernarrt, und es ist bemerkenswert, wie sie es geschafft hat, diesen Mann zu zähmen, der vorher bedenkenlos hinter jedem Rock hergerannt war.

EIN DYNAMISCHER HERRSCHER

Als König brachte Carol wesentlich mehr zustande als Dolce Vita. Damit das lebenswichtige ausländische Kapital ins Land floss, musste Rumänien sich als Land mit einer tatkräftigen Führung erweisen. Der König verstand es meisterhaft, mit starker Hand zur regieren, ohne zum Despoten zu werden. Er brachte die rumänische Ölförderung in Schwung, baute die Industrie aus, verhalf den Wissenschaften zur Blüte und förderte die rumänische Musik, Literatur und Kunst. Nur wenige Jahre nach seiner Rückkehr war das Land wirtschaftlich und kulturell so entwickelt wie nie zuvor in seiner Geschichte.

Aber wir sind in den 1930er-Jahren, der Zeit der Ideologien und der faschistischen Diktatoren in Deutschland, Italien, Spanien und Portugal. Es war absehbar, dass diese Mächte dem Aufstieg Rumäniens nicht lange tatenlos zusehen würden. Deutschland begann nach der »Machtergreifung« Hitlers allmählich seine Finger nach verschiedenen Gegenden Europas auszustrecken. Rumänien sollte nach der Vorstellung der Nationalsozialisten von Deutschland abhängig werden – damit man ja nicht in die umgekehrte Situation geriet, denn man brauchte aus strategischen Gründen das rumänische Öl. Deswegen spielte man dort in der Innenpolitik mit: Man sponserte die »Eiserne Garde«, eine rechtsextreme Organisation. Genauso wie Hitler wollten auch die rumänischen Faschisten das jüdische Element in Rumänien völlig ausschalten, wenn nicht sogar vernichten. Und natürlich stand dabei Magda Lupescu ganz weit oben auf der Liste.

Die Verbindungen zwischen den Nationalsozialisten und der Eisernen Garde blieben eine ganze Zeit lang geheim,

und auch König Carol erfuhr erst 1937 davon. Um dieser unheiligen Allianz Paroli bieten zu können, intensivierten er und sein Ministerpräsident Titulescu die Wirtschaftsbeziehungen zu Großbritannien und Frankreich

Genauso wie Hitler wollten auch die rumänischen Faschisten das jüdische Element in Rumänien völlig ausschalten, wenn nicht sogar vernichten. Und natürlich stand dabei Magda Lupescu ganz weit oben auf der Liste.

und bemühten sich um ein gutes Verhältnis zu den Staaten, die zwischen Deutschland und Rumänien lagen und so geographische Puffer waren, vor allem mit der Tschechoslowakei.

Dann ging Carol auch gegen die Eiserne Garde selbst vor. Corneliu Codrianu, der im Jahre 1927 die Vorgängerorganisation der Eisernen Garde gegründet hatte, wurde zusammen mit weiteren Führungsfiguren verhaftet und wegen Hochverrats zu einer Gefängnisstrafe verurteilt. 1938 wurden sie angeblich bei einem Fluchtversuch erschossen – in Wirklichkeit waren sie von ihren Bewachern erdrosselt worden.

DER NEUE STARKE MANN

Rumänien geriet in dieser Zeit in die Krise. Es verlor die im Ersten Weltkrieg gewonnenen Gebiete an die Sowjetunion, Ungarn und Bulgarien. Kein Wunder, dass jetzt der Ruf nach dem »starken Mann« laut wurde, der das Land retten sollte. Der starke Mann hieß Ion Antonescu. Er sympathisierte durchaus mit den Nationalsozialisten und wollte ein faschistisches Rumänien – allerdings auch ein starkes, von Deutschland unabhängiges Rumänien.

Königin Marie war eine scheinbar alterslose, modebewusste Dame. Diese Aufnahme aus dem Jahr 1926 zeigt sie mit einer »Bubikopf«-Frisur, wie sie in den 1920er-Jahren viele Frauen trugen.

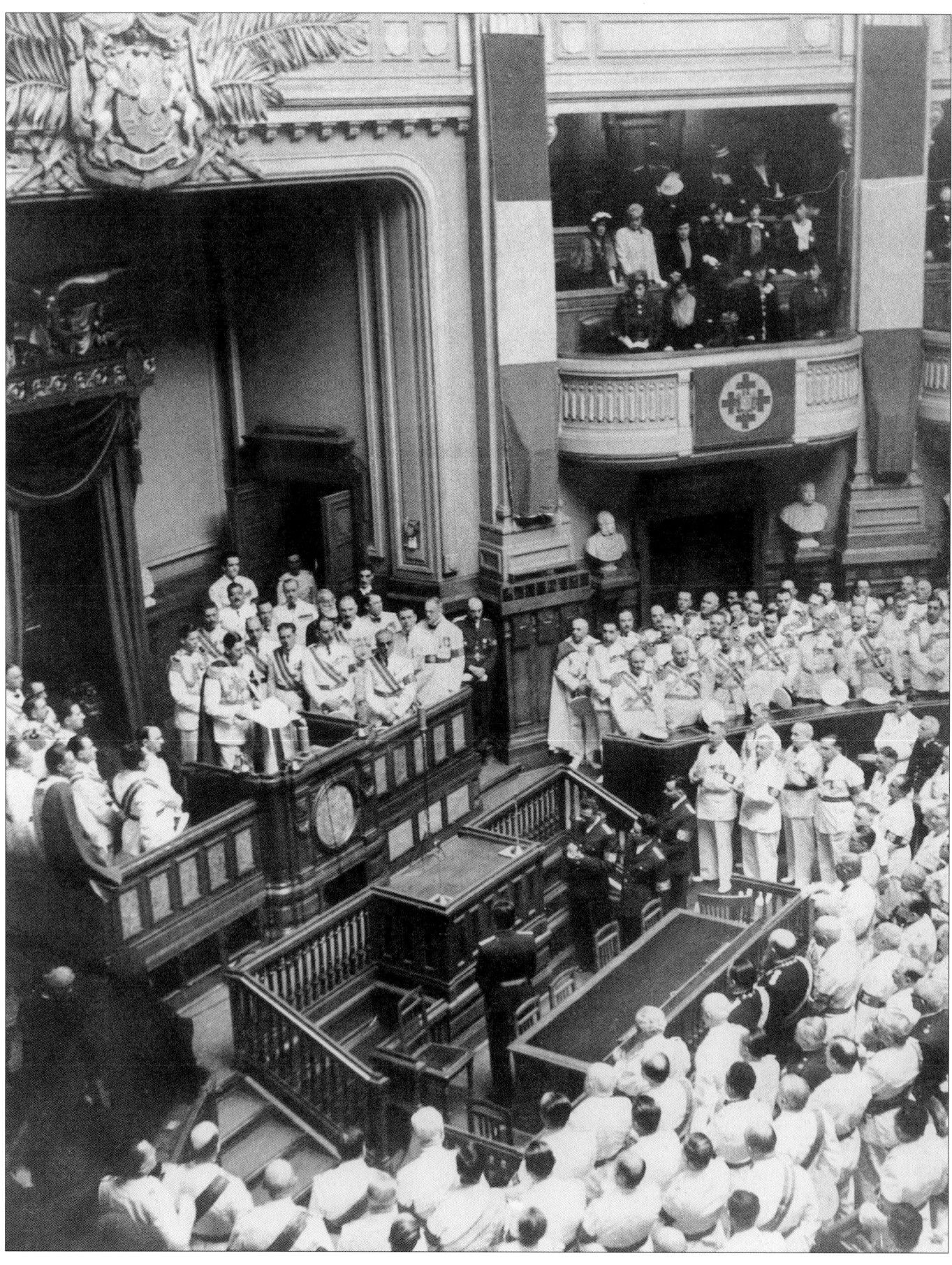

Und dieses Ziel, so versprach er, werde er auch erreichen, wenn er – ja, wenn er unumschränkte diktatorische Macht bekäme. Carol, der durch die politische Entwicklung in die Zwickmühle geraten war, ließ sich zu seinem Unglück breitschlagen. Er gab Antonescu alle gewünschten Vollmachten und degradierte sich damit selbst zu einer Galionsfigur – einer Galionsfigur, die Antonescu umgehend über Bord werfen würde, weil das Staatsschiff auch ohne sie seetüchtig wäre.

Am 4. September 1940 übernahm der neue starke Mann die Macht. Sofort sah sich Carol mit Demonstranten konfrontiert, die seine umgehende Abdankung verlangten. Schon zwei Tage später kam der König dieser Forderung nach. Sein knapp 19-jähriger Sohn Michael, der nach der Rückkehr seines Vaters im Jahr 1930 ins zweite Glied hatte treten müssen, wurde erneut zum König aus-

Mit großem Zeremoniell wird 1939 der neue Ministerpräsident Armand Calinescu in sein Amt eingeführt.

Carol ernannte am 4. September 1940 Ion Antonescu zum Ministerpräsidenten. Der zwang ihn zur Abdankung und trieb ihn ins Exil.

gerufen. Am 8. September packte man Carol zusammen mit Magda und ein paar Getreuen in einen Zug, der ohne Halt durchfuhr, bis er die Grenze nach Jugoslawien passiert hatte. Unterwegs wurde dieser Zug von Mitgliedern

Der starke Mann hieß Ion Antonescu. Er sympathisierte durchaus mit den Nationalsozialisten und wollte ein faschistisches Rumänien – allerdings auch ein starkes, von Deutschland unabhängiges Rumänien.

der Eisernen Garde angegriffen und beschossen, allerdings kam dabei niemand zu Schaden.

»APPEASEMENT« – EIN IRRWEG

Die »Appeasementpolitik« der Westmächte, eine »Beschwichtigungspolitik«, war nicht geeignet, den Ausbruch des Zweiten Weltkrieges am 1. September 1939 zu verhindern. Nicht einmal ein Jahr später hatte Nazi-Deutschland große Teile Europas unter seine Kontrolle gebracht. Das war der Moment, in dem die Sowjetunion – sie hatte im August 1939 einen Nichtangriffspakt mit dem Deutschen Reich geschlossen – ihre Chance witterte: Sie forderte von Rumänien ultimativ die Abtretung Bessarabiens und der Nordbukowina. Auch Bulgarien und Ungarn stellten Gebietsforderungen. Rumänien musste nachgeben und verlor dabei auch noch die Süddobrutscha und Siebenbürgen – Letzteres, nachdem Deutschland am 30. August 1940 mit einem Schiedsspruch in den Streit zwischen Rumänien und Ungarn eingegriffen hatte.

Antonescu bei einer Rede. Er wird umringt von Mitgliedern der »Eisernen Garde«, die ihn am Anfang unterstützte und später zu stürzen versuchte.

Rumänien sollte nach der Vorstellung der Nationalsozialisten von Deutschland abhängig werden – damit man ja nicht in die umgekehrte Situation geriet, denn man brauchte aus strategischen Gründen das rumänische Öl.

IM EXIL

Carol und Magda führten nun ein Nomadenleben. Von Jugoslawien reisten sie weiter in die Schweiz, dann nach Frankreich, Spanien und Portugal und schließlich nach Mexiko und Brasilien. Hier, in Lateinamerika, musste Carol weniger Angst um seine jüdische Freundin haben

als in einem von Nazi-Deutschland dominierten Europa. Außerdem hoffte der Exkönig, in Übersee besser Kontakte zu den Alliierten knüpfen zu können. Das wäre, so kalkulierte er, seine Chance, sich nach seinem schmählichen Abgang in Rumänien vor der Vergessenheit zu retten. Er umgab sich im Exil mit ehemaligen Beamten, die weiterhin loyal geblieben waren und keine Chance ausließen, der Welt in Erinnerung zu rufen, dass es ihn noch gab. Er nahm Kontakt zu den US-Botschaftern in Havanna und Mexiko City auf und schrieb sogar an Präsident Roosevelt persönlich und außerdem an seinen Verwandten auf dem englischen Königsthron, König

Der junge rumänische König Michael und General Antonescu besprechen im Dezember 1941 die militärische Lage im Krieg gegen die Sowjetunion. Rumänien hatte sich im Juni dem deutschen »Unternehmen Barbarossa« gegen Stalins Russland angeschlossen.

Georg VI. So versuchte er seine Idee zu propagieren, einen nationalen Rat für ein freies Rumänien ins Leben zu rufen. Großbritannien beherbergte zu dieser Zeit eine ganze Riege von politischen Größen im Exil, königlichen und nichtköniglichen Geblüts: aus Albanien, Frankreich, den Niederlanden, Norwegen, Polen und der Tschechoslowakei. Zu Carols Bedauern zeigte man aber im Buck-

Magda Lupescu und Carol von Rumänien bei einer Kutschfahrt durch Hamilton auf den Bermudas im Jahr 1941. Rechts ist in der Kutsche noch Carols Kämmerer Ernest Urdarianu zu sehen.

ingham-Palast keinerlei Neigung, zu dieser langen Liste auch noch Rumänien hinzuzufügen: Man schrieb ihm einen Brief von ausgesuchter Höflichkeit, der trotzdem eine unmissverständliche Absage war. Nicht viel anders erging es dem Exilkönig mit dem State Department in Washington.

KEINE HOFFNUNG AUF EINE RÜCKKEHR
Trotz dieser Absagen gab Carol die Hoffnung nicht auf, dass die Alliierten den Krieg gewinnen und ihm dann eine Rückkehr nach Rumänien ermöglichen würden.

1944 erlebte er die Genugtuung, dass sein Sohn Michael Marschall Antonescu stürzen und gefangen setzen konnte. Antonescu wurde im Jahre 1946 wegen Kriegsverbrechen zum Tod verurteilt und erschossen. Aber noch vor Kriegsende sah sich der regierende rumänische König einer neuen Bedrohung gegenüber: der von den Sowjets gesteuerten Machtübernahme durch die Kommunisten. Im Jahr 1947 wurde schließlich die »Rumänische Volksrepublik« ausgerufen, und Michael teilte nun mit Carol das Los, ein gestürzter König zu sein. 1948 ging er ins Exil.

Carol hatte nun praktisch keine Hoffnung mehr auf einen politischen Umschwung. Und zu allem Überfluss schien es, als würde er in diesem Sommer 1947 alles verlieren, was ihm noch geblieben war: Magda Lupescu war todkrank. Als ein letztes Zeichen seiner Liebe – so empfand er es damals wohl – heiratete er sie am 5. Juli und verlieh ihr den Titel einer Prinzessin von Rumänien.

Doch wider Erwarten erholte sich die frisch gebackene Prinzessin dank einiger Blutübertragungen von ihrer schweren Anämie, die zusätzlich noch von Depressionen begleitet wurde. Sie hat ihren Mann um nicht weniger als 24 Jahre überlebt.

Carol und Magda nach ihrer Hochzeit am 5. Juli 1947. Man sieht es Magda gar nicht an, dass die zu diesem Zeitpunkt schwer an Anämie erkrankt war – es war ein Wunder, dass sie wieder gesund wurde.

Carol und Magda führten nun ein Nomadenleben. Von Jugoslawien reisten sie weiter in die Schweiz, dann nach Frankreich, Spanien und Portugal und schließlich nach Mexiko und Brasilien.

Als sie sich wieder halbwegs gesund fühlte, übersiedelte das Paar von Rio de Janeiro nach Estoril, das schicke Seebad an der portugiesischen Küste. Als dort Gerüchte im Umlauf waren, die beiden stünden kurz vor der Scheidung, traten Carol und Magda die Flucht nach vorn an: Sie heirateten im Jahr 1949 auch kirchlich. Magda war eine bezaubernde Braut, aber ihr Bräutigam sah blass, strapaziert und alles andere als gut aus. Einige Jahre spä-

KÖNIG PETER II. VON JUGOSLAWIEN

Peter II. teilte mit Carol II. das Los, ein König im Exil zu sein. Er wurde 1941 durch die deutsche Invasion in Jugoslawien zur Flucht gezwungen. Zu diesem Zeitpunkt war er erst 17 Jahre alt und hatte nur ein paar Wochen die Krone getragen. Als Flüchtling fand er in Großbritannien Aufnahme. Aber während manch anderer Monarch zwar traurig, aber doch mit Würde abtrat, konnte er sich nie mit seiner Situation abfinden. Er war geradezu besessen von dem verzweifelten Wunsch, den Thron wiederzuerlangen. So behelligte er alle, die es nicht hören wollten, mit seiner tragischen

Lebensgeschichte und schwärmte ihnen von der Schönheit seines Heimatlandes vor. Seine Frau, Prinzessin Alexandra von Griechenland, verfügte schon über langjährige Erfahrung als Vertriebene von königlichem Geblüt. Sie versuchte ihm klarzumachen, dass es sinnlos war, den Thron zurückerobern zu wollen – worüber ihre Ehe in die Brüche ging.

ZUM KÖNIGTUM GEBOREN?

Ab 1965 lebte Peter in den USA und unternahm Anstalten, sich dort ein neues Leben aufzubauen. Er

König Peter II. von Jugoslawien regierte nur ein paar Wochen, ehe er vor der deutschen Invasion fliehen musste. Hier sieht man den abgesetzten, erst 17-jährigen König mit dem amerikanischen Präsidenten Franklin D. Roosevelt.

versuchte sich als Unternehmensberater und Finanzmakler. Aber vor allem bemühte er sich, eine Gruppe von jugoslawischen Monarchisten um sich zu scharen, die ihm helfen würden, sein rechtmäßiges Königtum wiederzubekommen. Doch der Kreis seiner Unterstützer wurde kleiner und kleiner. Frustriert suchte er Trost im Alkohol. Hass vergiftete sein Leben. Er hat es dem britischen Premier Winston Churchill nie verziehen, dass dieser seinen kommunistischen Widersacher, Marschall Tito, unterstützt hatte. Nachdem er von den Briten, wie er fand, auf so zynische Weise ausmanövriert worden war, schmiedete Peter seine eigenen Pläne gegen Tito, der nach dem Krieg in Jugoslawien die Macht übernommen hatte. Aber all seine Versuche, dem neuen Machthaber zu schaden, schlugen fehl.

Schon als Mittvierziger wirkte Peter wie ein alter Mann: müde, aufgedunsen vom Alkohol, voller Selbstmitleid und durch seine Fehlschläge desillusioniert. 1970, mit

> Schon als Mittvierziger wirkte Peter wie ein alter Mann.

nur 47 Jahren, starb er an Leberversagen. Vergessen war er keineswegs. Die Presse stellte nämlich fest, dass er in der Reihe der europäischen Monarchen oder Exmonarchen der Einzige war, der in den USA gestorben ist. Was ihn aber vor allem von anderen Flüchtlingen aus königlichem Haus unterschied: Fast alle von ihnen hatten sich auf ihr neues Schicksal einstellen können und verwirklichten neue Lebensentwürfe. Aber Peter II. fühlte sich nie als Geschäftsmann, Manager oder Berater. Er glaubte von sich, zum Königtum und nur zum Königtum geboren zu sein. Aber selbst in dieser Beziehung war seine Berufserfahrung schütter: Bekanntlich hat er ja nur ein paar Wochen regiert …

ter begannen ihn Brustschmerzen zu quälen. Am 3. April 1953 verschlechterte sich sein Zustand dramatisch, und man holte den Arzt. Nach dessen Behandlung ging es Carol scheinbar etwas besser. Aber kaum war der Mediziner wieder zur Tür hinaus, erlitt der Exkönig eine erneute Herzattacke und war sofort tot. Er wurde 59 Jahre alt.

TOT UND VERGESSEN

Über seine Großmutter väterlicherseits war Carol mit dem einstigen portugiesischen Königshaus verwandt, das bereits im Jahr 1910 gestürzt worden war. Deswegen wurde er mit königlichen Ehren in der Kirche der heili-

> Die Presse, die einst Carols Skandale so bereitwillig ausgeschlachtet hatte, nahm von seinem Tod kaum Notiz. Der König ohne Land war für sie Geschichte, die Welt hatte keinen Bedarf mehr an Monarchen mit einem ganz eigenständigen Profil.

gen Engrácia in Lissabon beigesetzt, der Grabstätte der portugiesischen Könige. Seine Witwe erschien zur Trauerfeier von Kopf bis Fuß in Schwarz gehüllt. Sie schien untröstlich und weinte ohne Unterlass. Aus Carols weitläufiger Verwandtschaft hatten sich aber lediglich zwei Männer nach Lissabon verirrt: sein Großneffe, Kronprinz Alexander von Jugoslawien, und sein Bruder, Prinz Nikolaus – sosehr Carol und er sich auch vorher entfremdet hatten. Alle anderen, auch Carols eigener Sohn Michael, hatten einen Grund gefunden, der Zeremonie fernbleiben zu können.

Selbst die Presse, die Carols Skandale früher immer so bereitwillig ausgeschlachtet hatte, nahm von seinem Tod kaum Notiz. Der König ohne Land war für sie Geschichte, die Welt hatte keinen Bedarf mehr an Monarchen mit einem ganz eigenständigen Profil. Carol selbst, der immer von der öffentlichen Aufmerksamkeit gelebt hatte – auch wenn man gegen ihn war –, hätte dieses Schweigen wohl als das Schlimmste empfunden – schlimmer als seinen Tod im Exil, mit dem er ja bereits hatte rechnen müssen.

XII

DIE NIEDERLANDE: KUMMER MIT DEM KÖNIGSHAUS

Die Niederländer sind Kummer mit ihrer Monarchie gewöhnt. Es begann, als Königin Wilhelmina im Jahr 1901 Herzog Heinrich von Mecklenburg-Schwerin heiratete. Seit damals hat die regierende Dynastie, das Haus Oranien-Nassau, mit einer ganzen Serie von Problemen zu kämpfen, die vor allem zwei Quellen haben.

Zum einen neigten die niederländischen Herrscher immer dazu, sofort die Flinte ins Korn zu werfen und Abdankungspläne zu hegen, sobald sie merkten, dass irgendwo Sand im Getriebe war. Und dann fühl-

Links: Königin Wilhelmina legt in der Nieuwe Kerk in Amsterdam am 1. August 1898, nach ihrer Volljährigkeit, den Eid auf die Verfassung ab.
Oben: Prinzessin Juliana vor ihrer Inthronisation im Jahr 1948 mit ihrem Mann, Prinz Bernhard

ten sich drei Königinnen hintereinander – Wilhelmina, ihre Tochter Juliana und Julianas Tochter Beatrix – zu deutschen Männern hingezogen – eine Quelle antideutscher Ressentiments.

Die Neigung, die Flinte ins Korn zu werfen, begann schon mit Wilhelm I., dem ersten niederländischen König. Diese Würde trug er seit 1815, konnte sich aber nie damit abfinden, dass seine Rechte als Herrscher von der Verfassung beschränkt wurden. Weil aber seine Untertanen sogar noch mehr Rechte und Freiheiten forderten, verzichtete er 1840 auf seinen Thron. Sein Enkel, Wilhelm III., der neun Jahre später König wurde, war aus demselben Holz geschnitzt und kämpfte mit aller Kraft gegen die Beschneidung seiner Macht durch Verfassung und Parlament. Mehrmals drohte auch er mit Abdankung, machte die Drohung aber nicht wahr, weil ihm seine energische Mutter, die russische Zarentochter Anna Pawlowna, diesen Schritt ausredete. So regierte er die Niederlande über vierzig Jahre lang.

DIE LEIDEN DES PRINZGEMAHLS

Als er 1890 starb, folgte ihm seine zehnjährige Tochter Wilhelmina als einzige Erbin auf den Thron. Damit war eine neue Schwierigkeit programmiert: der unzufriedene

Prinz Bernhard in Uniform. Er war ein Draufgänger und ein unverbesserlicher Schürzenjäger, aber seine Verdienste um die Niederlande sind unbestritten.

Ehepartner. Heinrich hasste das Dasein als Prinzgemahl, er hasste es, dass er immer einen Schritt hinter seiner Frau bleiben musste und, wie er sagte, bloße Dekoration war. Er hatte keinerlei Machtbefugnisse, und Wilhelmina sorgte dafür, dass das auch so blieb – was ihrer Ehe gar nicht guttat.

> Heinrich hasste das Dasein als Prinzgemahl, er hasste es, dass er, wie er sagte, bloße Dekoration war.

Trotzdem erschien es Wilhelminas Untertanen ratsam, Heinrich an der kurzen Leine zu führen. Denn er war Deutscher, und in den Niederlanden war man immer schon sehr misstrauisch gegenüber dem großen Nachbarland, wo man so gern große Pläne schmiedete. Die Vorsicht schlug in offene Angst um, als 1933 Adolf Hitler die Macht übernahm und Deutschland in einen totalitären Staat verwandelte, in dem Rassismus, Unterdrückung und Terror herrschten – in einen Staat, der den Frieden in Europa und der ganzen Welt bedrohte. Die Vorbehalte der Niederländer gegen die Deutschen waren so groß, dass es Widerstände gab, als auch Wilhelminas Tochter, die Thronerbin Juliana, einen Deutschen heiraten wollte: Bernhard zur Lippe-Biesterfeld. Trotzdem fand die Hochzeit am 7. Januar 1937 statt.

PLAYBOY UND NATIONALHELD

Bernhard war ein Playboy mit einem aufregenden und nicht ungefährlichen Lebensstil. Als Autonarr fuhr er im Laufe seines Lebens etliche teure Wagen zu Schrott, nicht ohne dabei selbst größere Blessuren davonzutragen. Außerdem hatte er eine Vorliebe für Großwildjagden, Motorboote und Flugzeuge – auch hier überlebte er manches Abenteuer nur mit viel Glück. Dieses Draufgängertum verhalf dem Prinzen zu einiger Popularität, zumal er sich im Zweiten Weltkrieg als niederländischer Patriot erwies. Er half den Widerstand gegen die deutsche Besatzung organisieren, arbeitete mit der Royal Air Force zusammen, übernahm Aufklärungsmissionen in ganz Europa und war auch dabei, als 1945 die deutschen Truppen in den Niederlanden kapitulierten.

So hatte sich bis zum Ende des Krieges die anfängliche Abneigung der Niederländer gegen Bernhard in restlose Bewunderung verkehrt; er war jetzt ein Nationalheld. Trotzdem hatte er immer noch sein Playboy-Image. Die

Presse berichtete in ihren Klatschspalten regelmäßig über seine Abenteuer und Sexaffären, über luxuriöse Partys und schillernde Figuren in seinem Freundeskreis – zu Letzteren zählten etwa der argentinische Präsident Perón und seine Frau Evita.

DAS NEUE LIEBLINGSTHEMA

Bernhard wurde den Ruch des Schwerenöters nie mehr ganz los. Aber 1947 stand er plötzlich nicht mehr im Fokus der Skandalpresse. Neues Lieblingthema waren nun Juliana und die merkwürdige Art, wie sie die Augenkrankheit ihrer jüngsten Tochter zu kurieren versuchte. Prinzessin Maria Christina, damals bekannt als Marijke, wurde 1947 als vierte und jüngste Tochter von Juliana und Bernhard geboren, nach der späteren Königin Beatrix (* 1938), Irene (* 1939) und Margriet (* 1943). Sie kam fast blind auf die Welt, nachdem ihre Mutter während der Schwangerschaft an Röteln erkrankt war. Man holte Ärzte von Weltruf, aber auch sie brachten nicht mehr zustande, als dass Marijke jetzt mit einem Auge ganz verschwommen sehen konnte.

Juliana und Bernhard waren verzweifelt. Aber als sie Greet Hofmans kennenlernten, schöpften sie wieder Hoffnung. Hofmans war eine Geistheilerin, die behauptete, sie sei ein Medium zwischen Gott und den Menschen. Sie erklärte Juliana, wenn sie nur fleißig bete und fest glaube, werde Gott der kleinen Marijke das Augenlicht schenken. Juliana, die an Wunder und Astrologie glaubte und eine Vorliebe fürs Übernatürliche hatte, vertraute auf die Fähigkeiten der Gesundbeterin. Sie brachte ihr Kind zu Hofmans, die fiel auf die Knie und betete lang und inständig. Danach beschied sie Juliana: »Gott wird dem Kind sein Augenlicht geben, in zwei Jahren – wenn wir nur fest genug darum beten.«

Juliana und sogar der skeptische Bernhard waren beeindruckt. Die Gesundbeterin zog ins Schloss Soestdijk in der Nähe von Amsterdam, wo die Familie der Prinzessin lebte. Alle Familienangehörigen erschienen nun vollzählig zu den täglichen Gebetsstunden. Bernhard erkannte schon bald, dass seine Frau geradezu in Abhängigkeit von der Gesundbeterin geriet, da die Hofmans ihr immer wieder eine großartige Zukunft versprach. »Du wirst die größte Königin sein, die das Land je hatte«, prophezeite sie einmal. Aber das werde nur klappen, wenn Juliana mit genügend Inbrunst bete und auf die Stimme Gottes höre – die natürlich nur aus dem Munde Greet Hofmans' sprach. Bernhard wollte diese Gesundbeterin baldmöglichst loswerden – notfalls gegen den Wunsch seiner Frau.

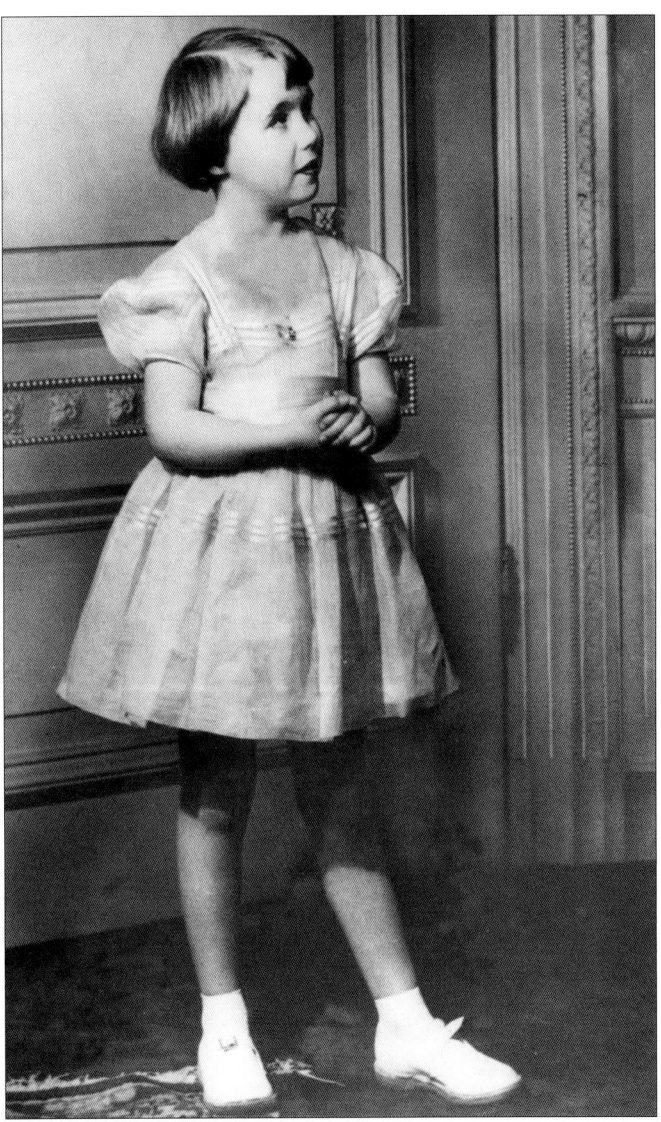

Prinzessin Marijke, die jüngste Tochter von Königin Juliana, kam mit einer schweren Augenkrankheit zur Welt.

FEHLGELEITETER GLAUBE

Die Lage wurde noch schwieriger, als Königin Wilhelmina abdankte und Juliana ihre Nachfolgerin wurde. Auch wenn die Verfassung ihrer Macht enge Grenzen setzte, konnte sie politisch einiges bewegen. Bernhard fürchtete, dass die Hofmans dank ihres Einflusses zu einem Machtfaktor werden könnte. Und tatsächlich: Bald nahm die neue Königin von ihr auch politische Ratschläge entgegen. Jetzt hatte Bernhard endgültig die Nase voll. Im Jahr 1950 befahl er, die Gesundbeterin mitsamt ihren Siebensachen vor die Tür von Schloss Soestdijk zu setzen, wo sie jetzt schon einige Jahre lebte.

Damit waren aber keineswegs alle Verbindungen der Wunderheilerin zum Königshaus gekappt. Hofmans

Königin Wilhelmina (links im Vordergrund) besucht am 10. Mai 1941 die von Bomben zerstörte Austin-Friars-Kirche, das Gotteshaus der niederländischen Protestanten in London. Rechts salutierend ihr Schwiegersohn, Prinz Bernhard.

hielt Veranstaltungen ab, bei denen sie die Errungenschaften der Mystik und des Pazifismus propagierte und forderte, man müsse mit den überirdischen Mächten in Kontakt treten. Und bei diesen Veranstaltungen erschienen mehrmals Königin Juliana und ihre Mutter Wilhelmina. Sie erschienen aber nicht nur, sondern ließen sich auch beeinflussen. Das wurde daran deutlich, dass einige Hofmans-Gläubige einflussreiche Posten am Hof erhiel-

ten, so etwa Baron van Heeckeren van Molecaten, der Privatsekretär der Königin wurde. Damals befand man sich mitten in der Ära des Kalten Krieges. Und genau zu diesem Zeitpunkt begann die Königin die pazifistischen Ideen ihrer Mentorin auch in ihre offiziellen Reden aufzunehmen. Sie forderte Abrüstung und dachte sogar laut über eine Auflösung der niederländischen Armee nach. In Washington und anderen Hauptstädten der westli-

Rechts: Wilhelmina dankte 1948 nach 50 Regierungsjahren ab. Dieses Bild entstand am 2. September 1948, wenige Tage vor ihrer Abdankung, und zeigt die Menschenmassen, die ihr zujubeln, als sie auf dem Balkon des königlichen Palastes in Amsterdam erscheint.

chen Welt schrillten die Alarmglocken. Die Niederlande waren im Begriff, den Verteidigungsring gegen die kommunistische Gefahr zu sprengen – die freie Welt war bedroht!

Auf Schloss Soestdijk hing wegen der Hofmans-Affäre der Haussegen schief. Die Ehe zwischen Juliana und Bernhard kriselte. Das war für den Prinzgemahl eine kitzlige Situation: Seine öffentlichen Ämter, seine Titel, seine politischen und geschäftlichen Beziehungen – alles ver-

dankte er der Tatsache, dass er mit der Königin der Niederlande verheiratet war. Es war ein ungeschriebenes Gesetz am Hof, dass Vorgänge dieser Art auf keinen Fall den niederländischen Medien bekannt werden durften. Aber mit dem Mut der Verzweiflung spielte der Prinz im Jahr 1956 dem Hamburger Nachrichtenmagazin *Der Spiegel* Informationen über die Angelegenheit zu. Bald berichteten Zeitungen in der ganzen Welt darüber – nur die niederländischen Medien schwiegen so lange, bis es

nicht mehr möglich war. Erst jetzt erfuhren auch Julianas Untertanen von den merkwürdigen Vorgängen hinter den Mauern von Soestdijk.

Die Enthüllungen des *Spiegel* waren ausgesprochen peinlich, und mancher einflussreiche Mann in Politik und Wirtschaft konnte viel verlieren, wenn es nicht gelang, in Sachen Hofmans die Kuh vom Eis zu bekommen. So setzte man die Königin massiv unter Druck. Entweder würde sie die Wunderheilerin zum Teufel schi-

cken, oder man würde sie zur Abdankung zwingen. Das war starker Tobak, aber Gott sei Dank kam die Königin zur Besinnung. Sie musste sich auch eingestehen, dass die Gesundbeterei ihrer Tochter Marijke gar nichts genützt hatte. So rang sie sich schließlich dazu durch, alle Kontakte zu der Wunderheilerin abzubrechen und deren Kreaturen am Hof zu entlassen. Greet Hofmans verschwand sang- und klanglos. Sie starb 1968. Zu diesem Zeitpunkt hatten neue Behandlungsmethoden Marijkes Leiden so weit gebessert, dass sie ein normales Leben führen konnte.

Juliana forderte Abrüstung und dachte sogar laut über eine Auflösung der niederländischen Armee nach.

EIN NEUER SKANDAL

Aber inzwischen gab es schon wieder ein neues Problem für Juliana und Bernhard, und zwar mit ihrer zweiten Tochter, Prinzessin Irene. 1963 sickerte die Nachricht durch, dass sie heimlich zum Katholizismus konvertiert war und sich mit Prinz Carlos Hugo von Bourbon-Parma verlobt hatte, einem Prätendenten auf den spanischen Königsthron. Für die überzeugten Protestanten in den Niederlanden war die Konversion an sich schon so etwas wie Hochverrat. Aber das war noch lange nicht alles: Prinz Carlos Hugo war jahrelang ein Parteigänger des spanischen Diktators Franco gewesen, dem wiederum die Niederländer nie vergessen haben, dass er mit Hitler gemeinsame Sache gemacht hatte.

Klar, dass Königin Juliana die Sache mit Carlos Hugo schwer im Magen lag. Verzweifelt versuchte sie zu verhindern, dass ihre Tochter ihn heiratete. Aber Irene hatte ihren Dickkopf und auch keine Bedenken, ihre Mutter bei Bedarf hinters Licht zu führen. Juliana sandte einen ihrer Sekretäre nach Madrid. Der beriet sich mit Irene und berichtete an die erleichterte Juliana, die Tochter habe ihre Verlobung gelöst und werde in die Niederlande zurückkehren. Aber die Erleichterung hielt nicht lange an. Denn als das Flugzeug landete, stiegen alle möglichen Leute aus – nur keine Irene. Jetzt wollte das Königspaar selbst nach Madrid reisen, um die Tochter zur Vernunft

Die neue Königin, Juliana, am 6. September 1948 zusammen mit ihrem Mann Bernhard auf dem Weg zur Krönungszeremonie.

Prinzessin Irene, die zweite Tochter von Königin Juliana, mit Prinz Carlos Hugo von Bourbon-Parma. Juliana kämpfte mit allen Mitteln gegen diese Verbindung – dennoch heirateten die beiden am 29. April 1964.

zu bringen. Aber weil die Niederländer eine massive Abneigung gegen alles hegen, was auch nur nach Spanien riecht, lösten sie damit eine politische Krise in ihrem Heimatland aus: Die Regierung drohte, geschlossen zurückzutreten, wenn die Königin auch nur einen Fuß auf spanischen Boden setze. Juliana kam deprimiert nach Hause zurück, während Irene derweil in Madrid Verstecken spielte. Sie lebte eine Zeit lang in einem Kloster und zog später in eine Wohnung ganz in der Nähe von Hugos Domizil. Das Paar hatte Angst, dass es heimlich beob-

achtet und ihre Telefonate abgehört würden. Deswegen sollen sich die beiden zeitweise am Fenster stehend per Handzeichen verständigt haben. In den Niederlanden blieb der Widerstand gegen ihre Verbindung unvermindert heftig. Dann verkündete Irene Anfang des Jahres 1964, sie werde nach Hause zurückkehren.

> Für die überzeugten Protestanten in den Niederlanden war die Konversion an sich schon so etwas wie Hochverrat.

KOMPROMISSLOSE IRENE

Jetzt begann man wieder zu hoffen, dass man aus der verfahrenen Situation vielleicht doch noch herauskäme. Aber umsonst. Als Prinz Bernhard nach Spanien flog und mit Irene und Carlos Hugo zurückkehrte, zeigte sich schnell, dass die Verlobten nicht zu irgendwelchen Kompromissen bereit waren. In einem hitzigen, sechs Stunden dauernden Gespräch in Schloss Soestdijk tischten sie dem Königspaar ihre Vorstellungen auf: Sie wünschten sich eine katholische Trauung mit allem Pomp in der Nieuwe Kerk in Amsterdam, der Kirche, die das niederländische Königshaus traditionell für seine Zeremonien nutzte. Dazu sollten alle königlichen Familien Europas eingeladen werden. Juliana, die glaubte, nicht richtig zu hören, fand sehr deutliche Worte, um klarzumachen, dass das überhaupt nicht infrage käme – denn eine solche Hochzeit könne das Ende des Hauses Oranien-Nassau bedeuten.

Julianas Befürchtungen waren keineswegs übertrieben; denn wenn man keine Lösung fand, konnte sich der Vorgang zu einer Staatskrise ausweiten. Nur wenn sie auf ihre Rechte als Zweite in der Thronfolge nach ihrer Schwester Beatrix verzichtete, konnte sie Carlos Hugo heiraten, ohne den Fortbestand der Monarchie zu gefährden.

Irene reagierte mit Trotz. Zusammen mit ihrem Bräutigam fuhr sie nach Rom, wo Papst Paul VI. die beiden zur Audienz empfing. Das war an und für sich schon ein Signal, dass sie nicht bereit war, nachzugeben. Und als sie kurz darauf ihre Mutter zu einem Staatsbesuch nach Mexiko begleiten sollte, wartete diese am Amsterdamer Flughafen Schiphol vergeblich auf sie. Der Abflug

---

Nur wenn sie auf ihre Rechte als Zweite in der Thronfolge nach ihrer Schwester Beatrix verzichtete, konnte Irene Carlos Hugo heiraten, ohne den Fortbestand der Monarchie zu gefährden.

---

wurde verschoben – aber keine Spur von Irene. Juliana, die von diesem brüskierenden Verhalten ihrer Tochter schwer getroffen war, musste die Reise schließlich allein antreten.

Immer noch genoss Irene bei vielen Niederländern einige Sympathie, weil sie kompromisslos zu einer Liebe stand, die man ihr nicht gönnte. Aber bald verspielte sie diesen Romeo-und-Julia-Bonus, indem sie die Ansprüche von Carlos Hugo und seinem Vater, Francisco Javier von Bourbon-Parma, auf den spanischen Thron öffentlich unterstützte. Vor allem ließ sie sich bei Veranstaltungen der Falangisten-Partei des spanischen Diktators

---

Irene reagierte mit Trotz. Zusammen mit ihrem Bräutigam fuhr sie nach Rom, wo Papst Paul VI. die beiden zur Audienz empfing.

Franco sehen und sogar fotografieren. Durch diese Kontakte zur spanischen Rechten verbesserte sie zwar die Chancen auf eine Restauration der spanischen Monarchie, machte sich aber bei ihren Landsleuten endgültig unbeliebt.

UND NOCH EINE UMSTRITTENE EHE

Die Niederländer hatten nicht lange Zeit, sich von diesen Auseinandersetzungen innerhalb der Königsfamilie zu erholen, denn schon bald sorgte ein neuer Heiratsplan für Aufruhr: Im Juni 1965 verkündete Königin Juliana im Radio und Fernsehen, die Thronerbin, Prinzessin Beatrix, habe sich mit dem Diplomaten Claus-Georg von Amsberg verlobt. »Ich versichere Ihnen«, so erklärte sie, »dass das eine gute Sache ist.«

Nach Ansicht ihrer Untertanen war es allerdings alles andere als eine »gute Sache«. Denn Claus von Amsberg, der Beatrix bei einem Skiurlaub in der Schweiz kennengelernt hatte, war eben schon wieder ein Deutscher – wie auch die Ehemänner ihrer Mutter und ihrer Großmutter. Schnell fand man auch heraus, dass er bei der Hitlerjugend gewesen und – was ja bei einem Mann des Jahrgangs 1926 gar nicht anders möglich war – in der deutschen Wehrmacht gedient hatte.

Es dauerte nicht lange, bis auf den Straßen Proteste gegen den Bräutigam der Thronfolgerin laut wurden. In Demonstrationszügen und Versammlungen skandierte man: »Claus raus! Claus raus!« Hauswände und Plakattafeln wurden mit orangefarbenen Hakenkreuzen beschmiert, mit Kreide malte man das verfemte Symbol auf die Bürgersteige. Ein besonders kühner Demonstrant schaffte es sogar, die Wachen zu düpieren und ein Hakenkreuz an die Mauern des königlichen Palastes in Amsterdam zu kritzeln.

Bedenklicher als solche dümmlichen Schmierereien war der Umstand, dass man da und dort Rufe hörte: »Es lebe die Republik!« Offensichtlich gab es in den Niederlanden eine lautstarke Gruppe – wenn auch sicherlich eine Minderheit –, die die Monarchie abschaffen wollte. Eine ernsthafte Gefahr, dass die Niederlande eine Republik

EIN HOHER PREIS FÜR EINE EHE

Irene und Carlos Hugo heirateten am 29. April 1964 in Rom. Von der königlichen Familie der Niederlande war niemand anwesend, auch die wichtigsten Vertreter anderer europäischer Herrscherhäuser waren ferngeblieben. Weil die Heirat ohne Zustimmung der Generalstaaten erfolgte, verlor Irene automatisch ihre Rechte als Thronfolgerin. Außerdem musste sie mit ihrem Ehemann außerhalb ihres Heimatlandes leben – eine Regelung, mit der auch die meisten Niederländer sehr einverstanden waren.

Auf lange Sicht hat sich der Verzicht für Irene nicht ausgezahlt: 1981 wurde ihre Ehe geschieden, und sie kehrte mit ihren vier Kindern in die Heimat zurück. Dort hatte man das Drama von 1964 nicht vergessen. Und als Irene in den 1990er-Jahren ein Buch *Gespräch mit der Natur* veröffentlichte, konnten es sich die niederländischen Medien nicht verkneifen, die Autorin bloßzustellen, indem sie bevorzugt Passagen zitierten, in denen sie mit Bäumen oder Delfinen spricht.

Prinzessin Irene und Carlos Hugo heirateten in der Basilika Santa Maria Maggiore in Rom. Vom niederländischen Königshaus war niemand zur Hochzeit erschienen. Das Bild wurde kurz nach der Trauung im Auto aufgenommen.

würden, bestand jedoch nicht. Aber immerhin sank, wie man bei Umfragen feststellte, die Zustimmung zur Monarchie beim Volk nach der Verlobung von Claus und Beatrix von 86 auf 74 Prozent, und die Zeitung *Nieuwe Courant* fragte: »Kann ein Deutscher Blumen an den Denkmälern unserer Helden niederlegen, gegen die er gekämpft hat?« Eine Gruppe von bekannten Widerstandskämpfern aus dem Zweiten Weltkrieg verkündete, die Ehe zwischen Beatrix und einem Deutschen sei »unerträglich«. Und eine andere Zeitung empfahl, Beatrix solle genauso wie ihre Schwester Irene auf das Thronfolgerecht verzichten.

Kronprinzessin Beatrix, die niederländische Thronerbin, und der deutsche Diplomat Claus von Amsberg heirateten am 10. März 1966. Auch diese Heirat war nicht unumstritten, genauso wie jene ihrer Schwester Irene, allerdings aus anderen Gründen.

DER STAATSKRISE KNAPP ENTKOMMEN

Für die ehrgeizige Beatrix, die schon darauf wartete, dass die Mutter zu ihren Gunsten abdanken würde, kam das natürlich nicht infrage. Aber Juliana, die von den Heiratsplänen ihrer Tochter bei weitem nicht so begeistert war, wie sie es vor der Öffentlichkeit darstellte, suchte nach einem anderen Ausweg: Sie wollte die

KEIN UNBESCHWERTER HOCHZEITSTAG

Allen Schwierigkeiten zum Trotz hielten Prinzessin Beatrix und Claus von Amsberg am 10. März 1966 Hochzeit. Es wurde eine der chaotischsten Vermählungen in der Geschichte der europäischen Monarchien. Die meisten Angehörigen der Herrscherhäuser und des Hochadels waren den Feierlichkeiten ferngeblieben, weil man sie darüber unterrichtet hatte, dass Krawalle zu erwarten waren. Diese Vorsicht erwies sich als nur allzu berechtigt. Es begann am Morgen des Hochzeitstages mit einem Protestmarsch zum königlichen Palast. Dann folgte eine Straßenschlacht zwischen Demonstranten und der Polizei, bei der es eine Reihe von Festnahmen gab. Dann explodierte eine Rauchbombe unter

Am Hochzeitstag gab es in Amsterdam antideutsche Proteste und Ausschreitungen. Rauchbomben wurden gezündet, eine direkt auf dem Weg der goldenen Kutsche, in der die Neuvermählten fuhren.

der Hochzeitskutsche, die kurz darauf auch noch mit einem toten Huhn beworfen wurde, das mit einem Hakenkreuz bemalt war. Mehrmals wurden Rauch- und Stinkbomben auf den Hochzeitszug geworfen, bis eine Rauchsäule über der Szenerie stand.

Die Rabbinen der Niederlande boykottierten die Veranstaltung, und auch der Stadtrat von Amsterdam blieb den Feierlichkeiten geschlossen fern, ebenso fehlten einige hohe Regierungsbeamte. Auf der anderen Seite knüppelte die Polizei eine Reihe von Demonstranten so brutal nieder, dass der Bürgermeister und der Polizeichef von Amsterdam im Gefolge der Ereignisse ihren Hut nehmen mussten.

Doch all das war ein Jahr später vergessen, als Beatrix einen Sohn auf die Welt brachte, Willem Alexander – den ersten männlichen Thronfolger des niederländischen Königshauses seit 116 Jahren.

Hochzeit überhaupt verhindern. So setzte sie sich mit dem Außenminister der Bundesrepublik Deutschland in Verbindung, dem obersten Dienstherrn des Diplomaten Claus von Amsberg, und fragte ihn, ob man diesen Herrn nicht irgendwo ans Ende der Welt versetzen könnte. Doch leider bekam Beatrix Wind von diesen Bemühungen und reagierte entschlossen – sie trat in einen Hungerstreik. Nach drei Tagen gab ihre besorgte Mutter klein bei.

Der Königin blieb nun nur ein Schwenk um 180 Grad. Sie musste Mittel und Wege finden, Beatrix' Bräutigam ihren Untertanen schmackhaft zu machen. So kam sie auf die Idee, eine Pressekonferenz zu arrangieren, bei der er mit Beatrix erschien und die auch vom Fernsehen übertragen wurde. Das war ungewöhnlich für das bisher äußerst medienscheue Haus Oranien-Nassau. Aber es war eine gute Entscheidung. Denn nicht umsonst war der 38-jährige Claus Diplomat: Er machte eine hervorragende Figur. Schlank, elegant und sympathisch flimmerte er über die niederländischen Bildschirme, ein bescheidener Mann, der Beatrix aufrichtig liebte und

Die Zeitung *Nieuwe Courant* fragte: »Kann ein Deutscher Blumen an den Denkmälern unserer Helden niederlegen, gegen die er gekämpft hat?«

seine Nazi-Jugendsünden ebenso aufrichtig bedauerte. Und er tat alles, um die Sympathie der Niederländer zu gewinnen.

Aber die dachten nicht daran, es ihm einfach zu machen. Sicherlich hatte er einen Teil seiner Fernsehzuschauer schon auf seine Seite gezogen – wenigstens so weit, dass sie fanden, man solle ihm eine faire Chance geben, seine Aufrichtigkeit zu beweisen. Aber andere blieben stand-

Im März 1954 besuchte Prinz Bernhard den Stützpunkt Maxwell der US-Luftwaffe in Alabama. Dort traf er mit dem stellvertretenden Leiter der dortigen »Air University«, Dean C. Strother, zusammen. Bernhard war auf der Suche nach Kampfflugzeugen für die niederländische Luftwaffe.

haft feindselig. Es half ihm nicht einmal, dass man in der Sowjetunion und der DDR nach Wehrmachtsakten über ihn suchte und nichts Belastendes finden konnte. Als er

> Man suchte in der Sowjetunion
> und der DDR nach Wehrmachtsakten
> über Claus von Amsberg, konnte
> aber nichts Belastendes finden.

mit Beatrix eine Schifffahrt auf den Kanälen von Amsterdam unternahm, regneten antimonarchistische Flugblätter auf das Deck. Und bei der landesweiten Sammlung für ein Hochzeitsgeschenk kamen nicht einmal 15 000 Euro zusammen. Wenig später brachten die Niederländer bei einer Spendenaktion zur Linderung des Hungers in Indien das 18-Fache auf! Sogar Claus von Amsbergs Mutter, Gosta von Bussche-Haddenhausen, wurde behelligt: Sie erhielt Briefe, die unterzeichnet waren mit: »in Hass«.

EINE AFFÄRE ZU VIEL

Während die Hochzeit von Prinzessin Beatrix immer noch die Schlagzeilen füllte, braute sich schon ein neues Ungemach über dem Haus Oranien-Nassau zusammen. So ernst alle bisherigen Skandale gewesen waren, dieser neue stellte sie alle in den Schatten. Es war eine Affäre zu viel für Juliana und Bernhard.

Als Beatrix heiratete, war Prinz Bernhard schon ein Mittfünfziger. Aber er war immer noch der alte Draufgänger und Lebemann. Dabei tat er weiterhin viel für seine Wahlheimat: Er arbeitete beinahe Tag und Nacht im Dienst der niederländischen Wirtschaft. Selten kam er von seinen Auslandsreisen zurück, ohne ein paar schöne Aufträge oder interessante Verträge für die heimischen Unternehmen mitzubringen.

AN DER GRENZE DER LEGALITÄT

Aber bei solchen Aktivitäten bewegte sich Bernhard manchmal hart an der Grenze der Legalität. Seine Reisen rund um die Welt – ob sie nun offiziellen staatlichen Zwecken, der Hilfe für die armen Länder oder privaten Geschäften dienten – brachten ihn mit einer Menge unterschiedlichster Menschen in Berührung. Unter ihnen waren natürlich auch Geschäftemacher von sehr zweifelhaftem Ruf. Daneben waren diese Auslandsreisen

auch eine willkommene Gelegenheit für den Prinzen, die eine oder andere außereheliche Beziehung zu pflegen. Königin Juliana besaß nun nicht die Durchsetzungsfähigkeit und Direktheit ihrer Mutter Wilhelmina oder ihrer Töchter Beatrix und Irene. Sie lebte lieber in einer Welt mystischer und religiöser Träume und war nicht der Typ Frau, der sich leicht damit tat, einen untreuen Ehemann zur Räson zu bringen. Das heißt aber nicht, dass sie sich nicht darüber im Klaren war, was Bernhard trieb. Zum Beispiel wusste sie sehr genau über die Affäre ihres Mannes mit Hélène Grinda Bescheid, besser bekannt als Pariser »Poupette« des Prinzen. Diese brachte im Jahr 1967 Bernhards Tochter Alexia auf die Welt. Schon 13 Jahre vorher hatte der Prinz mit einer anderen Geliebten eine außereheliche Tochter, Alicia, gezeugt.

Einer der wichtigsten Geschäftskontakte des Prinzen war die amerikanische Lockheed Corporation, die sich schon

Prinz Bernhard am 2. Juli 1979. Zu diesem Zeitpunkt war schon bekannt, dass er mit dem Lockheed-Konzern unsaubere Geschäfte gemacht hatte.

Königin Juliana (Mitte) bei ihrer Rede am 30. April 1980, dem Tag, an dem sie die Krone an ihre Tochter Beatrix (links) übergab.

seit den frühen 1950er-Jahren darum bemühte, ihre Kampfflugzeuge an die Niederlande zu verkaufen. Irgendwann schlich sich Missbrauch in diese Geschäftsbeziehungen ein. Um das Jahr 1959 bot der Konzern Prinz Bernhard über einen Schweizer Rechtsanwalt an, ihm eine Million US-Dollar, verteilt auf drei Jahre, zu zahlen. Der Prinz sollte im Gegenzug das »Klima in den Niederlanden verbessern« – zu Gunsten Lockheeds.

JULIANA STEHT HINTER IHREM MANN
Dieses unsaubere Geschäft konnte man etwa 16 Jahre unter der Decke halten. Aber Ende des Jahres 1975 sickerte schließlich durch, dass es einen Bestechungsskandal von beachtlichen Ausmaßen gegeben hatte.

Ende des Jahres 1975 sickerte durch, dass es einen Bestechungsskandal von beachtlichen Ausmaßen gegeben hatte.

Bernhard bestritt sofort, irgendeine Verfehlung begangen zu haben; ein Mann in seiner Position stehe doch weit über solchen Dingen. Aber die Zeiten, in denen sich die Angehörigen der Herrschergeschlechter weit über solche Nichtigkeiten wie das Gesetz stellen konnten, waren lange vorbei. Wenn der Prinz der Bestechlichkeit schuldig befunden wurde, konnte auch er dafür ins Gefängnis kommen. Gott sei Dank sah es Juliana als ihre Aufgabe an, sich in dieser Sache hinter ihren Mann zu stellen. Sie drohte mit der Abdankung, wenn Bernhard nicht entlastet würde.

MIT EINEM BLAUEN AUGE DAVONGEKOMMEN
Weder die Regierung noch das Volk waren besonders begeistert von der Vorstellung, dass Juliana abtreten würde. Doch auch wenn Prinz Bernhard alles abstritt – immer wieder gab es neue Anschuldigungen gegen ihn,

seitens von Mitarbeitern des Lockheed-Konzerns, aber ebenso von anderen Leuten, die lange Jahre mit ihm zu tun gehabt hatten. Es stellte sich heraus, dass im Jahr 1968 noch einmal ein Schmiergeld in Höhe von immerhin 100 000 US-Dollar gezahlt worden war, und zwar an einen Herrn namens Victor Baarn. Bei Lockheed behauptete man, das sei ein Deckname für den Prinzen gewesen. Außerdem hieß es, Bernhard habe dem argentinischen Diktator Juan Perón eine Million US-Dollar gezahlt, damit die argentinischen Eisenbahnen ihre Neuanschaffungen bei niederländischen Firmen in Auftrag gaben. Diese Vorgänge beherrschten damals die Schlagzeilen in den europäischen Medien – zusammen mit Enthüllungen über Bernhards Frauengeschichten. Der Prinz soll rund um den Globus Geliebte gehabt haben, in Tansania und an der Elfenbeinküste genauso wie in Mexiko. Außerdem kaufte er für Hélène Grinda ein luxuriöses Apartment in Paris. Bei Partys für seine Freunde standen nicht nur Champagner, Kaviar und Austern auf der Speisenkarte, sondern auch schöne Frauen – das heißt, weniger vornehm ausgedrückt, Prostituierte.

Juliana war zum Zeitpunkt der Enthüllungen über die Verfehlungen des Prinzgemahls schon fast siebzig Jahre alt und seit annähernd dreißig Jahren Königin.

Bald hatte man einen guten Einblick in Bernhards Geschäfts- wie auch Privatleben. Ein Untersuchungsausschuss des Parlaments publizierte am 26. August 1976 seine Erkenntnisse. Er kam zu dem Ergebnis, der Prinz habe sich in dem Glauben, seine Position sei unangreifbar, leichtfertig auf Geschäfte eingelassen, »die geeignet sind, den Eindruck zu erwecken, dass er sich durch Gunstbeweise beeinflussen ließ«.

Die Generalstaaten, das niederländische Parlament, stimmten mit 149 zu 2 Stimmen dafür, auf eine Strafverfolgung des Prinzen zu verzichten. Auch dass die Königin im Gefolge der Lockheed-Affäre im Amt geblieben war, hat seine Position gestärkt. Allerdings musste Bernhard auch einen Preis dafür zahlen, dass man ihn ungeschoren ließ: Er musste sich verpflichten, alle staatlichen und militärischen Ämter und seine Funktionen bei Wirtschaftsunternehmen und Wohltätigkeitsverbänden aufzugeben. Außerdem durfte er keine Uniform mehr tragen

– was er sein Leben lang gern getan hatte – und musste sich ganz aus dem politischen und wirtschaftlichen Leben zurückziehen.

DIE NEUE KÖNIGIN

Juliana hatte also 1976 nicht abgedankt. Aber sie war zu diesem Zeitpunkt schon fast 70 Jahre alt und seit annähernd 30 Jahren Königin. Das bedeutete, dass sie jetzt die Chance hatte, aus Altersgründen in Ehren abzudanken, ohne dass sie ein Sturm öffentlicher Entrüstung über irgendeinen Vorgang dazu zwang. Sie unterzeichnete die Abdankungsurkunde am 30. April 1980, ihrem 71. Geburtstag. Von diesem Zeitpunkt an trug sie wieder den Titel »Prinzessin von Oranien-Nassau«.

Ihre Nachfolgerin wurde Beatrix, die jetzt endlich ihren Ehrgeiz befriedigen und die Verantwortung für die Staatsführung übernehmen konnte. Claus von Amsberg war damit Prinzgemahl. Aber genauso wie einst Heinrich von Mecklenburg-Schwerin tat er sich schwer damit, die zweite Geige spielen zu müssen. Vor allem die Tatsache, dass er in der Rangordnung hinter seinen Söhnen kam, machte ihm zu schaffen. Claus litt viele Jahre seines Lebens unter schweren Depressionen, ehe er im Jahr 2002 starb.

Juliana und Bernhard überlebten ihn um zwei Jahre. Sie engagierten sich in der Zeit nach Julianas Abdankung vor allem im Bereich der Wohltätigkeit, ansonsten genossen sie die wohlverdiente Ruhe nach so vielen Stürmen, die sie im Laufe ihrer insgesamt 67 Ehejahre hatten überstehen müssen.

Für Bernhard war das eine ganz neue Erfahrung. In den Niederlanden gibt es, genauso wie in anderen europäischen Monarchien, keine festgelegte Rolle für einen Prinzgemahl, den Ehemann der regierenden Königin. Sie mussten sich ihren Weg selbst suchen. Bernhard hatte sein Weg in beachtliche Höhen geführt – in der Politik, in militärischen Angelegenheiten, in der Wirtschaft und auf dem internationalen Parkett. Vielleicht war er der bedeutendste Prinzgemahl seiner Zeit. Aber es gab in seinem Lebenslauf leider auch dunkle Flecken … »Er war der Meinung, er wäre ein Fürst aus dem 19. Jahrhundert«, kommentierte einmal ein niederländischer Politiker, »einer, der tun und lassen konnte, was er wollte, und über dem Gesetz stand«.

Königin Beatrix bei den Feierlichkeiten am 30. April 2002. Der 30. April war der Tag ihrer eigenen Krönung und gleichzeitig der Geburtstag ihrer Mutter Juliana.

LEOPOLD II. VON BELGIEN UND SEIN »KONGO-FREISTAAT«

In der zweiten Hälfte des 19. Jahrhunderts gehörten weite Teile Afrikas immer noch zu den großen Unbekannten auf der Weltkarte. Die Europäer vermuteten – zu Recht –, dass im noch unerforschten Inneren des Kontinents ungeheure Schätze schlummerten: Rohstoffe und andere Güter, die jedem Wirtschaftsmagnaten das Herz aufgehen ließen. Besonders für die großen Kolonialmächte – Großbritannien, Frankreich, die Niederlande, Spanien und Portugal – war Afrika gleichbedeutend mit der lockenden Aussicht auf ein größeres Handelsvolumen, mehr Wohlstand und Gebietserweiterungen für ihre ohnehin schon riesigen Imperien in Übersee.

So kam es zu dem großen »Wettlauf um Afrika«, in dem die rivalisierenden Mächte den größten Teil des Kontinents unter sich aufteilten. Was aber dabei über zwanzig Jahre lang nicht bekannt wurde: Dieser Wettlauf führte auch zur größten humanitären Katastrophe im Afrika des 19. Jahrhunderts – wenn man nicht sogar von einem Völkermord sprechen muss. Schuld daran war keine Großmacht, sondern der König eines der kleinsten Länder in Europa: Leopold II. von Belgien.

LEOPOLDS EHRGEIZIGE VISION

Belgien war ein Neuling unter den Staaten Europas: Erst 1830 war es von den Niederlanden unabhängig geworden. Doch König Leopold war nicht zufrieden mit seinem kleinen Reich von nur 30 500 Quadratkilometern Fläche. Es sollte kein Winzling bleiben, sondern auch Kolonien besitzen, genau wie die Großen.

Links: König Leopold II. von Belgien gehört zu den unsympathischen Figuren unter den Politikern, die beim »Wettlauf um Afrika« dabei waren.
Oben: Ein frühes Foto von Leopold, dem zweiten König der Belgier. Das kleine Land hatte erst 1830 seine Unabhängigkeit erreicht.

Leopold war genau der Charakter, dem man zutrauen konnte, ein solch ehrgeiziges Vorhaben gegen alle Widerstände zu verwirklichen. Er war zielstrebig bis zur Sturheit und nie bereit, ein Nein als Antwort einfach hinzunehmen. Sein Ruf war ihm egal. Allerdings konnte er im persönlichen Umgang durchaus den Charmeur spielen. Aber das war nur Fassade. Wenn es drauf ankam, ging er über Leichen. Und wenn man ihm Gelegenheit gab, seine ehrgeizigen Pläne umzusetzen, wurde es richtig gefährlich.

Als Leopold im Jahr 1865 König wurde, gab es noch genügend weiße Flecken auf der afrikanischen Landkarte, aber vor allem die Franzosen waren schon fleißig dabei, sie zu füllen – etwa rund um die Sahara oder an der Mündung des Kongo-Flusses. Auch Mächte außerhalb Europas versuchten sich ein Stück von dem Kuchen abzuschneiden: Der Vizekönig von Ägypten – formell ein Vasall des Osmanischen Reichs – und der Sultan von Sansibar träumten von einem muslimischen Großreich in

Afrika. Leopold beobachtete diese Entwicklungen genau und machte sich 1875 für die Gründung eigener Kolonien stark: Belgische Siedler sollten sich in Mosambik im Südosten Afrikas, auf Borneo und auf den Philippinen niederlassen. Nur waren dort schon die Portugiesen, Niederländer beziehungsweise Spanier zugange und zeigten wenig Neigung, die Belgier an ihre Fleischtöpfe zu lassen. So konzentrierte sich Leopolds Interesse bald auf das Kongobecken, ein riesiges Gebiet im Herzen Afrikas,

75-mal so groß wie Belgien und mit Rohstoffen reich gesegnet. Dort winkte die Aussicht auf die Gewinnung von Kautschuk, von Diamanten, von Gold, Kupfer und anderen Metallen. Und auf den größten Teil dieser Schatzkiste hatte im Jahr 1876, als Leopold seine Afrika-Pläne offiziell machte, noch niemand Anspruch erhoben! So rief der König Baron Auguste Lambermont, seinen bewährten Mann aus dem Außenministerium, zu sich und verkündete ihm: »Ich möchte etwas in Afrika unternehmen. Sie wissen genau, welche Erkenntnisse die Forscher dort gewonnen haben, und zusammen werden wir sehen, was wir daraus machen können, im Sinne einer friedlichen humanitären Aktion, denn nur eine solche habe ich im Sinn.«

> In Afrika winkte die Aussicht auf die Gewinnung von Kautschuk, von Diamanten, von Gold, Kupfer und anderen Metallen.

EIN STÜCK VOM GROSSEN KUCHEN

In Wirklichkeit hatte Leopold allerdings ganz anderes im Sinn. Friedliche und humanitäre Aktionen waren seine Sache nicht. Aber als er 1876 eine geographische Konferenz in Brüssel einberief, verschleierte er geflissentlich seine wahren Absichten und gab vor, die Veranstaltung habe allein den Zweck, Afrika wissenschaftlich zu erforschen und zu »zivilisieren«. »Es ist überflüssig zu sagen«, erklärte er den Anwesenden, »dass ich mich nicht von egoistischen Motiven leiten ließ, als ich Sie nach Brüssel einlud. Nein, meine Herren, Belgien ist klein, aber es ist glücklich und zufrieden mit seinem Los.«

Mit Ausnahme der Briten, die ihn sofort durchschauten, waren alle Kongressteilnehmer – Regierungsvertreter verschiedener Staaten, Forscher, Philanthropen und Geschäftsleute – von den lauteren Absichten des Königs überzeugt. Sie priesen ihn als Vorreiter der großen humanitären Mission, die Europa in Afrika zu übernehmen habe. Doch dass Leopold in Wirklichkeit ein heilloser Opportunist war, geht aus seinen eigenen Worten hervor:

Im Kongobecken lockten gewaltige Reichtümer. Dieses Foto aus dem Jahr 1905 zeigt eine Art Schwimmbagger, mit dem man auf dem Kongo nach Gold suchte.

»Ich möchte die Möglichkeit, dass wir ein Stück von diesem herrlichen afrikanischen Kuchen erhalten, nicht ungenutzt lassen«, schrieb er.

Die Verteilung des afrikanischen Kuchens fand auf der »Kongokonferenz« statt, die am 15. November 1884 in Berlin zusammentrat. Die Verhandlungen verliefen zäh. Es waren einfach zu viele rivalisierende Interessen im

Spiel. Jeder beanspruchte die wirtschaftlich und strategisch interessanten Flecken für sich. Aber einen gemeinsamen Nenner gab es bei allen widerstreitenden Vorstellungen der Großmächte doch: Keine wollte der anderen gönnen, dass sie zur Vormacht in Afrika aufstieg. Und wer das große und reiche Kongobecken besaß, hatte eben gute Chancen, zur Vormacht aufzusteigen. Hier kam nun

Die europäischen Kolonialmächte teilten Afrika unter sich auf. Hier ein Treffen von Vertretern der britischen Kolonialverwaltung mit Repräsentanten einheimischer Stämme in Nigeria. Das Land wurde 1885 dem britischen Empire einverleibt.

stehende Ovationen. Es war ein Augenblick der großen Gefühle. Leopolds Triumph war perfekt. Er nahm den Titel eines »Souveräns des Freistaates Kongo« an und startete Initiativen, wie man sie von einem aufgeklärten Herrscher des 19. Jahrhunderts erwartete. 1889 begann der Bau der Kongobahn von Kinshasa (damals Léopoldville) an den Atlantik, durch nahezu undurchdringlichen Dschungel und unwegsames Bergland. 1889 veranstaltete er in Brüssel eine Konferenz gegen die Sklaverei. Ihr Ziel war es, dem Sklavenhandel ein Ende zu machen. Vertreter Großbritanniens, Frankreichs, Deutschlands und anderer Kolonialmächte nahmen daran teil. Dabei machte Leopold den Vorschlag, den ganzen Kontinent mit Forts zu überziehen. So hätte man Basen, von denen aus man gegen die Karawanen arabischer Sklavenhändler operieren könne.

> Die Verteilung des afrikanischen
> Kuchens fand auf der »Kongokonferenz«
> statt, die am 15. November 1884
> in Berlin zusammentrat.

Das machte einen sehr guten Eindruck – genau wie es Leopold beabsichtigt hatte. Aber auch dieses Mal trog der menschenfreundliche Schein. Der König wollte nur seinen Profit steigern. Zum Beispiel erklärte er in den Jahren 1891 und 1892 den Elfenbein- und Kautschukhandel zum Staatsmonopol. Das bedeutete praktisch eine Enteignung der Bevölkerung in den Urwäldern am Uele- und Ubangifluss, die dort Elefanten jagten und Gummibäume anzapften. Ihnen war nun beides verboten – es sei denn, sie lieferten die Produktion an die Kolonialverwaltung ab. Gleichzeitig wurde der Handel im Ueletal verboten. Damit entzog man der indigenen Bevölkerung die Lebensgrundlage.

GESCHUNDEN UND AUSGEBEUTET

Während die Einheimischen ums Überleben kämpften, stieg der Export von Kautschuk aus dem »Kongo-Freistaat« in den Jahren zwischen 1893 und 1901 von nicht

Leopold sein Image als Hüter von Rechtlichkeit und Zivilisation am Kongo zugute, um das er sich jahrelang bemüht hatte. Die Früchte erntete er am 26. Februar 1885 bei der Unterzeichnung der sogenannten Kongoakte: Ihm wurde, als der einzigen »neutralen« und ungefährlichen Macht, das gesamte Gebiet zugesprochen! Bei der Nennung seines Namens gab es von den Delegierten

Zwei Kongolesen wiegen vor belgischen Kolonialbeamten den Kautschuk ab, den sie geerntet haben. Wenn die Einheimischen ihr Soll nicht
erfüllten und zu wenig lieferten, drohten ihnen drakonische Strafen.

einmal 250 Tonnen auf 6000 Tonnen. Die Wirtschaft im
Lande schien zu blühen. Aber gleichzeitig spielte sich
eine soziale Katastrophe ab. Denn außer den Erfolgsmel-
dungen der Händler hörte man aus dem Kongo auch
erschreckende Geschichten über Missbräuche und Ausbeutung der schlimmsten Sorte. Von 1891 an erhielt die
britische Kolonialverwaltung regelmäßig Berichte, die
schilderten, wie grausam die belgischen Behörden mit
den Afrikanern umgingen. Augenzeugen wussten von
Auspeitschungen, Folterungen, Zwangsarbeit, Geisel-
nahmen und dem Aneinanderketten von Gefangenen –
all das nicht selten mit Todesfolge. Außerdem gingen

schreckliche Gerüchte über andere Grausamkeiten um,
bis hin zur Ausrottung ganzer kongolesischer Dörfer.
Aber auch das war noch nicht alles. Missionare schalte-
ten sich ein und wussten ebenfalls von Übergriffen gegen
Einheimische zu berichten, die durch belgische Soldaten
ausgeplündert und um Haus und Hof gebracht würden.
Bald fanden die Berichte ihren Weg in die Schlagzeilen
europäischer Zeitungen. Besonders tat sich in dieser
Beziehung die renommierte britische *Times* hervor.
Henry Morton Stanley, Afrikaforscher in Leopolds
Diensten, warnte den König vor der fatalen Wirkung, die
diese Gräuelberichte in Großbritannien entfalten wür-

Rechts: Henry Morton Stanley war ein wichtiger Helfer König Leopolds
bei der Erschließung des Kongo. Hier macht er sich zu seiner wichtigsten Mission auf: den verschollenen Dr. David Livingstone zu finden.

DER EINGEBILDETE KRANKE

Leopold II. von Belgien war ein Hypochonder und tat die verrücktesten Dinge, um nur ja nicht krank zu werden. Er ließ sich zum Beispiel eine wasserdichte Hülle für seinen Bart machen, damit dieser bei Regen nicht nass wurde – denn sonst hätte er sich vielleicht eine Erkältung geholt. Wenn jemand in seiner Nähe nieste, wurde er hysterisch vor Angst, sich anzustecken. Seine Diener fanden bald heraus, dass sie aus dieser Eigenschaft Nutzen ziehen konnten: Mit einer angeblichen Erkältung konnte man sich ein paar freie Tage verschaffen, weil Leopold in solchen Fällen seinen Leuten immer verbot, ihm nahe zu kommen.

Im Alter war König Leopold peinlichst um seine Gesundheit besorgt. Die Behauptung, man hätte eine ansteckende Krankheit, war für seine Diener eine Garantie für ein paar freie Tage.

> Leopold rief eine Kommission
> zum Schutz der Einheimischen ins Leben,
> die ihm jeden Missbrauch
> zur Kenntnis bringen sollte.

den. »Die Briten glauben das, was sie gedruckt sehen«, erklärte er Leopold.

Der schien sich diese Lektion zu Herzen nehmen zu wollen. Er schrieb an Baron Edmond van Eetvelde, seinen Gouverneur im Kongo: »Wenn es im Kongo Missbräuche gibt, müssen sie abgestellt werden. Wenn sie sich fortsetzen, werden sie zum Ruin des Staates führen.«

NEUE NEBELKERZEN

Leopold rief nun eine Kommission zum Schutz der Einheimischen ins Leben, die ihm jeden Missbrauch zur Kenntnis bringen sollte. Aber in Wahrheit hatte der König hier nur wieder eine neue Nebelkerze gezündet: So, wie die Kommission organisiert war, konnte sie ihre Aufgaben nicht erfüllen. Sie bestand aus Missionaren, und ihre Mitglieder wurden in hunderten Kilometern Entfernung angesiedelt, sodass es fraglich war, ob sie überhaupt mit-

einander kommunizieren konnten. Außerdem hatte sie nur sehr beschränkte Kompetenzen. Die Kolonialbeamten, die etwas zu verschleiern hatten, besaßen ihr gegenüber keinerlei Informationspflicht. Verständlicherweise erreichte die Kommission nichts, und die Missbräuche gingen fröhlich weiter.

Die wohl schlimmsten Übergriffe hingen mit dem Quotensystem bei der Kautschukproduktion zusammen, dem wichtigsten Wirtschaftszweig der Kolonie. Wenn die einheimischen Arbeiter ihre Normen nicht erfüllten und zu wenig Kautschuk ablieferten, wurden sie mit sadistischen Strafmaßnahmen traktiert: Auspeitschung, Schläge, Verstümmelungen – manchmal wurden sogar ihre Angehörigen umgebracht. Ein Missionar, Reverend John Harris, beschrieb im Jahr 1905 in einem erschütternden Bericht, wie brutal Unterproduktion bestraft wurde:

»Die Leute von Esanga [ein Ort südlich des Kongoflusses] erzählten mir, dass einmal, als sie nur 49 anstatt 50 Körbe Kautschuk abgeliefert hatten, mehrere von ihnen inhaftiert wurden, während Wachsoldaten losgeschickt wurden, um die Menschen zu bestrafen … Jeder wusste

1865, als Leopold König von Belgien wurde, gab es noch viele weiße Flecken auf der Landkarte von Afrika. 1884 waren schon größere Teile des Kontinents Kolonien europäischer Mächte.

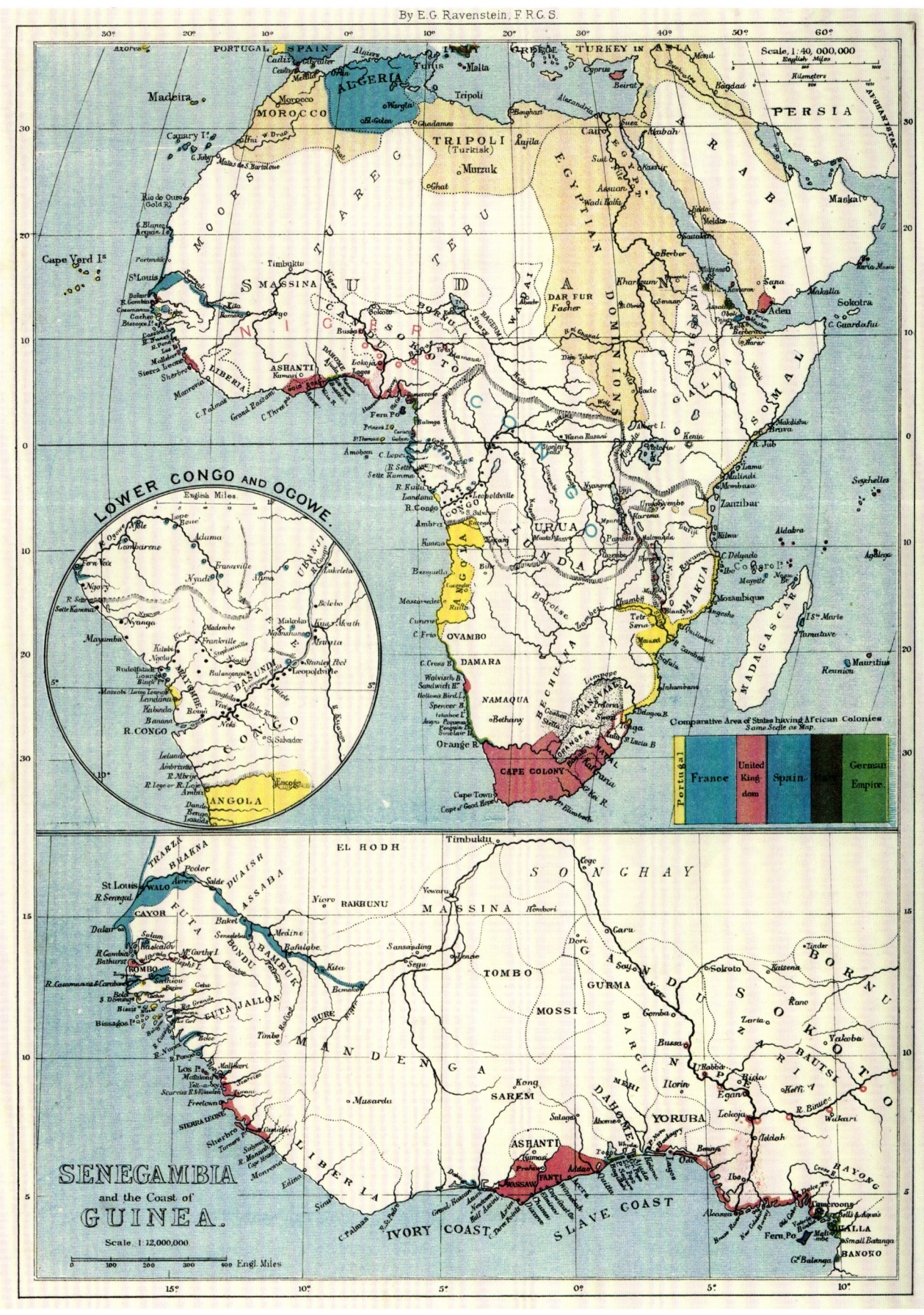

By E.G. Ravenstein, F.R.G.S.

1904 wurde der Bericht über die Übergriffe der Belgier im Kongo, den Sir Roger Casement (links) für die britische Regierung erstellt hatte, veröffentlicht. Hier sieht man Kongolesen mit den abgetrennten Händen ihrer Landsleute, die von Regierungstruppen ermordet worden waren.

Erschütterndes zu berichten, von brutalen Morden an seinen nächsten Angehörigen. In einigen Fällen mussten sie mit ansehen, wie die Leute erschossen wurden. Andere retteten sich in den Urwald, und als sie zurückkamen, fanden sie die Leichen ihrer Familienmitglieder. »Während die Männer auf den Kautschukplantagen arbeiteten, taten die Wächter ihren Frauen Gewalt an oder entführten sie. Wenn man sich vor Augen hält, was diese Menschen von ihren Unterdrückern erleiden mussten, wundert man sich, dass sie nicht schon beim bloßen Anblick eines Weißen Hass empfinden. Wir Missionare haben manchmal das Gefühl, dass ihnen unsere Botschaft von der Erlösung der Welt [durch Jesus Christus] wie blanker Hohn vorkommen muss.«

Die Empörung, die aufgrund der Berichte über die Zustände im Kongo zuerst in Großbritannien Platz gegriffen hatte, sprang im Jahr 1899 auch auf Deutschland über. In diesem Jahr veröffentlichte die *Kölnische*

> Manche retteten sich in den Urwald, und als sie zurückkamen, fanden sie die Leichen ihrer Familienmitglieder.

Zeitung einen Artikel, der eine einzige Anklage war: Achille Fiévez, Befehlshaber im Sultanat Zemio in Zentralafrika, das als Protektorat dem »Kongo-Freistaat« unterstand, wurde für sage und schreibe 1308 Fälle von Verstümmelungen verantwortlich gemacht, hauptsächlich durch Abhacken einer Hand.

EINE LAWINE VON PROTESTEN

Zu dieser Zeit, um die Wende zum 20. Jahrhundert, hagelte es von allen Seiten Kritik an Leopold. Er sei verantwortlich für die furchtbarsten Unmenschlichkeiten. Nicht alle Vorwürfe waren berechtigt. Manchmal waren es Übertreibungen oder glatte Lügen oder wenigstens sehr tendenziöse Spekulationen. Dennoch gab es genügend Beweise, dass im Kongo barbarische Zustände eingerissen waren, dass dort unschuldige Menschen wegen wirtschaftlicher Vorteile malträtiert und ermordet wurden. Das Ausmaß der Unmenschlichkeiten war erschreckend. Man rechnete, dass die Bevölkerungszahl im »Kongo-Freistaat« seit dessen Gründung im Jahr 1885 von etwa 30 Millionen auf 9 Millionen – um 70 Prozent – zurückgegangen war. Unter solchen Umständen konnte König Leopold seinen Anspruch zivilisatorischer Leistungen kaum aufrechterhalten.

MISSHANDLUNGEN

Als um die Jahrhundertwende zum ersten Mal solche Anklagen wegen grausamer Misshandlungen laut wurden, war Leopold tief betroffen. Und als sie sich zu einer Lawine weltweiter Proteste auswuchsen, glaubte er den Schuldigen sehr schnell gefunden zu haben: Er sah dahinter ein Komplott der Briten unter ihrem König Eduard VII., die ihm sein Lebenswerk, den »Kongo-Freistaat«, zerstören wollten.

Diese Verschwörungstheorien erhärteten sich aus seiner Sicht, als Sir Roger Casement, der britische Konsul im Kongo, im Auftrag der englischen Regierung die Zustände dort genau unter die Lupe nahm. Sein Bericht, der im Jahr 1903 entstand, bietet einen ganzen Katalog von Gräueln. So ist von jungen Männern die Rede, denen man die Hände auf einem Baumstamm mit dem Gewehrkolben abgeschlagen hatte. Woanders hatte man Kindern und alten Frauen die rechte Hand abgeschnitten.

»Ich habe zwei große Städte im Landesinneren besucht«, berichtet Casement. »Dabei stellte ich fest, dass inzwischen tatsächlich die

König Leopold hatte sich lange als Wohltäter der Kongolesen dargestellt – später wurde ihm vorgeworfen, er habe im Herzen Afrikas einen Beinahe-Völkermord zugelassen.

KÖNIG LEOPOLD III. VON BELGIEN (1901–1983)

Söhne gefeierter Monarchen haben es immer schwer, wenn sie im Vergleich zu ihren Vätern bestehen wollen. Leopold III. von Belgien, der 1934 König wurde, ist so ein Fall. Sein Vater, Albert I., hatte im Ersten Weltkrieg den Ruf eines Nationalhelden erworben. Und Leopold hat es nie fertiggebracht, dieses leuchtende Vorbild zu erreichen. Seine Regierungszeit war voll von ermüdenden Querelen. Eine davon kostete ihn den Thron.

1926 heiratete Leopold die schöne schwedische Prinzessin Astrid. Sie war bei den Belgiern vom ersten Augenblick an beliebt. Denn sie war nicht nur ein ausgesprochen anmutiges Wesen, sondern auch unkompliziert. So lehnte sie es ab, das strenge Hofzeremoniell zu befolgen und stets Distanz zu den begeisterten Massen

Der unbeliebte König Leopold III. (Dritter von links) unterzeichnet am 16. Juli 1951 die Abdankungsurkunde zu Gunsten seines Sohnes Baudouin (ganz rechts).

zu halten, die bei jedem ihrer öffentlichen Auftritte in Scharen erschienen. Leopold und Astrid bekamen eine Tochter und zwei Söhne. 1935 erwarteten sie ein viertes Kind. Am 29. August dieses Jahres fuhr Leopold mit ihr eine enge, kurvige Straße am Ufer des Vierwaldstätter Sees entlang, wo sie eine Villa besaßen. Dabei verlor er die Kontrolle über sein Fahrzeug. Das Auto schleuderte, kam von der Fahrbahn ab und stürzte über die Uferböschung in den See. Die 29-jährige Astrid starb, und mit ihr das ungeborene Kind.

Die Reaktion der Belgier ähnelte dem, was man 1997 beim Tod von Prinzessin Diana erlebte. Die Trauer der Menschen kannte keine Grenzen, als die Königin in der Krypta der Liebfrauenkirche in Laeken beigesetzt wurde. Noch Jahre danach pilgerten Massen von Besuchern zu ihrem Grab. Die Trauer um Astrid hörte nicht auf – und die Schuld an ihrem Tod gab man Leopold. Der König war bald ausgesprochen unbeliebt in Belgien und konnte seinen Ruf nie wiederherstellen.

Die Belgier verziehen es König Leopold nie, dass er den Unfall verursacht hatte, bei dem seine bildhübsche Frau Astrid 1935 umkam.

DER »FEIGLING«

Die Gegnerschaft holte Leopold erst richtig ein, als im Mai 1940 deutsche Truppen Belgien angriffen. Die Belgier waren der Wehrmacht weit unterlegen, brachten es aber immerhin fertig, den Feind gute zwei Wochen lang aufzuhalten. Ein weiteres Gemetzel wurde von König Leopold verhindert, dem klar war, dass seine Streitkräfte vernichtet und die Städte des Landes zu Trümmerhaufen würden, wenn die Feindseligkeiten länger andauerten. Deshalb kapitulierte er. Obwohl er sich weigerte, mit den Deutschen zusammenzuarbeiten, warf ihm der britische Premierminister Winston Churchill Feigheit und Verrat vor. Das blieb an ihm hängen. Auch die Belgier fanden, Leopold habe sie verraten, allen voran die Regierung unter Premierminister Pierlot, die sich bei Beginn des deutschen Angriffs gleich ins sichere London verabschiedet hatte. Sie erklärte sich dort zur einzig wahren belgischen Exilregierung und erkannte den König nicht mehr an. Leopold wurde von den Deutschen unter Hausarrest gestellt und verbrachte so den Rest des Krieges. Am 11. September 1941 sorgte er für neue Kontroversen, weil er noch einmal heiratete. Seine zweite Frau, Maria Lilian Baels, nun »Prinzessin von Réthy«, wurde zum Hassobjekt der Belgier, weil sie die Heirat als späten

Affront gegen die immer noch geliebte Astrid ansahen.

Als 1944 die Alliierten in der Normandie landeten, brachten die Deutschen Leopold auf ein Schloss in Sachsen, kurz vor Kriegsende wurde er an den Wolfgangsee verlegt, wo ihn die Amerikaner befreiten. Er entschloss sich, nicht sofort in sein Heimatland zurückzukehren, sondern begab sich in die Schweiz, wo er sich die nächsten fünf Jahre aufhielt – so lange, bis eine Klärung über seine zukünftige Stellung in Belgien herbeigeführt war.

1946 sprach ihn eine Untersuchungskommission vom Vorwurf des Verrats frei, aber viele zogen seine Treue zum Heimatland in Zweifel, und die massiven Vorbehalte gegen ihn wollten nicht verschwinden. 1950 konnten die Belgier in einem Volksentscheid darüber abstimmen, ob sie wieder von ihm als König regiert werden wollten. Das Ergebnis war einigermaßen ermutigend für Leopold: 57 Prozent der Stimmberechtigten sprachen sich für seine Rückkehr aus. Allerdings stellte sich die Sache wieder anders dar, als der König dann wirklich zurückkehrte: Er wurde mit Streiks und Protestaktionen empfangen, und bei den sich daran anschließenden Auseinandersetzungen gab es sogar Tote. Die Gefahr eines Bürgerkriegs zwischen Anhängern und Gegnern Leopolds war nicht auszuschließen. Um eine Spaltung innerhalb der Bevölkerung seines Landes zu verhindern und Schaden von der Monarchie abzuwenden, entschloss sich Leopold zur Abdankung zugunsten seines ältesten Sohnes Baudouin. Dieser bestieg am 16. Juli 1951 den Thron.

Leopold lebte noch mehr als drei Jahrzehnte und starb 1983 im Alter von noch nicht ganz 82 Jahren.

Hälfte der Bevölkerung aus Flüchtlingen bestand … Ich bin mit einer Reihe von diesen Menschen zusammengetroffen und habe mit ihnen gesprochen … Wenn man sie fragte, warum sie geflohen seien, erklärten sie, sie seien zu Hause von den Regierungstruppen so schlecht behandelt worden … dass ihr Leben unerträglich geworden sei. Sie hätten nur die Wahl gehabt, getötet zu werden, weil sie zu wenig Kautschuk ablieferten, oder an Erschöpfung und Hunger zugrunde zu gehen, wenn sie die Normen zu erfüllen versuchten.«

Casement wollte seine Untersuchungen eigentlich im Landesinneren fortsetzen, aber schon im November 1903, sechs Monate nach Beginn seiner Mission, hatte er genug gesehen und gehört. Er fuhr nach England zurück, um seinen Bericht dem Außenministerium vorzulegen. Mit diesem Dokument, außerdem mit ähnlichen Aussagen von Evelyn Baring, First Earl of Cromer, dem briti-

schen Generalkonsul in Ägypten, der den »Kongo-Freistaat« ebenfalls 1903 besuchte, und mit dem Abschlussbericht einer britischen Untersuchungskommission aus dem Jahr 1905 lag so viel Material gegen Leopold vor, dass weder Dementis noch Proteste oder Vertuschungsversuche etwas ausrichten konnten.

EINE INTERVENTION DER REGIERUNG

Bisher hatte sich die belgische Regierung noch vornehm zurückgehalten; aber angesichts des Skandals um die »Kongogräuel« konnte sie sich das nicht mehr länger leisten. Man sprach davon, dem König die Hoheit über den Kongo zu entziehen und auf den belgischen Staat zu

Dieses Dokument ermöglichte es der belgischen Regierung, die Kontrolle über den Kongo zu übernehmen. Der König hatte das Land jahrelang als seinen Privatbesitz betrachtet.

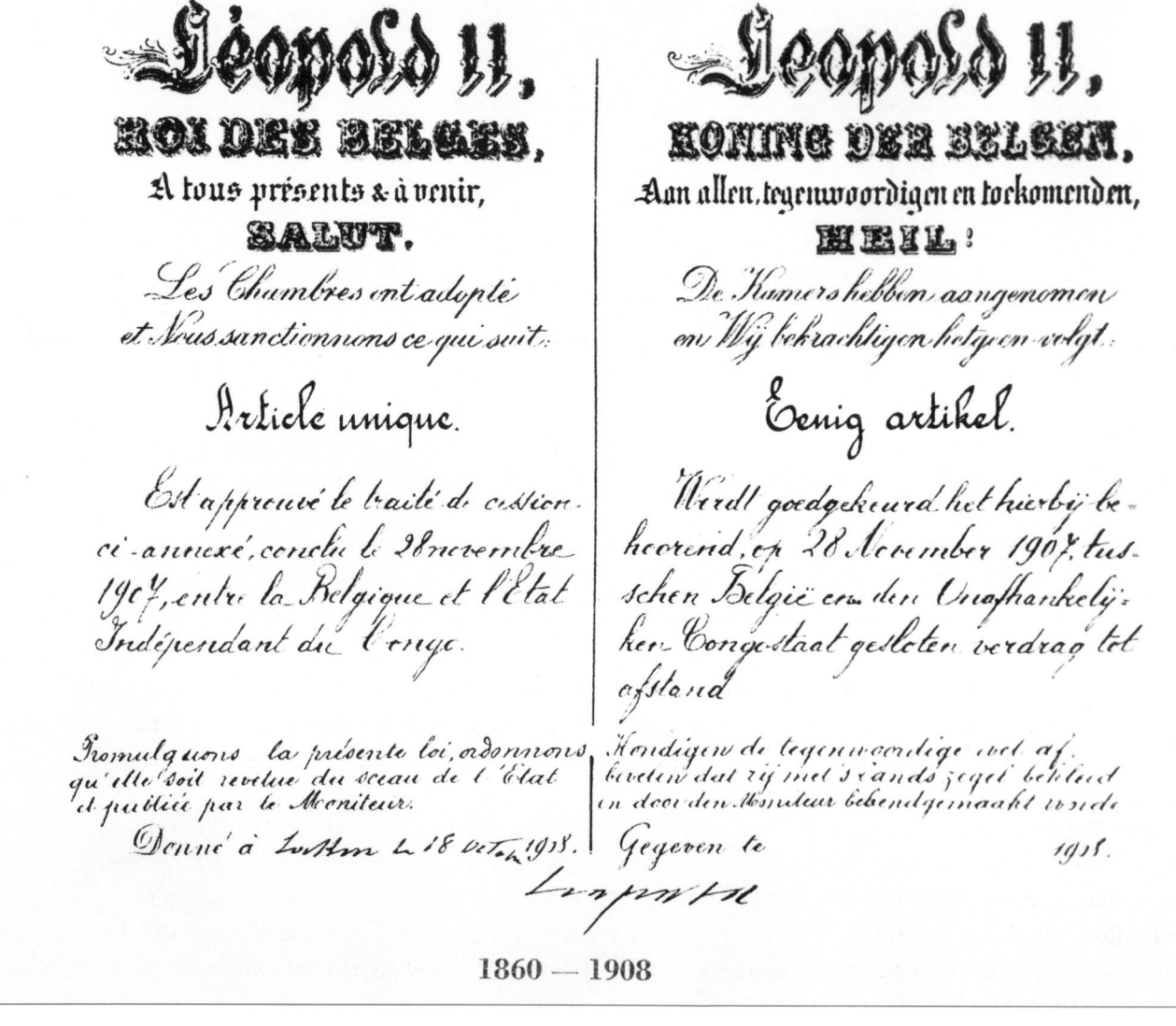

1860 — 1908

übertragen, wenn es nicht zu durchgreifenden Reformen käme, die die humanitäre Situation nachhaltig verbesserten. Dabei glaubte aber niemand ernsthaft, dass Leopold einen so weitgehenden Rückzieher machen würde – sofern er überhaupt nachgab. Es würde keine leichte Aufgabe werden, diese Privatkolonie seinem Zugriff zu entziehen. Als 1906 das belgische Parlament beschloss, die rechtlichen Möglichkeiten für eine Annexion des Kongo durch den Staat zu prüfen, reagierte er wütend.

»Meine Rechte am Kongo sind unteilbar«, verkündete der König. »Sie sind allein Frucht meiner Mühen … Die Feinde des Kongo drängen auf eine sofortige Annexion. Diese Subjekte hoffen offenbar, dass sie damit die Fortschritte, die im Gange sind, sabotieren und auch noch reiche Beute aus dem Trümmerhaufen ziehen können, den sie hinterlassen.«

Leopold hatte seine liberalen Gegner im belgischen Parlament freilich unterschätzt. Sie wollten ihm sofort die Kontrolle über den Kongo entziehen. Auch im britischen Parlament beriet man die Angelegenheit und kam zu einem ähnlichen Beschluss. Denn es gab keinerlei Anzeichen für Reformen im Kongo, die die Lebensbedingungen der einheimischen Bevölkerung verbessert hätten. Dann, am 13. Dezember 1906, schwenkte Leopold vollkommen um und verkündete, er befürworte eine sofortige Annexion des Kongo. Diese Kehrtwendung hatte vor allem damit zu tun, dass er hatte läuten hören, die Vereinigten Staaten würden sich möglicherweise in die Kongo-Affäre einmischen. Leopold hatte es immer zu schätzen gewusst, dass die USA ihn unterstützt und gefördert hat-

> Leopolds liberale Gegner im Parlament
> wollten ihm die Kontrolle
> über den Kongo entziehen.

ten. Damit das so blieb, lud er jetzt amerikanische Millionäre, unter ihnen Daniel Guggenheim, ein, in die Entwicklung eines eine Million Hektar großen Gebietes an der Mündung des Kasai-Flusses zu investieren. Er hoffte, dass so die Reichtümer des »Kongo-Freistaates« in die Hände privater Gesellschaften übergehen würden. Wenn er dort Teilhaber würde, könnte er auf diesem Weg weiterhin Einfluss im Kongo ausüben. Allerdings – dieser Plan war zum Scheitern verurteilt, wenn die USA sich auf die Seite seiner europäischen Gegner stellten.

LEOPOLD IN DER ISOLATION

Und tatsächlich scheiterte der Plan. Wieder hatte Leopold die Gegner seiner Kongo-Politik unterschätzt. Die Amerikaner waren, genauso wie die Briten und Deutschen, schockiert über die grausamen Übergriffe, die im Kongo stattgefunden hatten, und entzogen ihm ihre Unterstützung. Angesichts dieser mächtigen Koalition von Gegnern war für den König das Ende absehbar. Am 14. Dezember 1906 verkündete der belgische Premierminister, Paul de Smet de Naeyer, dass seine Regierung voll und ganz hinter der Annexion des Kongo stehe. Leopold klammerte sich noch eine Zeit lang an die Auffassung, dass der Kongo sein alleiniger Besitz sei, aber das half ihm auf die Dauer auch nicht mehr. Am 18. Oktober 1908 musste er die Urkunde unterzeichnen, die ihm die Kontrolle über den Kongo entzog und das Land zu einer belgischen Kolonie machte.

> Angesichts dieser mächtigen Koalition
> von Gegnern war für den König
> das Ende absehbar.

Damit war Belgien endlich das geworden, was Leopold immer gewünscht hatte: eine Kolonialmacht. Der Preis, den er dafür zahlen musste, war hoch: Er war ein Ausgestoßener. Die Kongolesen hassten ihn, sein eigenes Volk und seine Regierung waren gegen ihn, genauso die öffentliche Meinung in vielen anderen Ländern, seine Kollegen auf den europäischen Thronen und deren Minister und Diplomaten. Sogar privat war er nahezu isoliert: Von seiner Frau lebte er getrennt, und mit zweien seiner drei Töchter hatte er sich überworfen.

Nur Blanche Delacroix, die im Jahr 1900 seine Mätresse geworden war und ihm zwei Söhne geboren hatte, konnte ihn noch etwas aufheitern. Aber selbst damit fügte sie ihm letztlich Schaden zu. Denn die katholischen Belgier hatten strenge Moralvorstellungen und missbilligten solche unsittlichen Beziehungen.

NOCH IM TOD VERACHTET

Leopold war schon fast 75 Jahre alt, als er den »Kongo-Freistaat« aufgeben musste. Es war eine traumatische Erfahrung, die er nicht mehr lange überlebte. Anfang Dezember 1909 fesselte ihn eine schwere Darmerkrankung ans Bett. Als keine Behandlung mehr anschlagen

> Belgien war endlich eine Kolonialmacht.
> Doch der Preis, den Leopold dafür
> zahlen musste, war hoch:
> Er war ein Ausgestoßener.

wollte, wurde ihm klar, dass er nicht mehr lange zu leben hatte. Er holte einen Priester und heiratete Blanche Delacroix, der er den Titel einer Baronin von Vaughan verliehen hatte. Wenige Tage später starb er. Blanche war bis zum letzten Atemzug bei ihm.

Bereits einen Monat vor seinem Tod hatte Leopold Anweisungen für seine Bestattung gegeben. Er wünschte sich eine schlichte Zeremonie ohne Pomp und Prunk und den Verzicht auf einen Leichenzug. Aber jetzt fürchtete man, ein so bescheidenes Begräbnis würde als Beleidigung für den toten König aufgefasst oder als ein letzter Affront seitens seines Nachfolgers, seines Neffen Albert, oder der Regierung.

Deswegen missachtete man in diesem Punkt Leopolds letzten Willen. Er wurde zwei Tage lang im königlichen Palast in Brüssel aufgebahrt und erhielt danach ein Staatsbegräbnis, wie es für so hochgestellte Persönlichkeiten üblich war. Aber auch diese Zeremonie blieb nicht verschont von dem Hass und der Feindseligkeit, die Leopold zu seinen Lebzeiten heraufbeschworen hatte. Seine zahlreichen Gegner waren entschlossen, auch bei der Beerdigung das letzte Wort zu behalten. Passanten brachen in Buhrufe aus, als sich der Leichenzug an ihnen vorbeibewegte, und einige sollen sogar auf Leopolds Sarg gespuckt haben – sicherlich eine extreme Demonstration unversöhnlichen Hasses.

Leopold II. war bei seinen belgischen Untertanen so verhasst, dass einige während der Leichenfeier »Buh« schrien und sogar auf seinen Sarg spuckten. Diese Zeichnung zeigt den König auf dem Sterbebett.

KÖNIG ALBERT II. UND DAS UNEHELICHE KIND

Nach den Querelen um König Leopold III. gelang es dem belgischen Königshaus, fast ein halbes Jahrhundert lang ein Bild der Seriosität und Solidität zu kultivieren, sodass es für sensationslüsterne Medien geradezu langweilig erschien.

Doch dann, im Oktober 1999, platzte die Bombe: König Albert II. habe eine uneheliche Tochter, die im Jahr 1968 zur Welt gekommen sei. Viele Fernsehsender berichteten darüber, und der *Times* war die Neuigkeit sogar eine Schlagzeile auf der Titelseite wert.

»Das ist ein Erdbeben für die Krone«, kommentierte ein belgischer Zeitungsjournalist. »Zum ersten Mal in der Geschichte hat die belgische Presse einen Blick durch das Schlüsselloch des königlichen Palastes getan.«

Wenn es denn ein Erdbeben war, so hat das belgische Königshaus zumindest alles getan, um Nachbeben, sprich weitere Enthüllungen, zu verhindern. Trotzdem brachten es die Medien immerhin fertig, die illegitime Tochter des Königs zu identifizieren: nämlich als Delphine Boël, eine in London lebende Bildhauerin und Malerin. Delphines Mutter, die belgische Baronin Sybille de Sélys Longchamps, war mit einem reichen Industriellen verheiratet, von dem sie sich nach der Geburt der Tochter scheiden ließ. Delphines königlicher Vater war damals noch Prinz von Lüttich und folgte seinem älteren Bruder Baudouin erst 1993 auf den belgischen Thron.

Nach dem ersten großen Medienrummel wurden die Beteiligten – Baronin Sybille, Delphine Boël selbst und der Pressesprecher der belgischen Königsfamilie – allerdings sehr wortkarg. Das Königshaus tat die Sache als »böswilliges Gerücht« ab, und König Albert dementierte, dass Delphine seine Tochter sei. Tatsächlich gibt es dafür keinen Beweis – ein Vaterschaftstest hat nie stattgefunden. Aber mit dem Ondit ging es, wie es mit Gerüchten meistens geht: Es hat sich gehalten.

Delphine Boël (rechts), mutmaßliche uneheliche Tochter von König Albert II. von Belgien, bei einem Einkaufsbummel mit ihrer Mutter, der Baronin Sélys Longchamps (links), im Jahr 1999.

DIE GRIMALDIS VON MONACO

Die Grimaldis von Monaco waren immer dankbare Objekte für die Gerüchteküche und die Klatschpresse. Fürst Rainier III. mit seiner Frau, dem einstigen Hollywood-Star Grace Kelly alias Gracia Patricia, und deren drei Kinder lieferten zuverlässig stets reichlich prickelnden, schlüpfrigen oder sensationellen Stoff.

Wenn es sich auch nicht um amouröse Abenteuer von Rainier und Gracia handelte, waren es die Extravaganzen ihrer Töchter, Caroline und Stéphanie – beide heirateten erst, als sie schon schwanger waren. Und wenn auch sie gerade nichts hergaben, dann konnte man sich immer noch auf ihren Bruder Albert stürzen – inzwischen Herrscher des winzigen Fürstentums an der Riviera. Er blieb nämlich ledig, und das löste wilde Spekulationen über seine sexuelle Orientierung aus.

Links und oben: *Prinz Rainier und die Schauspielerin Grace Kelly im Haus der Familie Kelly nach der Bekanntgabe ihrer Verlobung am 5. Januar 1956. Grace gab wegen dieser Heirat ihre erfolgreiche Hollywood-Karriere auf.*

Was dieser Grimaldi-Story eine gewisse Komik verleiht, ist das blütenweiße Image, das man der blonden Schönheit Grace Kelly in Hollywood verpasst hatte. In den 1950er-Jahren war sie ein Fixstern am amerikanischen Filmhimmel und gab dabei in ihrer privaten Selbstdarstellung immer die reine Jungfrau, die den sexuellen und auch allen sonstigen Versuchungen widerstand, denen man in der Glamourwelt der Filmkapitale unvermeidlich ausgesetzt war. Natürlich hat man Gracias Lebenslauf genauestens unter die Lupe genommen, bevor die »Hochzeit des Jahrhunderts«, wie man es nannte, stattfinden konnte. Skandale, Liebesaffären oder Freunde von zweifelhaftem Ruf – wenn irgendetwas in dieser Richtung zutage gekommen wäre, hätte man die Hochzeit sofort abgesagt. Denn als regierender Fürst konnte es sich Rainier nicht leisten, dass die Mutter seiner künftigen Erben dunkle Stellen in ihrer Vergangenheit hatte! Aber man fand keine dunklen Stellen. So hat man es wenigstens offiziell verkündet. Deshalb konnte die Hochzeit am 18. April 1956 planmäßig stattfinden.

ALLES NUR SCHÖNER SCHEIN?

Was man da verkündet hatte, könnte unter Umständen eine der größten Schwindeleien der Weltgeschichte gewesen sein – zumindest wenn man einer Quelle glaubt, die es eigentlich wissen müsste, nämlich Gracias Mutter Margaret Kelly. Diese gab einen Report über die Affären ihrer Tochter an die Presse. Es waren so viele Liebhaber im Spiel, dass das Material für eine zehnteilige Serie ausreichte. Unter dem Titel »Meine Tochter Grace Kelly – ihr Leben, ihre Lieben« erschien sie in mehreren Zeitungen quer durch Amerika. An klingenden Namen herrschte dabei kein Mangel: Das Personal der Serie war ein Who's who der damals aktuellen männlichen Hollywood-Stars – gleich, ob ledig oder verheiratet. Vertreten waren etwa Gary Cooper, Bing Crosby, William Holden, Ray Milland, Frank Sinatra und David Niven. Auch Clark Gable, den Grace Kelly während der Dreharbeiten zu *Mogambo* im Jahr 1952 verführte. »Was würden Sie denn tun, wenn Sie mit Clark Gable in Afrika allein wären?«, soll sie die Angelegenheit kommentiert haben. Mit Cary Grant verband sie sieben Jahre lang eine wechselvolle Beziehung. Alfred Hitchcock, der weltberühmte Regisseur, war ebenfalls in sie verliebt. Er wohnte in Los Angeles einen guten Kilometer von ihr entfernt, und man sagt, er habe sich ein starkes Fernglas zugelegt, damit er sie nackt an einem Fenster stehen sehen konnte, das sie ihm zuliebe in solchen Fällen offen stehen ließ.

Auch ein paar eher zweifelhafte Figuren standen in Margaret Kellys Register, etwa der französische Filmstar Jean-Pierre Aumont, bei dem Grace schnell den Verdacht bekam, er sei nur auf ein paar »sensationelle« Paparazzi-Fotos aus, die ihn zusammen mit ihr zeigten – so hoffte er wohl seine Karriere zu befördern. Und dann war da noch der Modedesigner Oleg Cassini. Sehr bald nach ihrem ersten Zusammentreffen im Jahr 1955 verkündeten sie Heiratsabsichten – verdächtig schnell. Doch die Eltern Kelly konnten sich nicht mit diesem Bräutigam abfinden: Er war 16 Jahre älter und geschieden. Grace beugte sich: Anstatt einer Hochzeit gab es eine Fehlgeburt. Cassini weigerte sich später, einen Kommentar dazu abzugeben. Ihm war die Sache zu heikel.

ERBEN BENÖTIGT

Fürst Rainier hielt sich gerade in den USA auf, als Margaret Kellys »Enthüllungen« in der amerikanischen Presse erschienen. Er war Ende des Jahres 1955 dort eingetroffen, angeblich, um sich einer medizinischen Untersuchung zu unterziehen. In Wirklichkeit wollte er mit Grace Kelly und ihrer Familie zusammentreffen. Dass er auf der Suche nach einer Braut war, war bekannt. Das hatte nicht nur persönliche, sondern vor allem auch politische Gründe: Wenn er ohne einen legitimen Erben starb, würde Monaco nach einem im Jahr 1918 abgeschlossenen Vertrag Frankreich einverleibt werden. Rainier fühlte sich verpflichtet, das zu verhindern. Er hatte eine Zeit lang gehofft, die französische Schauspielerin Gisèle Pascal heiraten zu können. Aber dann musste er die Beziehung beenden, als eine Untersuchung ergab, dass Gisèle keine Kinder bekommen könne. Das war eine Fehldiagnose, denn sie brachte 1962 eine Tochter auf die Welt.

WIE FINDET MAN DIE RICHTIGE BRAUT?

Im Jahr 1955 gab es mehrere Kandidatinnen, die Fürst Rainier als heiratswürdig ansah, aber er glaubte, dass Grace Kelly die Richtige war: Sie war schön, berühmt – und auch fruchtbar, wie ein Routinetest bewiesen hatte. Rainier und Grace trafen sich im Frühjahr 1955 zum ersten Mal bei den Filmfestspielen in Cannes. Rainier war überrascht, dass ihm keine Diva mit versteinerter Miene gegenüberstand, sondern eine liebenswürdige junge Dame mit tadellosen Manieren. Spätere Treffen in den Vereinigten Staaten bestätigten seinen Eindruck. Er besuchte Grace auch während der Dreharbeiten zu ihrem letzten Film, *Die oberen Zehntausend*. Dabei spielten auch zwei von ihren alten Liebhabern mit, Bing Crosby und Frank Sinatra. Aber offenbar stand Rainier so im Bann des in Hollywood erschaffenen Mythos von ihrer blütenweißen Reinheit, dass ihm nichts auffiel. Dagegen war Jack Kelly, der Vater der Filmschauspielerin, ein reicher Bauunternehmer, mit seiner robusten,

Eine Szene aus Grace Kellys letztem Hollywood-Film *Die oberen Zehntausend*: Sie tanzt mit dem Sänger und Schauspieler Bing Crosby, der einer ihrer Liebhaber gewesen sein soll.

direkten Art ein harter Brocken. Zunächst einmal lehnten ihre Eltern diesen Europäer grundsätzlich ab. Er war zwar von fürstlichem Geblüt, aber das hieß doch noch lange nicht, dass er gut genug für ihre Tochter war. Jack hatte außerdem den Verdacht, dass der Bewerber nur hinter seinem Geld her war, und er sah sich bestätigt, als Rainier zwei Millionen Dollar Mitgift haben wollte. Jack war außer sich – nicht zuletzt deshalb, weil er Monaco und Marokko verwechselte und sich deswegen einbildete, seine Tochter wäre im Begriff, sich auf eine Ehe mit einen muslimischen Pascha aus Nordafrika einzulassen.

»Ich will nicht, dass meine Tochter einen heruntergekommenen Fürsten aus einem Land heiratet, das kein Mensch kennt«, war sein Standpunkt. Aber schließlich beruhigte er sich doch wieder und zahlte die zwei Millio-

---

> »Ich will nicht, dass meine Tochter einen
> heruntergekommenen Fürsten aus einem
> Land heiratet, das kein Mensch kennt.«

---

nen Dollar. Ein Mann aus königlichem Geblüt, auch wenn es nur ein »heruntergekommener Fürst« war, schien als Schwiegersohn immer noch tausendmal besser als manches andere, was man sich in seinen versnobten Kreisen an angeheirateter Verwandtschaft einfing.

EILIGE NACHRICHTENKLITTERUNG

Margaret Kellys Artikelserie war natürlich eine Gefahr für den Heiratsplan. Rainier war zwar nicht direkt betroffen, aber wenn das Vorleben der künftigen Fürstin einer größeren Öffentlichkeit bekannt wurde, war er einem Skandal ungemütlich nah. Als er aus den USA nach Monaco zurückreiste und Grace zurückließ, standen die Familie Kelly und Metro-Goldwyn-Mayer, Grace Kellys Filmgesellschaft, vor dem Problem, wie man den Schaden reparieren könnte. Aber bei MGM wusste man Rat. Gott sei Dank musste man sich damals noch nicht mit schnellen Medien wie dem Internet auseinandersetzen, und auch die globale Radio- und Fernsehberichterstattung steckte noch in den Kinderschuhen. So musste man

Auf den ersten Blick schien Grace Kelly dem Image der Reinheit und Unschuld, das ihre Filmgesellschaft Metro-Goldwyn-Mayer für sie kreiert hatte, alle Ehre zu machen. Doch gab es manchen Zweifel.

nicht fürchten, dass schon am nächsten Tag die ganze Welt die schockierenden Neuigkeiten erfuhr. Dass die Artikelserie in amerikanischen Zeitungen erschien, konnte man freilich nicht mehr verhindern. Aber eine unzensierte Verbreitung in Europa wurde noch rechtzeitig gestoppt. Bevor das Material seine Reise über den Atlantik antrat, wurde es heftig redigiert und alles herausgestrichen, was als Hinweis auf sexuelle oder sonstige Fehltritte gelesen werden konnte. So erfuhren die europäischen Zeitungsleser das, was sie erfahren sollten: Fürst Rainiers Braut war eine keusche Jungfrau.

ES KOMMEN KINDER

Alle Rückstände, die von diesem Beinahe-Zusammenstoß mit der Wahrheit vielleicht geblieben waren, verflüchtigten sich bald nach der Hochzeit. Denn nun wurde verkündet, dass Fürstin Gracia ihr erstes Kind erwartete. Die Monegassen feierten, und das mit gutem Grund: Denn wenn die Fürstenfamilie ausstarb, würde Monaco ein Teil Frankreichs werden. So bedeutete die Geburt eines Erben für sie also auch künftig Freiheit von Frankreich – vor allem von französischen Finanzämtern.

Am 23. Januar 1957 wurde dem Paar die erste Tochter geboren, Prinzessin Caroline. Am 14. März 1958 folgte ein Sohn, Prinz Albert. So hatten es Gracia und Rainier geschafft, innerhalb von zwei Jahren einen Erben und dazu noch einen weiteren auf Vorrat zur Welt zu bringen. Damit hatten sie ihre erste und wichtigste Aufgabe erfüllt. Aber es gab auch noch weitere Aufgaben, sozialer Art. Die frühere Filmdiva wurde Präsidentin des Roten Kreuzes und des *Garden Club de Monaco*. Sie rief die »Stiftung Prinzessin Gracia« ins Leben, die sich die Förderung von jungen Schauspielern und Tänzern zum Ziel gesetzt hat und auch Stipendien vergibt.

Am 1. Februar 1965 gebar Gracia mit Prinzessin Stéphanie eine weitere Tochter. Aber zu diesem Zeitpunkt kriselte es bereits in ihrer Ehe. Im Jahr 1960 war sie in die USA zu ihrem Vater gereist, der Magenkrebs im Endstadium hatte und im Sterben lag. Während ihrer Abwesenheit sah man Rainier mit einer ihrer Kammerfrauen ausgehen. Als sie nach Monaco zurückkam, verlangte sie darüber Rechenschaft, aber er bestritt alles. Die Kammerfrau wurde entlassen, aber Gracia sann auf Rache: Sie lud ihren früheren Liebhaber Cary Grant nach Monaco ein. Dabei arrangierte sie es, dass die Pressefotografen am Flughafen beste Gelegenheit hatten, sie und Cary zu fotografieren, wie sie sich küssten – und zwar so küssten, dass man merkte, dass sie mehr waren als alte Kollegen. Rainier verbannte daraufhin den Film *Über den Dächern von Nizza* von den Leinwänden der monegassischen Kinos. Denn er enthält in den Dialogen zwischen seinen Hauptdarstellern Grace Kelly und Cary Grant eine Reihe von eindeutigen sexuellen Anspielungen.

In der Folgezeit artete die Ehe zwischen Rainier und Gracia allmählich zu einer Art Ringkampf aus: Es ging darum, Punkte zu sammeln, indem man den anderen auf die Matte zwang. Dabei hatte Gracia offensichtlich die Nase vorn, schon deswegen, weil sie von den Monegassen über die Maßen verehrt wurde. Rainier, der das Gefühl hatte, im Fürstentum nur noch die zweite Geige zu spielen, plagte der Neid. Freunden fiel auf, dass er alles tat, um seine Frau in den Hintergrund zu drängen, während er früher auch bei politischen Entscheidungen gern auf ihren Rat gehört hatte.

Gracia lud ihren früheren Liebhaber Cary Grant nach Monaco ein. Dabei arrangierte sie es, dass die Pressefotografen am Flughafen beste Gelegenheit hatten, sie und Cary zu fotografieren, wie sie sich küssten – und zwar so küssten, dass man merkte, dass sie mehr waren als alte Kollegen.

AUFLÖSUNGSERSCHEINUNGEN

Jetzt schwappte eine wahre Flut von Gerüchten über Europa, nach denen die Ehe der beiden am Ende sei. Rainier und Gracia schliefen in getrennten Zimmern. Es gab Gerede über angebliche Liebesaffären beider. Offenbar beanspruchten auch die Kinder so viel von Gracias Zeit und Kraft, dass für Rainier nicht mehr viel übrig blieb. In jedem Fall war Gracia immer öfter und länger nicht mehr in Monaco. Sie besuchte ihre Familie oder fuhr mit ihren Kindern nach Paris. Dort wohnte sie längere Zeit, während Rainier in Monaco blieb und sein eigenes Leben lebte. Und es hieß, dass Gracia, inzwischen schon eine Mittvierzigerin, dort mit 10 oder 15 Jahre jüngeren Männern »versorgt« wurde.

Paris war nicht der einzige Ort, wo sie solche Liebesspielzeuge finden konnte. In New York traf sie den damals 33-jährigen schwedischen Schauspieler Per Mattson, den sie sofort auf ihr Hotelzimmer einlud. Er verließ es erst um fünf Uhr morgens wieder.

Nach gut 20 Ehejahren hatten sich Gracia und Rainier so weit auseinandergelebt, dass sie praktisch nicht mehr miteinander redeten. Gracia wirkte unglücklich, trank Alkohol, aß zu viel und wurde dick. Im Frühjahr 1978 war sie zu Gast in einem Bauernhaus in Oxfordshire, das der englischen Schriftstellerin Gwen Robyns gehörte. Diese war die Mitautorin von Gracias Blumenbuch *My Book of Flowers*. Ihr machte die Fürstin ein verblüffendes Geständnis. »Ich fühle mich ziemlich unglücklich in meiner Ehe mit Rainier«, sagte sie. »Sie ist nicht, wie ich mir das erhofft habe.« Nach dem Grund dafür gefragt, antwortete sie: »Rainier hat kein wirkliches Interesse an mir.«

DIE MISSRATENE TOCHTER

Sosehr sich ihre Wege trennten – es gab Situationen, in denen Gracia und Rainier an einem Strang zogen, nämlich dann, wenn es um ihre Kinder ging. 1978 standen sie vor einer Situation, wie sie allen Eltern droht: Ihre erste Tochter Caroline, inzwischen 21 Jahre alt, wollte einen Mann heiraten, der – davon waren sie beide überzeugt – nur ihr Unglück sein konnte. Caroline hatte schon immer ihren eigenen Kopf gehabt: Sie rauchte in der Öffentlichkeit, betrank sich und wurde mehr als einmal in Nachtclubs und Bars mit Rockstars oder jungen Männern von zweifelhaftem Ruf fotografiert. Verzweifelt suchte das Fürstenpaar in den europäischen Herrscherhäusern nach einem Heiratskandidaten, der willens und in der Lage war, die missratene Tochter zu zähmen. Man fragte beispielsweise bei Prinz Charles. Aber der winkte ab. Er hatte keine Lust, sich an Caroline die Finger zu verbrennen. Viele seiner Standesgenossen dachten ähnlich.

DIE EHE MIT DEM PLAYBOY

Und jetzt hatte Caroline ihre eigene Wahl getroffen. Sie war auf den Finanzmakler Philippe Junot gefallen, den sie 1976 kennengelernt hatte. Junot war 17 Jahre älter als Caroline und hatte bis dahin stets in rasch wechselnden Beziehungen gelebt. Abgesehen von schönen Frauen interessierten ihn insbesondere schnelle Autos und Pferderennen – also all das, was man als typischen Zeitvertreib eines Playboys ansieht.

Rechts: Fürst Rainier und Gracia Patricia im Jahr 1966 mit ihrer 14 Monate alten Tochter Stéphanie. Es war ihr drittes Kind, nach Caroline (* 1957) und Albert (* 1958).

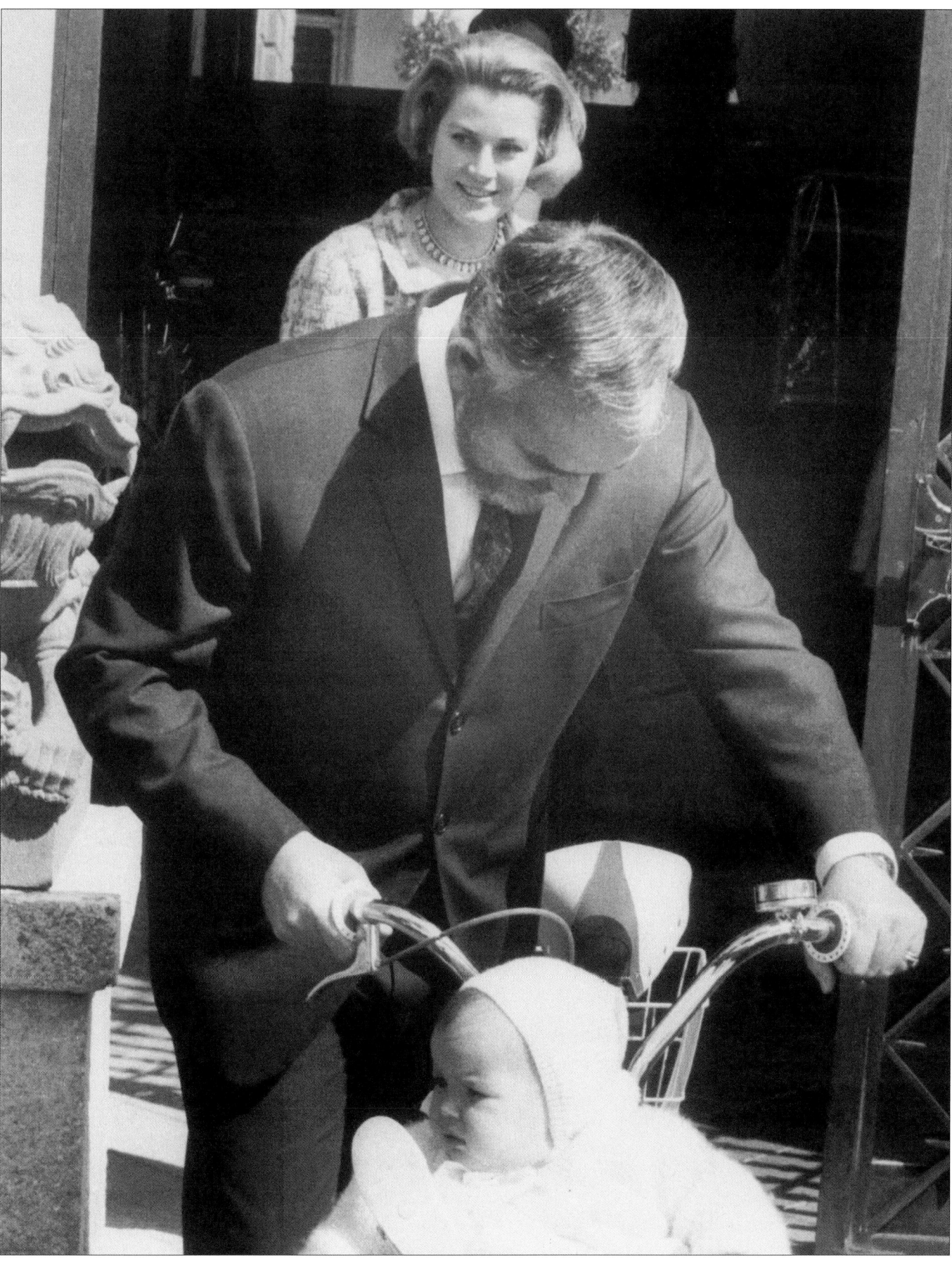

Gracia und Rainier waren außer sich. Sie schickten Caroline in die USA in der Hoffnung, dass sich einmal wieder der alte Spruch bewahrheiten würde: »Aus dem Auge, aus dem Sinn«. Aber kaum war sie jenseits des Atlantik, da war Philippe schon wieder bei ihr, und die Romanze nahm ihren Fortgang. Jetzt versuchte es Gracia mit einem Ultimatum: »Entweder du verlässt diesen Mann, der nichts für dich ist, oder du heiratest ihn!« Auch das machte auf die Tochter wenig Eindruck. Dann ging ein Foto durch die Presse, das Caroline zusammen mit Philippe auf einer Jacht zeigte – oben ohne. Weil die Eltern nun – zu Recht – davon ausgingen, dass die beiden schon miteinander schliefen, gaben sie auf. Rainier prophezeite Gracia traurig: »Diese Ehe wird in Tränen enden.« Genauso kam es. Caroline und Philippe heirateten am 28. Juni 1978 und waren gute zwei Jahre später schon wieder geschieden. Die Unstimmigkeiten begannen schon während ihrer Hochzeitsreise auf den Inseln von Polynesien. Caroline stellte fest, dass ihr frischgebackener Ehemann zu ihren Flitterwochen auch Pressefotografen eingeladen hatte. Mit den so entstandenen Fotos ließ sich schließlich gutes Geld machen, denn die Weltpresse war ja ganz wild darauf, so etwas zu drucken. Neues Unheil bahnte sich an, als Junots Vorstellung von Ehe klar wurde: Sie durfte ihn auf keinen Fall an einer Lebensweise hin-

Verzweifelt suchte das Fürstenpaar in den Herrscherhäusern nach einem Heiratskandidaten, der willens und in der Lage war, die missratene Tochter zu zähmen.

---

dern, wie er sie in seinen »guten Zeiten« gepflogen hatte. Die Paparazzis hatten es bald heraus, wo Philippes Lieblingsplätze für romantische außereheliche Abenteuer waren. Aber bald konnten sie auch ähnliche Fotos von Caroline präsentieren, denn sie blieb ihrem Mann in dieser Hinsicht nichts schuldig. Die Eheleute bezichtigten einander der Untreue, und am 9. Oktober 1980 wurden sie unter gegenseitigen Vorwürfen geschieden.

GRACIAS TOD

Knapp zwei Jahre später, am 14. September 1982, starb Fürstin Gracia im Alter von 52 Jahren nach einem Unfall an einer Hirnblutung. Sie fuhr zusammen mit ihrer damals 17-jährigen Tochter Stéphanie auf einer kurvigen Bergstraße von der Sommerresidenz der Grimaldis am Roc Agel zurück nach Monaco. Dabei kam ihr Wagen von der Fahrbahn ab und stürzte mehr als 30 Meter in die Tiefe. Stéphanie überlebte schwer verletzt. Vielleicht haben sie die seelischen Nachwirkungen dieses Unfalls zu ihrem später oft exzentrischen Verhalten getrieben.

Fürst Rainier hat der plötzliche Tod seiner Frau schwer getroffen, auch wenn das nach der jahrelangen Eiszeit in seiner Ehe erstaunlich erscheint. »Mein Leben wird nie mehr das werden, was es einmal war«, sagte er. »Ohne Gracia ist mir alles einerlei. Es ist nur noch sinnlos, mein Gott, nur noch sinnlos.« Dann schlug er die Hände vors

Gesicht und weinte. Auch wenn er Gracia noch um fast 23 Jahre überleben sollte, war er von diesem Tag an ein gebrochener Mann und schien um Jahre gealtert. Er hat nicht mehr geheiratet oder auch nur mit dem Gedanken daran gespielt.

DIE ZWEITE EHE DER PRINZESSIN

Trotzdem gab es im Hause Grimaldi bald wieder eine Hochzeit zu feiern: Am 29. Dezember 1983 heiratete Caroline ihren zweiten Mann, Stefano Casiraghi, den Erben eines italienischen Ölimperiums. Casiraghi war drei Jahre jünger als Caroline, aber er war eine starke Persönlichkeit, fähig, die Prinzessin in Zaum zu halten.

1978 heiratete die damals 21-jährige Prinzessin Caroline den 38-jährigen Finanzmakler Philippe Junot. Aber die Ehe war nicht von langer Dauer und wurde schon 1980 wieder geschieden.

Caroline war bereits schwanger, als sie heiratete, eine Tatsache, mit der sich der konservativ denkende Rainier nur schwer abfinden konnte. Trotzdem war er nach der Pleite mit Philippe Junot sehr erleichtert, dass er jetzt einen Schwiegersohn hatte, dem seine Tochter wirklich etwas bedeutete. Man sagt von Casiraghi – der sich seit der Hochzeit »Herzog von Monaco« nennen durfte –, dass sich Caroline bei ihm »geborgen« fühlte. Er war ohne Zweifel ihre große Liebe.

Trotzdem hatten die Grimaldis damit noch lange nicht alle Tragödien ausgestanden. Manche Menschen waren schon fast geneigt, an einen Fluch zu glauben, der über der Familie lag und dazu führte, dass Ehen in diesem Haus nie eine lange Dauer beschieden war.

Am 3. Oktober 1990, nicht lange vor ihrem siebten Hochzeitstag, nahm Casiraghi an einem Offshore-Rennen bei Cap Ferrat teil. Er war der amtierende Rennbootweltmeister und hoffte seinen Titel zu verteidigen. Sein Boot kenterte im starken Seegang, und der 30-jährige Casi-

Fürst Rainier hat der plötzliche Tod seiner Frau schwer getroffen, auch wenn das nach der jahrelangen Eiszeit in seiner Ehe erstaunlich erscheint.

Fürst Rainier beim Begräbnis seiner Frau im Jahr 1982. Von dem Schock, sie so plötzlich zu verlieren, hat er sich zeit seines Lebens nicht mehr erholt.

raghi kam bei dem Unfall ums Leben. Caroline war am Tag zuvor nach Paris gefahren. Als sie die Schreckensnachricht erhielt, stürzte sie das in tiefste Verzweiflung. Aber für Fürst Rainier war es ein genauso schwerer Schlag: Er erlitt einen Schock, als er vom Schicksal seines Schwiegersohnes hörte, der für ihn fast wie ein leiblicher Sohn geworden war.

Caroline trauerte jahrelang um ihren Mann – aber sie hatte eine Aufgabe, der sie sich nicht entziehen konnte: Sie musste für ihre drei Kinder aus ihrer Ehe mit Casiraghi sorgen. Als man sie Jahre später fragte, wie sie das alles geschafft habe, sagte sie: »Stark wird man dann, wenn man sich in einer ganz schmalen Schlucht befindet und einem der Rückweg abgeschnitten ist. Dann hat man nur eine Wahl: Man muss weitergehen.«

DAS ENFANT TERRIBLE: STÉPHANIE

Als Carolines Mann starb, war sie 33 Jahre alt und ihrer Sturm- und Drangzeit schon lange entwachsen. Ihre acht Jahre jüngere Schwester steckte dagegen immer noch mitten in den Flegeljahren – und zwar in einer Weise, dass man Carolines Eskapaden dagegen als harmlos empfand. Es war wohl der Tod ihrer Mutter, der sie völlig aus der Bahn warf. Die schweren körperlichen Verletzungen, die sie davongetragen hatte, waren ohne bleibende Schäden wieder verheilt, aber die seelischen waren geblieben. Sie hatte im Unglückswagen gesessen, mit dem Gracia in den Tod gefahren war, und Gerüchte wollten wissen, sie habe am Steuer gesessen und sei damit schuld am Tod ihrer Mutter. Dieser Vorwurf ärgerte sie maßlos, aber gleichzeitig nahm sie ihn sich offenbar zu Herzen. Menschen, die unter dramatischen Umständen nur knapp dem Tod entgangen sind, verlieren oft ihren natürlichen Selbsterhaltungstrieb. Sie leben ihr

Stefano Casiraghi, der zweite Mann von Prinzessin Caroline, war erfolgreich als Unternehmer – und auch im Sport. Das Paar heiratete am 29. Dezember 1983 und hatte drei Kinder. Casiraghi kam 1990 bei einem Unfall mit seinem Rennboot ums Leben.

> Manche glaubten schon fast an einen Fluch, der über der Familie lag und dazu führte, dass Ehen in diesem Haus nie eine lange Dauer beschieden war.

Leben »in vollen Zügen«. Ganz ähnlich war es auch bei Stéphanie: Sie scherte sich nicht mehr um ihre Gesundheit, um die Vorstellungen ihrer Familie, um die Zukunft. Man sah sie immer wieder betrunken. Sie nahm Drogen und verabredete sich mit »unerwünschten« jungen Männern. 1985 unterschrieb sie einen Vertrag bei einer Modelagentur in Paris und einen ähnlichen in den Vereinigten Staaten.

Rainier war verzweifelt. Der konservative Fürst vertrat die Meinung, dass sich eine Frau von hoher Geburt nicht so weit herablassen dürfe. Aber Stéphanie ließ sich nicht beirren und posierte für Fotos in *Vogue*, *Elle* oder *Rolling Stone*.

Als Nächstes begab sich Stéphanie, die sich über den Druck beklagte, dem sie in ihrem neuen Beruf ausgesetzt war, in die Belvédère-Klinik in Paris. Dort war man auf Entgiftungen spezialisiert. Rainier, Caroline und ihr Bruder Albert besuchten sie und brachten sie dazu, ihre Modelkarriere zu beenden.

Prinzessin Caroline 2004 beim Rosenball in Monte Carlo, einer der bekanntesten Wohltätigkeitsveranstaltungen der Welt. Sie hat 1999 wieder geheiratet. Ihr dritter Mann ist Prinz Ernst August von Hannover.

Als Nächstes wurde sie Designerin und entwarf Bademoden. Dann wechselte sie zur Musik. Mit ihrer Single *Irresistible* landete sie in Europa einen Riesenerfolg. In Frankreich wurden über eine Million Stück verkauft. Sie profitierte davon, dass sie die Rolle des »bösen Mädchens« perfekt spielte, auch in dem zugehörigen Videoclip, den Rainier »provozierend« fand. Natürlich profitierte sie auch davon, dass sie aus dem Hochadel kam.

Und so verordnete sie ihrer Familie und der Weltöffentlichkeit weiterhin Schocktherapien. 1987 wurde sie bei einem Urlaub auf Mauritius abgelichtet, wie sie oben ohne ihren damaligen Freund Mario Oliver umarmte, einen wegen Vergewaltigung vorbestraften Burschen. Bald darauf zogen die beiden zusammen in eine Villa in Benedict Canyon, Los Angeles. Stéphanie dachte an eine

Prinzessin Stéphanie versuchte immer wieder, sich aus dem Milieu des Hochadels zu lösen und ihre eigenen Wege zu gehen. Dazu gehört auch ihr Versuch, ein Popstar zu werden. Hier nimmt sie am 14. Oktober 1985 ihren Titel *Irresistible* auf.

Heirat, worauf Rainier ein Machtwort sprach: Er drohte, ihr Titel und Rechte eines Mitglieds des Fürstenhauses zu entziehen, wenn sie es wage, Mario zu heiraten. Aber bald zeigte sich, dass die Aufregung überflüssig gewesen war: Mitte 1988 war die Romanze wieder zu Ende. Alles, was Stéphanie noch an Mario erinnerte, waren die Initialen seines Namens, die sie sich auf den Po hatte tätowieren lassen. Sie wurden ihr mittels Laserchirurgie entfernt – eine schmerzhafte Angelegenheit.

AUF UND DAVON – ZUM ZIRKUS

Auch nach der gescheiterten Ehe mit Daniel Ducruet (siehe Kasten gegenüber) war Stéphanie nicht von ihren Eskapaden geheilt. Sie machte weiter wie bisher. 1998 wurde ihr drittes Kind geboren, eine Tochter. Sie weigerte sich zu sagen, wer der Vater dieses außerehelichen

Prinzessin Stéphanie im Alter von 25 Jahren. Damals, im Jahr 1990, provozierte sie immer noch mit ihren Eskapaden einen Skandal nach dem anderen.

> Menschen, die unter dramatischen Umständen nur knapp dem Tod entgangen sind, verlieren oft ihren natürlichen Selbsterhaltungstrieb. Sie leben ihr Leben »in vollen Zügen«.

Kindes war. Gerüchten zufolge soll es Jean-Raymond Gottlieb sein, wieder ein Mitglied der Palastwache von Monaco.

Im Jahr 2000 gab es zur Abwechslung wieder eine Affäre. Der neue Mann in ihrem Leben war Franco Knie, Miteigentümer des bekannten Circus Knie aus der Schweiz. Stéphanie lernte ihn kennen, als sie ihm den »Silbernen Clown« überreichen durfte, eine Auszeichnung beim Zirkusfestival in Monte Carlo. Franco Knie verließ wegen Stéphanie seine zweite Frau. Ein Jahr lang lebte die Prinzessin sogar samt ihren drei Kindern im Wohnwagen und folgte dem Zirkus von einem Auftrittsort zum nächsten. Ihre sechsjährige Tochter Pauline durfte bei einer Elefanten-Nummer mit in die Manege, deren zwei Jahre älterer Bruder Louis lernte das Jonglieren.

Stéphanie hatte sich lange gewünscht, ihr Leben nicht als Prinzessin von Monaco leben zu müssen. Das Jahr beim Circus Knie gab ihr diese Möglichkeit. Aber wie so oft bei Stéphanie, hielt auch dieses Mal die Begeisterung nicht lange an. 2002 war die Affäre mit Franco Knie wieder zu Ende. Doch noch verabschiedete sie sich nicht von der Zirkuswelt. 2003 heiratete sie einen Akrobaten aus dem Circus Knie, Adans Lopez Perez. Auch diese Ehe scheiterte, und nach der Scheidung im Folgejahr kehrte die Prinzessin wieder nach Monaco zurück. Sie war jetzt 39 Jahre alt, und nachdem sie über 20 Jahre lang versucht hatte, vor ihrer Abstammung davonzulaufen, schien sie nun ihren Frieden damit gemacht zu haben. Etwas spät, aber zur großen Freude ihres leidgeprüften Vaters Rainier, zeigte sie sich bereit, sich in Monaco niederzulassen, ihre fürstlichen Pflichten zu erfüllen und sich von ihrem Image als Enfant terrible zu verabschieden.

»Ich versuche nicht mehr, die Spielregeln zu ändern, und ich versuche auch nicht mehr, die Menschen zu ändern«, bekannte Stéphanie. »Du baust dir deinen eigenen Lebensweg auf, mit allem, was man dir hinwirft, und machst daraus, was du daraus machen kannst … Ich schaue nicht zurück, und ich bedaure auch nichts.«

DIE PRINZESSIN UND IHR LEIBWÄCHTER

Nachdem ihre Beziehung zu Mario Oliver in die Brüche gegangen war, hatte Stéphanie zwei kurzlebige Beziehungen. Dann lernte sie Daniel Ducruet kennen, einen Wachmann, schlank, dunkelhaarig und gut aussehend, ein athletischer Bodybuilder, der am ganzen Körper Tätowierungen trug. Er war schon einmal verheiratet gewesen und hatte einen Sohn. 1991 ernannte Rainier ihn zu Stéphanies Leibwächter.

Damit hatte er den Bock zum Gärtner gemacht. Zwischen den beiden begann eine Liebesbeziehung, aus der in den Jahren 1992 und 1994 zwei Kinder hervorgingen. Bezeichnenderweise erhielt Stéphanie, als sie wegen der Geburten im Krankenhaus war, keinen Besuch von Rainier, ebenso wenig von Caroline oder ihrem Bruder Albert. Sie alle waren jedoch anwesend, als Stéphanie und Ducruet im Jahr 1995 heirateten. Eine Zeit lang hatte man den Eindruck, dass das Paar glücklich war. Stéphanie verkündete in einem Interview: »Er liebt mich wirklich um meiner selbst willen. Er hat mich überzeugt, dass ich das Einzige bin, was für ihn zählt.« Im Haus Grimaldi begann man Hoffnung zu schöpfen, Stéphanies Leben werde nun endlich in ruhigeren Bahnen verlaufen.

Aber die Freude war nicht von langer Dauer. 1996 kursierten Fotos in der Presse, wie Ducruet an einem Pool mit Muriel »Fifi« Houtteman wilden Sex hatte. Ducruet reklamierte für sich, er sei von Houtteman und einem Fotografen in eine Falle gelockt worden. Sie hätten ihm Drogen in die Getränke gemischt – so sei er nicht mehr Herr seiner selbst gewesen.

»Dieser Fehler hat mein Leben zerstört«, erklärte Ducruet. Aber weder seine Reue half ihm, noch die Tatsache, dass die belgische Stripperin und ihre Komplizen später tatsächlich verurteilt wurden. Stéphanie beantragte sofort die Scheidung.

Daniel Ducruet, der schlanke, gut aussehende Athlet, wurde von Fürst Rainier als Leibwächter für seine Tochter Stéphanie ausersehen. Er ist der Vater ihrer ersten beiden Kinder, die in den Jahren 1992 und 1994 auf die Welt kamen.

DER BRAVE SOHN

Prinz Albert, Rainiers einziger Sohn und Erbe, bildete immer einen Gegensatz zu seinen Schwestern. Er war der »brave Bub«, liebenswürdig, höflich – und marktschreierisch angepriesen als die beste Partie unter allen Junggesellen Europas. Nur interessierte er sich offenbar weder für Mädchen noch für rauschende Feste. Die Klatschkolumnen rächten sich, indem sie ihn totschwiegen. Nur der Umstand, dass er ledig blieb, konnte ihr Interesse wecken.

Noch 2002, im Alter von 44 Jahren, zeigte er keine Neigung, sich zu verheiraten. Rainier stand nun vor dem Problem, die Thronfolge zu sichern, damit sein kleines, aber feines Land nicht Gefahr lief, an die Franzosen zu fallen. Deswegen änderte er in jenem Jahr die Verfassung des Fürstentums: Caroline wurde jetzt zur Erbin ihres Bruders erklärt, und in zweiter Linie ihre drei Kinder aus der Ehe mit Stefano Casiraghi sowie ihre Tochter aus dritter Ehe mit Prinz Ernst August von Hannover.

Stephanie mit ihrem zweiten Mann, dem Zirkusakrobaten Adans Lopez Perez. Sie heirateten 2003, aber auch diese Ehe hielt nur ein Jahr.

Drei Jahre später, am 6. April 2005, starb Fürst Rainier im Alter von 81 Jahren. Sein Sohn folgte ihm als Fürst Albert II. auf den monegassischen Thron. Fast unmittelbar nach der Regierungsübernahme enthüllte er zwei süße Geheimnisse. Er hatte durchaus Kinder: eine Tochter, die 1991 auf die Welt kam und die er mit der amerikanischen Serviererin Tamara Rotolo gezeugt hatte, und einen Sohn mit der Stewardess Nicole Coste, der er 1997 bei einem Flug mit der Air France nähergekommen war. Ihr Kind kam 2003 auf die Welt. Weil es sich bei beiden um illegitime Kinder handelt, kommen sie für die Thronfolge nicht in Betracht. Aber im Juli 2005, als seine Krönung stattfand, versprach Albert, er werde zu gegebener Zeit heiraten. Damit ist es zumindest nicht ausgeschlossen, dass er selbst noch einen legitimen Erben zeugt.

EIN HAPPY END?

Ob das geschieht, steht in den Sternen. Aber zumindest scheint die Zeit der Skandale im monegassischen Herrscherhaus vorbei zu sein, seit der unauffällige Albert an der Regierung ist und seine einst so rebellischen Schwestern reif und ruhig geworden sind. So könnte die Ära Albert für die Grimaldis ein Happy End bedeuten, nachdem die Spätfolgen der »Hochzeit des Jahrhunderts« sie ein halbes Jahrhundert in Atem gehalten hatten.

Die Familie Grimaldi 2006 am monegassischen Nationalfeiertag, dem 19. November. Von links nach rechts sieht man Prinzessin Caroline, ihren dritten Mann, Prinz Ernst von Hannover, ihren Bruder, Fürst Albert, ihren ältesten Sohn Andrea Casiraghi, und Prinzessin Stéphanie.

ÜBERSICHTSKARTE

NORWEGEN

SCHWEDEN

DÄNEMARK

BRITISCHE
INSELN

NIEDERLANDE
● Amsterdam

POLEN

BELGIEN
● Brüssel

CHAMPAGNE

Paris ●

DEUTSCHLAND

Tiffauges ●

FRANKREICH

● München
Schloss Berg ●

Schloss Schächtitz
●

Wien ●

ÖSTERREICH-
UNGARN

KASTILIEN

ARAGON

Parma ●

PORTUGAL

MONACO ●

Saragossa ●

Madrid ●

ITALIEN

JUGOSLAWIEN

SPANIEN

● Rom

● Neapel

GRIECHENLAND

NORDAFRIKA

FINNLAND

- Stockholm

- Schloss Uppsala

BALTISCHE
STAATEN

St. Petersburg •

Jekaterinburg •

EUROPA

NAHER OSTEN

UKRAINE

AFRIKA

RUMÄNIEN

- Bukarest

BULGARIEN

Kongo-Mündung •

- Rhodos

Register

Kursive Seitenzahlen beziehen sich auf Abbildungen

BILDNACHWEIS